国家自然科学基金面上项目"市场导向下我国水权交易价格形成机制及其管制研究"（批准号：71774048）

我国水权交易价格形成机制及其管制研究

The Formation Mechanism and Regulatory Framework of Water Rights Trading Prices in China

吴凤平　主　编
张丽娜　副主编

人民出版社

本书编委会

主　编：吴凤平

副主编：张丽娜

参编人员：

陈艳萍　朱　敏　于倩雯　沈俊源　陈向南　冯　晨
周　莹　韩宇飞　朱　瑾　李　滢　倪津津　程亚雄
宋　妍　黄　蕊　袁汝华　郝思宇

前　言

习近平总书记强调，进入新发展阶段、贯彻新发展理念、构建新发展格局，形成全国统一大市场和畅通的国内大循环，促进南北方协调发展，需要水资源的有力支撑。[①] 我国水资源存在时空分布不均、人均水资源占有量远低于世界平均水平等问题[②]，促使不同地区以及行业之间开展了水权交易的有益探索。水权交易价格管理作为水权交易管理的核心环节，其理论研究在我国尚处于起步阶段。由于我国国情水情的特殊性，迫切需要建立一套具有中国特色、切合我国水资源管理制度新要求、能够反映各方交易主体利益诉求的水权交易价格理论体系，以指导水权交易试点工作和水权交易实践。

近年来，我国出台了一系列积极推行水权交易的相关文件，针对我国国情水情明确要求加快水权交易市场建设。2017 年，党的十九大报告明确要求"使市场在资源配置中起决定性作用"[③]。2021 年，"十四五"规划纲要部署安排了用水权交易及其价格形成机制的相关内容。2022 年，党的二十大报告再

[①] 习近平：《论坚持人与自然和谐共生》，中央文献出版社 2022 年版，第 287 页。
[②] 中共水利部党组：《加快构建国家水网　为强国建设民族复兴提供有力的水安全保障》，《求是》2023 年第 13 期。
[③] 习近平：《决胜全面建成小康社会　夺取新时代中国特色社会主义伟大胜利——在中国共产党第十九次全国代表大会上的报告》，人民出版社 2017 年版，第 21 页。

次提出"充分发挥市场在资源配置中的决定性作用,更好发挥政府作用"①,为我国用水权交易指明了方向。在市场配置资源的导向下,基于水市场为"准市场"的基本特征,面向我国水资源管理的新要求,专门探讨水权交易中的核心问题——水权交易价格形成机制与交易价格管制。

本书以"市场导向"为研究视角,以"水权交易"为研究对象,以"水权交易价格"为切入点,探究符合我国国情水情的水权交易相关理论和方法。在理论上,为完善水权交易基础定价模型、水权交易价格市场实现模式、水权交易价格管制理论体系等提供重要理论依据;在实践上,有利于实现水权交易的公平性和效率性、完善我国水权交易"买卖"市场建设。本书的主要贡献包括:

(1)丰富和发展了水权交易价格模型。①建立水权交易基础价格模型。全面梳理影响我国水权交易价格的主要因素,结合水资源管理新要求的水权交易基本要件,以决策主体利益最大化为目标,综合利用水权交易的完全成本法基础定价模型和影子价格定价模型,建立水权交易基础价格综合模型,丰富和发展了现有水权交易价格理论。②建立水权交易的场内价格模型。提出"市场导向"下"一对一"情境下的水权交易"基准+协商"市场定价模型和"一对多"情境下的水权交易"基准+拍卖"市场定价模型,避免了单一交易方式的局限性,更具实际应用价值。

(2)为完善水权交易价格管理的制度体系进行了探索。①为保障水权交易价格的合理性,在水权交易中更好发挥政府作用,研究我国国情水情下的水权交易价格管理制度,设计符合我国国情水情的水权交易价格管制模型。②分析水权交易价格管理的制度构架,主要包括水权交易价格管理的核心制度和保障体系两个方面。其中,核心制度中价格监测管理制度、管制价格调整制度等均具有一定的创新性;保障体系中的建立多层面水权交易市场准入机

---

① 习近平:《高举中国特色社会主义伟大旗帜 为全面建设社会主义现代化国家而团结奋斗——在中国共产党第二十次全国代表大会上的报告》,人民出版社2022年版,第29页。

制、水权交易平台的交易规则等，符合我国水市场的基本特征，具有一定的可操作性。

本书按照"概述—基础定价—场内定价—价格管制—实证研究"的整体研究思路撰写书稿。内容上分五大部分，共十一章。第一部分为概述（第一章和第二章）：借鉴国内外水权交易先进理论和实践，提出市场导向下影响水权交易价格的基本要件，探讨其测算方法，并梳理市场导向下水权交易价格形成的理论逻辑。第二部分为基础定价（第三章、第四章和第五章），针对水权交易基础定价，在分别利用完全成本法和影子价格法进行测算的基础上，建立水权交易基础定价的综合测算模型。第三部分为场内定价（第六章和第七章），针对水权交易市场转让价格，构建"一对一""一对多"情境下的水权交易市场定价模型。第四部分为价格管制（第八章和第九章），设计符合我国国情水情的水权交易价格管制模型，研究市场导向下水权交易价格管理制度及保障体系。第五部分为实证研究（第十章和第十一章），结合内蒙古自治区水权交易试点实践进行实证研究，并提出政策建议。

本书是国家自然科学基金面上项目"市场导向下我国水权交易价格形成机制及其管制研究"（批准号：71774048）的研究成果，该项目在国家自然科学基金委员会管理科学部组织的结题项目绩效评估会上，被评为"优"。本书由吴凤平组织编写，陈艳萍、韩宇飞、宋妍、黄蕊等负责基础研究并协助了相关模型研究，张丽娜、朱敏、陈向南、李滢等负责基础定价部分，吴凤平、于倩雯、沈俊源、朱瑾等负责场内定价部分，吴凤平、冯晨、周莹、程亚雄等负责实证研究部分，吴凤平、袁汝华、倪津津等负责水权交易价格管制部分。此外，本书参考和引用了国内外许多学者的有关论著，吸收了同行们的辛勤劳动成果，笔者从中得到了很大的教益和启发，在此谨向他们一并表示衷心的感谢。同时感谢人民出版社工作人员在著作出版过程中给予的支持。

限于作者水平，书中难免有遗漏和不足之处，敬请广大读者批评指正。

目　录

绪　论 ………………………………………………………………… 1

第一部分　概　述

第一章　概念界定及理论基础 ………………………………… 39
第一节　概念界定 …………………………………………… 39
第二节　水权交易价格支撑理论 …………………………… 47

第二章　基础要件及形成机理 …………………………………… 54
第一节　影响水权交易价格的基础要件 …………………… 54
第二节　水权交易基础价格形成的理论逻辑 ……………… 70
第三节　水权交易场内价格形成的理论逻辑 ……………… 72

第二部分　基础定价

第三章　基于完全成本法的水权交易基础价格测算模型研究 … 77
第一节　水权交易显性成本测算 …………………………… 79

第二节 水权交易隐性成本测算 …………………………………… 98

第四章 基于影子价格法的水权交易基础价格测算模型研究 ………………………………………………………………… 108
第一节 单边影子价格测算模型构建 ………………………… 110
第二节 双边耦合博弈均衡测算模型构建 …………………… 116

第五章 水权交易基础价格综合测算模型研究 ……………………… 121
第一节 水权交易基础价格综合测算模型构建方法的适用性分析 ………………………………………………………… 122
第二节 水权交易基础价格综合测算模型构建 ……………… 124

第三部分 场内定价

第六章 "一对一"情境下水权交易"基础+协商"市场定价研究 ………………………………………………………… 145
第一节 水权交易"基础+协商"市场定价模型构建方法的适用性分析 …………………………………………………… 147
第二节 基于模糊贝叶斯学习的"基础+协商"市场定价模型构建 ……………………………………………………… 152

第七章 "一对多"情境下水权交易"基础+拍卖"市场定价研究 ………………………………………………………… 166
第一节 水权交易"基础+拍卖"市场定价模型构建方法的适用性分析 …………………………………………………… 168

第二节 基于模糊参数出价意愿的"基础+拍卖"市场定价模型构建 ……………………………………………………………… 170

第四部分 价格管制

第八章 水权交易价格管制模型研究 ……… 187
第一节 水权交易价格管制下限模型构建 ……… 188
第二节 水权交易价格管制上限模型构建 ……… 195
第三节 水权交易价格管制综合模型构建 ……… 198

第九章 水权交易价格管理制度及保障体系研究 ……… 204
第一节 水权交易价格监测管理制度研究 ……… 204
第二节 动态水权交易管制价格调整体系研究 ……… 208
第三节 水权交易价格管制保障体系研究 ……… 210

第五部分 实证研究

第十章 内蒙古跨盟市水权交易价格测算 ……… 215
第一节 内蒙古跨盟市水权交易区域的概况 ……… 215
第二节 内蒙古跨盟市水权交易概况 ……… 218
第三节 内蒙古跨盟市水权交易基础价格测算 ……… 221
第四节 "一对一"情境下水权交易"基础+协商"市场定价 ……… 245
第五节 "一对多"情境下水权交易"基础+拍卖"市场定价 ……… 250

第十一章　内蒙古跨盟市水权交易价格管制 ……………… 258
　　第一节　内蒙古跨盟市水权交易管制价格测算 …………… 258
　　第二节　对策建议 …………………………………………… 267

结　　语 ………………………………………………………… 272
参考文献 ………………………………………………………… 275

绪　　论

一、研究背景

（一）我国基于国情水情提出了一系列水资源管理的新制度新要求

我国人均水资源占有量2100立方米，仅为世界平均水平的28%，正常年份缺水500多亿立方米。[①] 我国水资源不仅总量贫乏，而且时空分布不均。2011年12月，《关于加快水利改革发展的决定》明确提出，实行最严格水资源管理制度，包括建立用水总量控制制度、用水效率控制制度、水功能区限制纳污制度等，并确立了"三条红线"。2012年2月，《关于实行最严格水资源管理制度的意见》明确了"三条红线"的主要目标。2013年11月，党的十八大明确提出，要积极开展排污权、水权交易试点，深化资源性产品价格和税费改革，建立反映市场供求和资源稀缺程度、体现生态价值和代际补偿的资源有偿使用制度和生态补偿制度。党的十八届三中全会提出，要通过建设统一开放、竞争有序的市场体系，使市场在资源配置中起决定性作用。2014年，习近平总书记在中央财经领导小组第五次会议上提出，要坚持"节水优先、空间均衡、系

[①] 陈雷：《水利部：中国用水方式粗放　正常年份缺水500亿立方》，《求是》2014年8月1日。

统治理、两手发力"的思路,实现治水思路的转变。①

2015年10月,党的十八届五中全会再次提出,高效利用资源,建立健全水权、排污权等分配制度的要求。2016年12月,《关于深入推进农业供给侧结构性改革 加快培育农业农村发展新动能的若干意见》明确提出,"加快水权水市场建设,推进水资源使用权确权和进场交易"。2019年10月,党的十九届四中全会提出,要全面建立资源高效利用制度,实行资源总量管理和全面节约制度。2019年4月,《国家节水行动方案》明确指出,要推进水权水市场改革,探索流域内、地区间、行业间、用水户间等多种形式的水权交易。2021年3月,《中华人民共和国国民经济和社会发展第十四个五年规划和2035年远景目标纲要》发布,进一步部署安排了用水权交易及用水用能领域价格形成机制的相关内容。2022年8月,水利部、国家发展改革委、财政部联合印发《关于推进用水权改革的指导意见》,明确要求建立健全用水权初始分配制度,推进用水权市场化交易。同年10月,党的二十大再次提出,充分发挥市场在资源配置中的决定性作用,更好发挥政府作用。这些政策的出台体现了国家对水权制度建设的战略需求和制度安排,同时也体现出开展水权交易是优化水资源配置、促进水资源保护和社会经济协调发展的重要手段。

(二) 水权交易价格管理迫切需要完善理论体系并指导实践

目前,尽管我国缺水严重,但同时用水方式依然粗放,万元工业增加值用水量是世界先进水平的2—3倍;农田灌溉水有效利用系数0.52,远低于0.7—0.8的世界先进水平。② 我国较低的水资源使用效率与水管理方式密切相关。水权交易是水权初始分配基础上的二次分配,能解决水权初始分配的

---

① 中共中央文献研究室编:《习近平关于社会主义生态文明建设论述摘编》,中央文献出版社2017年版,第53—54页。

② 张康、王行汉、郑江丽等:《灌溉水有效利用系数测算方法及应用》,中国水利水电出版社2021年版。

静态性与社会经济发展动态性之间的矛盾,提高水资源分配与社会经济发展对水资源需求的协调性。通过水权交易可以实现水资源在不同地区、不同行业之间的优化配置,从而提高水资源的使用效率和效益。我国自2000年浙江开展义乌、东阳水权交易以来,甘肃、宁夏、内蒙古、福建、广东、新疆等地也先后开展了水权交易实践,积累了一定的经验。2014年7月,水利部印发《关于开展水权试点工作的通知》,明确在宁夏、江西、湖北、内蒙古、河南、甘肃和广东7省区开展不同类型的水权试点,希望在水权交易管理方面取得突破,为全国推进水权制度建设提供经验借鉴。2016年4月,水利部印发《水权交易管理暂行办法》,指出水权交易是指在合理界定和分配水资源使用权基础上,通过市场机制实现水资源使用权在地区间、流域间、流域上下游、行业间、用水户间流转的行为,并明确了水权交易的主要形式为区域水权交易、取水权交易、灌溉用水户水权交易。水权交易价格作为水权交易管理的核心环节,其理论与方法研究在我国尚处于起步阶段。2022年8月,《关于推进用水权改革的指导意见》指出,用水权改革探索取得了积极进展,但仍存在用水权归属不够清晰、市场发育不充分、交易不活跃等问题。由于我国国情水情的特殊性,迫切需要建立一套具有中国特色、切合我国水资源管理制度新要求、能够反映各方交易主体利益诉求的水权交易价格理论体系,以指导水权交易实践。

二、问题提出

(一)研究问题

水权交易不仅要符合我国水资源的基本特点,也要切合我国水资源管理的秩序要求;不仅要保障国家社会经济安全和生态安全,同时还要充分反映交易双方及第三方的利益诉求。因此,在水权交易价格形成机制与交易价格管理制度研究中存在一系列科学管理问题:

第一,水市场具有一定的特殊性,是一个"准市场",完全的政府模式或市场模式都有可能导致水市场扭曲失灵。水权交易价格的形成,需要同时协调发挥好市场的调节作用和政府的管理职能。

第二,我国针对日益严峻的水问题提出了最严格水资源管理制度。而我国水资源时空分布不均,部分经济欠发达地区水资源工程的调节能力和管理水平仍很落后。水权交易价格的理论与管制必须在符合我国水资源管理新要求的基础上,兼顾我国的现实能力。

第三,水权交易涉及国家利益、交易双方的利益以及第三方的利益。水权交易的实施既要促进区域经济发展,也要保障国家的水安全和生态安全;既要考虑当前发展,也要顾及长期可持续;既要考虑水量,也要考虑水质。这些均构成了水权交易价格形成的基本要素。

第四,水权交易能否顺利实现,交易价格将起到关键作用。交易价格能够客观反映水资源的稀缺程度以及交易双方的交易意愿,决定了整个水权交易过程的走势。过低的交易价格不仅损害了水权出让方的利益,也不利于水资源的节约和保护;过高的交易价格则可能因增加水权受让方的用水成本,使交易难以达成。因此,水权交易需要也应该存在一个合理的价格水平。

第五,水权交易的过程必须有权威的交易价格制度作保障。需要建立符合我国国情水情的水权交易价格管理制度,即水权交易价格管制需要建立管理核心制度,并建立相应的保障体系等,以服务于公平、有序的水权交易市场。

(二) 研究视角

2014年1月印发的《关于深化水利改革的指导意见》已明确指出,要健全水权配置体系,建立健全水权交易制度,并建立符合市场导向的水价形成机制。2020年10月,党的十九届五中全会提出,充分发挥市场在资源配置中的决定性作用,更好发挥政府作用,推动有效市场和有为政府更好结合。2022年8月,《关于推进用水权改革的指导意见》指出,加快建设全国统一的用水权交易市场,提升水资源优化配置和集约节约安全利用水平。

本书选择"市场导向"的研究视角,一方面是要发挥好政府的作用,通过水权交易相关制度的顶层设计,加强监管体系,提高制度可行性和权威性,从而保障水权交易过程的公正性和严肃性;另一方面是要发挥市场的作用,通过市场来调节、优化水权交易,从而通过市场化水权交易的定价体系及监管机制使各参与主体均能获得最大效用,并促进国家、流域和区域各层面水权交易市场的有效融合,实现水权交易从"管理交易"到"买卖交易"的转变。

三、研究意义

本书将基于国家相关制度的要求,提出符合我国水市场特点的水权交易价格测算方法,使水权交易价格能够持续、动态反映供求关系和水资源的稀缺性,在保障"公平"和"效率"基础上发挥水权价格杠杆的调节作用;完善水权交易价格管理制度,推动建设公平、开放、竞争、有序的交易市场。

理论方面:第一,完善水权交易基础定价模型。本书基于水市场的特点,按照市场配置水资源的导向要求,提炼影响我国水权交易价格的主要因素,综合完全成本法和影子价格法,探索水权交易基础价格确定的模型和方法。第二,完善水权交易价格市场实现模式。顺应国家、流域、省(自治区、直辖市)多层面水权交易平台体系的建设构想,结合我国各流域、区域特点,提出适合不同水权交易类型的水权定价模型,探索水权交易价格由市场竞争形成的模式,完善市场导向下的水权交易价格形成机制。第三,完善水权交易价格管制理论体系。探讨政府在水权交易价格管制中的必要性,基于"顶层设计"和"实践探索"并重、"制度设计"和"实施监管"并举的视角探讨我国水权交易价格管理制度,为完善水权交易价格管理提供理论依据。

实践方面:第一,兼顾水权交易的公平性和效率性。水资源是一种公共资源,本书针对我国水资源的特点提出相应的水权交易价格政府管制措施,旨在降低水权交易成本,规范和引导水权交易行为,促进水权交易的达成,提高水权交易的公平性与效率性。第二,推动我国水权交易市场的建立和完善。本书充分考虑市场供求、资源稀缺、环境保护等因素,提出符合我国水权交易市场特点的水权交易价格测算方法,建立符合市场导向的水权交易价格形成机制,为我国建立和完善水权交易市场提供重要决策支持。第三,助力水资源节约和保护。随着我国水权交易市场的进一步活跃,不同数量、质量水资源的价值将得到充分体现,从而有利于敦促买卖双方均自觉节约和保护水资源,践行最严格水资源管理制度。

四、国内外研究现状及发展动态分析

(一) 水权交易价格的基础要件研究

1. 水权交易主体

开展水权交易,首先要甄别水权交易主体。水权交易中有众多参与者,而水权交易主体是最重要的参与者,是水权交易博弈过程的直接参与者,决定了水权交易价格的承受能力,没有交易主体的水权交易是不成立的(王亚华,2024)。① 2016年4月,《水权交易管理暂行办法》对水权交易主体的概念给予明确定义:取得水权的用水主体为受让方,转让水权的用水主体为转让方。由于我国的水资源归国家或集体所有,因此水权交易不涉及所有权,仅是水资源使用权的交易。郭等(Guo等,2019)认为转让产权的一方为政府部门,是水资源的行政代表,受让方为具有逐利特性的与水资源相关的经营者或使用者,双方属于不同的利益团体。② 在水资源国家所有的基础上,凡是对水资源有需求的市场参与者,都可以成为水权交易主体(裴丽萍,2007),水权交易主体具有多样性和平等性。③ 针对不同的水权交易类型,《水权交易管理暂行办

---

① 王亚华:《中国水资源配置"两手发力"的实现路径——再论"三权分置"水权制度改革》,《水利发展研究》2024年第6期。

② Guo H., Chen X., Liu J., et al., "Joint Analysis of Water Rights Trading and Water-saving Management Contracts in China", International Journal of Water Resources Development, No.2, 2019, pp.1-22.

③ 裴丽萍:《可交易水权论》,《法学评论》2007年第4期。

法》对水权交易主体作出了明确规定,其中区域水权交易以县级以上政府部门或其授权的部门、单位为主体;取水权交易以单位或者个人为主体;灌溉用水户水权交易以具有用水权益的灌溉用水户或者用水组织为主体。如果用水主体的初始水权量在满足自身生活、生产、生态等需要的前提下尚有富余,则可以通过水权交易出让富余的水权,即成为转让方;相反,如果用水主体的初始水权尚不能满足自身需要,则可以通过购买水权弥补用水缺口,即成为受让方。

2. 水权交易期限

水权交易期限是水权交易价格的关键因素。从当前水权交易实践来看,水权交易期限通常为临时性或永久性(伊璇等,2020)。① 美国加利福尼亚州水权交易有长期转让与短期租赁两种。澳大利亚的水权交易可分为临时水权交易与长期水权交易。日本水权转用有两种情况,一是被恒久转用,二是枯水季节暂时转用。水权交易需要一定的资金投入基础设施建设,交易期限的长短将直接影响投资价值,期限越短,投资价值越低,对投资有足够吸引力的期限至少在十年以上(陈虹,2012)。② 永久性水权交易可能对区域生态环境造成重要影响,对水权出售地未来经济持续发展形成制约,因此,永久性水权交易审批机制复杂(张建斌和刘清华,2019)。③ 2002年,水利部曾规定水权交易期限不超过20年,2009年试行的《黄河水权转让管理实施办法》规定水权转换期限不超过25年。从中国水权交易所的交易数据来看,中国灌溉用水户之间的水权交易期限多数为1年,取水权或者区域水权交易期限较长,通常为15年或者25年。

---

① 伊璇、金海、胡文俊:《国外水权制度多维度对比分析及启示》,《中国水利》2020年第5期。
② 陈虹:《世界水权制度与水交易市场》,《社会科学论坛》2012年第1期。
③ 张建斌、刘清华:《内蒙古沿黄地区水权交易的政府规制研究》,经济科学出版社2019年版。

（二）水权交易定价方法研究

随着我国经济体制改革不断深化,市场调节地位明显提高,资源的供需也越多依赖价格去调节。国内外学者对水权交易价格的测算方法开展了大量研究。其中,水权交易基础定价是形成水权交易市场价格的重要依据,受到了国内外学者的广泛关注,并产生了大量的研究成果(王蔷等,2023;①佟金萍等,2022;②王西琴等,2021)。③ 国内外学者针对水权交易基础定价方法的研究,主要包括成本定价法、影子价格法、博弈定价法、实物期权法和其他定价方法。

1. 完全成本法的研究现状

国内外学者基于供水成本,采用成本定价法确定水权交易基础定价。波尔彻(Porcher,2017)研究法国的供水价格,发现考虑供水的隐性债务成本时,供水企业的组织形式(公营或私营)对水价的影响较小。④ 雷兹尼克等(Reznik等,2017)通过对以色列供水来源(淡水、咸水和再生水等)的研究,发现基于成本补偿的水资源优化配置体系能够以较小的投入满足全部供水需求。⑤ 潘闻闻和吴凤平(2012)借鉴水银行制度下的定价模式,基于 ANP 模型和熵权法将成本补偿定价法、供求定价法和收益现值定价法结合起来建立了水权交易的综合定价模型。⑥ 马改艳和徐学荣(2013)认为基于成本补偿的水

---

① 王蔷、林泓宇、郭晓鸣:《农业水价形成机制的建构与检验——以四川武引灌区为例》,《中国农业资源与区划》2023 年第 3 期。
② 佟金萍、秦国栋、王慧敏等:《水资源价格扭曲与效率损失——基于长江经济带的实证分析》,《软科学》2022 年第 8 期。
③ 王西琴、张馨月、周嫚:《基于门限效应的灌溉水价与用水量关系——以河北省地下水灌区为例》,《资源科学》2021 年第 12 期。
④ Porcher S., "The 'Hidden Costs' of Water Provision: New Evidence from the Relationship between Contracting-Out and Price in French Water Public Services", *Utilities Policy*, Vol. 48, 2017, pp. 166-175.
⑤ Reznik A., Feinerman E., Finkelshtain I., et al., "The Cost of Covering Costs: A Nationwide Model for Water Pricing", *Water Economics & Policy*, Vol. 2, No. 4, 2017, pp. 986-999.
⑥ 潘闻闻、吴凤平:《水银行制度下水权交易综合定价研究》,《干旱区资源与环境》2012 年第 8 期。

价机制反映了真实的价格信号和水市场供需关系,并在考虑水资源的产权价值、稀缺价值、供水成本以及污水处理成本的前提下构建成本补偿水价模型。① 宋兰兰等(2007)基于逐步结转成本法分析了资源成本中工程水价的构成,提出水权转让定价应基于工程水价,在考虑补偿投入成本、合理资金收益以及用水户承受能力等因素的基础上综合确定。② 沈满洪(2004)结合交易费用理论分析了水权交易中的交易成本组成,提出水权交易制度创新,可以降低交易成本,实现水权交易的"双赢"效果。③ 陈洁和郑卓(2008)提出了水权定价的各种原则以及水权交易涉及的各项成本,分不同交易期限构建了基于成本补偿的水权定价模型。④

2. 影子价格法的研究现状

国内外学者基于资源优化配置理论,研究帕累托最优条件下的水权交易基础定价。贾德维加和齐奥科夫斯卡(Jadwiga 和 Ziolkowska,2015)认为水的实际价值可以用影子价格表示,通过对美国高原地区 5 种作物灌溉用水影子价格的计算发现水价被低估了,提高灌溉水价可以保护环境。⑤ 莫利诺斯等(Molinos 等,2016)提出用方向距离函数估计配水系统泄漏的影子价格,认为应该将其作为环境和资源成本内部化,从而提高城市供水的可持续性。⑥ 亚龙和迪纳尔(Yaron 和 Dinar,1982)先通过构建线性规划模型计算了灌溉用水的影子价格,再根据用水价格构建动态规划模型调整灌溉计划,从而最大化农

---

① 马改艳、徐学荣:《基于可持续发展的成本水价机制研究》,《长春理工大学学报(社会科学版)》2013 年第 8 期。

② 宋兰兰、唐德善、周逢强:《工程水价核算及基于水权的水价调整方法研究》,《水利科技与经济》2007 年第 4 期。

③ 沈满洪:《论水权交易与交易成本》,《人民黄河》2004 年第 7 期。

④ 陈洁、郑卓:《基于成本补偿的水权定价模型研究》,《价值工程》2008 年第 12 期。

⑤ Jadwiga R., Ziolkowska D., "Shadow Price of Water For Irrigation—A Case of the High Plains", *Agricultural Water Management*, Vol. 153, 2015, pp. 20-31.

⑥ Molinos S.M., Mocholí A.M., Sala-Garridod R., "Estimating The Environmental and Resource Costs of Leakage in Water Distribution Systems: A Shadow Price Approach", *Science of the Total Environment*, Vol. 568, 2016, pp. 180-188.

场收入。①

甘泓等(2012)认为水资源具有公益性,水价主要由政府定价实现,应当包括水资源费、生产成本和环境补偿费,影子价格可以作为水资源综合定价的基础。② 李海红和王光谦(2005)认为水资源影子价格能够综合反映水资源稀缺程度和经济发展水平,水权交易中存在水资源影子价格的递减效应和递增效应,并将其运用于水权交易价格和交易水量的估算。③ 沈和林(Shen 和 Lin,2017)基于随机非参数数据包络和投入产出表,估算了我国农业用水的影子价格和技术效率,认为提高农业技术效率和应用节水灌溉技术可以减少农业用水量。④ 刘秀丽和陈锡康(2003)结合我国九大流域片水利投入占用产出表和线性规划方法,构建了计算生产用水和工业用水的影子价格非线性模型。⑤ 何静和陈锡康(2005)构建了非线性动态投入产出优化模型,计算了我国 1949—2050 年重要年份的水资源影子价格。⑥ 刘等(Liu 等,2019)基于用水量、总水资源量的比率与影子价格的关联,通过构建两个非线性模型,预测了我国以及九大流域在 2020 年和 2030 年的工业用水和生产用水的影子价格。⑦ 吴凤平和李滢(2019)在测算交易双方用水影子价格的基础上,基于微

---

① Yaron D., Dinar A., "Optimal Allocation of Farm Irrigation Water During Peak Seasons", *American Journal of Agricultural Economics*, Vol. 64, No. 4, 1982, pp. 681–689.

② 甘泓、秦长海、汪林等:《水资源定价方法与实践研究Ⅰ:水资源价值内涵浅析》,《水利学报》2012 年第 3 期。

③ 李海红、王光谦:《水权交易中的水价估算》,《清华大学学报(自然科学版)》2005 年第 6 期。

④ Shen X.B., Lin B.Q., "The Shadow Prices and Demand Elasticities of Agricultural Water in China: a StoNED-based Analysis", *Resources Conservation & Recycling*, Vol. 127, 2017, pp. 21–28.

⑤ 刘秀丽、陈锡康:《生产用水和工业用水影子价格计算模型和应用》,《水利水电科技进展》2003 年第 4 期。

⑥ 何静、陈锡康:《中国 9 大流域动态水资源影子价格计算研究》,《水利经济》2005 年第 1 期。

⑦ Liu X.L., Chen X.K., Wang S.Y., "Evaluating and Predicting Shadow Prices of Water Resources in China and Its Nine Major River Basins", *Water Resources Management*, Vol. 23, No. 8, 2019, pp. 1467–1478.

分博弈均衡理论建立水权交易均衡价格测算模型,以均衡水价作为水权交易基础价格。①

3.博弈定价法的研究现状

国内外学者从市场交易行为出发,认为水权交易基础定价是交易双方利益博弈后的均衡价格。苏扎等(Souza等,2008)在相关法律和经济学的理论框架下,将用水户支付取水许可与代理商监督执行之间的关系描述成为一个博弈关系,探讨了价格机制在水资源优化配置中的作用机理。② 霍勒等(Holler等,1996)将合作博弈理论运用于公共产品定价,构建了公共污水处理系统的成本分配博弈模型。③ 金德尔(Kindle,2009)将美国从加拿大寻求供水与加拿大保护自身水安全视作一种合理冲突,从博弈论的视角为加拿大保护性供水提供了政策建议。④

王庆和王先甲(2006)研究发现在一对一的水权交易情形下,通过收集可靠信息,交易方可以提高对水权交易价格博弈的预测准确程度,从而最大化收益。⑤ 陈洪转等(2006)结合效用函数和博弈论方法分别建立了准市场阶段和水市场阶段的水权交易博弈定价模型,认为准市场阶段的水权交易定价相对较低,而水市场阶段的水权交易定价相对较高。⑥ 尹云松等(2004)建立了流域内不同地区间水权交易的古诺双寡博弈模型和纳什讨价还价博弈模型,研究了水权总量不足情况下,不同信息对称情形和节水成本下的地区间水权交

---

① 吴凤平、李滢:《基于买卖双方影子价格的水权交易基础定价模型研究》,《软科学》2019年第8期。
② Souza F.F., Lall U., Porto R.L., "Role of Price and Enforcement in Water Allocation: Insights from Game Theory", *Water Resources Research*, Vol.44, No.12, 2008, p.w12420.
③ Holler M.J., Li X., *Efficient Public Good Pricing: An Application of Cooperative Game Theory*, University of Hamburg, Institute of Economics, Germany, 1996.
④ Kindle A.L., *Freshwater, Law, and Game Theory: Strategies for Navigating the Troubled Waters of a Canada*, US Bulk Water Export Conflict, University of Toronto, Canada, 2009.
⑤ 王庆、王先甲:《基于博弈论的水权交易市场研究》,《水利经济》2006年第1期。
⑥ 陈洪转、杨向辉、羊震:《中国水权交易定价决策博弈分析》,《系统工程》2006年第4期。

易行为以及收益。① 冯文琦和纪昌明(2006)提出将用水权和排污权结合起来开展水权交易,通过构建完全信息下的水权交易动态博弈模型,得出了市场均衡下的资源成本。②

4. 实物期权法的研究现状

国内外学者从大宗商品交易的角度考虑,将实物期权法引入水权交易中,研究水权交易的期权价格。米歇尔森和杨(Michelsen 和 Young,1993)提出城市供水机构可以通过期权合同购买临时的灌溉用水权来应对干旱年的供水需求,并设计了期权合同的条款以及评价期权合同的经济效益框架。③ 戈麦斯和加里多(Gómez 和 Garrido,2004)提出应用期权合同解决周期性水资源短缺问题,构建了一个动态、随机和离散的时间模型来描述期权合同特征,并将其用于灌区和城市供水部门间的水权交易,证明了模型的有效性。④ 沃特斯(Watters,1995)在确定水权交易关键期权定价变量的基础上,使用二项式和布莱克—斯科尔斯期权定价模型验证了南加州水期权合同价格的有效性,认为水期权合同的交易成本将随着关键定价变量的量化而逐渐降低。⑤ 维林斯基(Villinski,2004)在布莱克—斯科尔斯期权定价模型的基础上,结合动态规划技术,构建了一种计算多次行权的水期权合同定价方法。⑥ 汤姆金斯和韦伯(Tomkins 和 Weber,2010)通过构建包括输水损失和随机输水可能性的双边

---

① 尹云松、糜仲春、刘亮:《流域内不同地区间水权交易的博弈模型研究》,《水利经济》2004年第6期。

② 冯文琦、纪昌明:《水资源优化配置中的市场交易博弈模型》,《华中科技大学学报(自然科学版)》2006年第11期。

③ Michelsen A. M., Young R. A., "Optioning Agricultural Water Rights for Urban Water Supplies During Drought", *American Journal of Agricultural Economics*, Vol. 75, No. 4, 1993, pp. 1010–1020.

④ Gómez R. A., Garrido A., "Formal Risk-Transfer Mechanisms for Allocating Uncertain Water Resources: The Case of Option Contracts", *Water Resources Research*, Vol. 40, 2004, p. 12302.

⑤ Watters P. A., "Efficient Pricing of Water Transfer Options: Non-Structural Solutions for Reliable Water Supplies", *University of California, Riverside*, 1995.

⑥ Villinski M. T., "Valuing Multiple-Exercise Option Contracts: Methodology and Application to Water Markets", *Research on Agricultural & Applied Economics*, 2004.

水期权模型,在考虑期权合同执行基础价格和合同水量的情形下,预测了水期权合同价格。①

陈洁和许长新(2006)将期权理论与水权交易相结合,提出水权的期权交易模式可以有效地规避资源成本波动产生的风险,构建了符合资源成本跳跃扩散过程的水权期权定价模型。②周进梅和吴凤平(2014)通过构建农业用水户的二叉树定价模型,分析了美式看跌期权各个阶段水价的波动以及期权价值。③杨彩霞等(2006)基于实物期权理论,分析了水资源投资的决策树,提出了水权的实物期权定价理论公式。④郭洁(2006)在分析实物期权理论与水权定价结合适用性的基础上,构建了基于延迟期权的水权定价模型。⑤贺晓英和谷耀鹏(2020)基于水权交易的不确定性,构建水期权交易定价模型,发现短期的水期权交易可以降低受让方的用水成本,并提高用水效益。⑥

5. 其他定价方法的研究现状

国内外学者结合决策优化的思想研究水权交易基础定价。安托可等(Antoci 等,2017)通过构建两部门用水的系统动态演化模型,发现以政策微调基础水价的方式可以改善水资源在两个部门间的分配。⑦德洛里特等(Delorit 等,2019)通过构建农户的农业经济模型,为智利的葡萄种植户优化

---

① Tomkins C.D., Weber T.A., "Option Contracting in the California Water Market", *Journal of Regulatory Economics*, Vol. 37, No. 2, 2010, pp. 107-141.
② 陈洁、许长新:《我国水权期权交易模式研究》,《中国人口·资源与环境》2006年第2期。
③ 周进梅、吴凤平:《南水北调东线工程水期权交易及其定价模型》,《水资源保护》2014年第5期。
④ 杨彩霞、李冬明、李磊:《基于实物期权理论的水资源价值研究》,《商业研究》2006年第18期。
⑤ 郭洁:《水权交易中新的定价方法——实物期权方法》,《中国农村水利水电》2006年第4期。
⑥ 贺晓英、谷耀鹏:《基于不确定性理论的水期权交易及其定价研究——以引汉济渭工程为例》,《干旱区资源与环境》2020年第7期。
⑦ Antoci A., Borghesi S., Sodini M., "Water Resource Use and Competition in an Evolutionary Model", *Water Resources Management*, Vol. 8, No. 31, 2017, pp. 2523-2543.

了参与临时交易水市场最大化收益的水价信号。① 张等(Zhang 等,2013)通过分析拍卖市场条件下水权交易成本对招标人收益的影响,发现与差异化定价相比,卖方能从统一定价的拍卖中获得更高的收益。②

李胚等(2014)结合我国最严格水资源管理制度的要求,提出综合各项水利投入成本,根据各行业最严格水资源管理制度下的具体用水情况分别制定价格。③ 田贵良等(2017)基于水权的边际效用理论和边际成本理论,从经济学角度阐述了水权交易价格的制定,分析了农业用水精准补贴对水权交易基础价格的影响。④ 王等(Wang 等,2017)通过构建耦合水权交易与虚拟水出口补偿的双层规划模型,得到了交易总收益最大化时的水权交易价格与交易水量。⑤ 秦长海等(2012)在分析水价构成的基础上,结合多种评价方法以及简化的可计算的一般均衡(CGE)模型分别测算了水资源影子价格、水资源经济价值、水资源费、供给成本和水环境补偿税,为水价形成机制提供了理论基础。⑥ 王为人和屠梅曾(2006)根据河流的水文特性,构建了包含影子价格的"回流"模型,采用买卖双方叫价拍卖的方式获得水权交易价格。⑦ 吴等(Wu

---

① Delorit J.D., Parker D.P., Block P.J., "An Agro-Economic Approach to Framing Perennial Farm-Scale Water Resources Demand Management for Water Rights Markets", *Agricultural Water Management*, Vol. 218, 2019, pp. 68-81.

② Zhang L.H., Jia S.F., Leung C.K., et al., "An Analysis on the Transaction Costs of Water Markets under DPA and UPA Auctions", *Water Resources Management*, Vol. 27, No. 2, 2013, pp. 475-484.

③ 李胚、窦明、赵培培:《最严格水资源管理需求下的水权交易机制》,《人民黄河》2014年第8期。

④ 田贵良、顾少卫、韦丁等:《农业水价综合改革对水权交易价格形成的影响研究》,《价格理论与实践》2017年第2期。

⑤ Wang Y.B., Liu D., Cao X.C., et al., "Agricultural Water Rights Trading and Virtual Water Export Compensation Coupling Model: A Case Study of an Irrigation District in China", *Agricultural Water Management*, Vol. 180, 2017, pp. 99-106.

⑥ 秦长海、甘泓、张小娟等:《水资源定价方法与实践研究Ⅱ:海河流域水价探析》,《水利学报》2012年第4期。

⑦ 王为人、屠梅曾:《基于回流模型的水权双方叫价拍卖分析》,《水利学报》2006年第1期。

绪　论

等,2021)认为水权交易会增加水资源的稀缺性价值,应基于水资源的稀缺性价值建立水权交易价格的动态调整机制。①

综上所述,国内外学者采用不同的定价方法研究水权交易基础定价,为确定水权交易基础价格提供了理论支撑和可选方法。

(三) 水权交易价格管制研究

价格管制是政府管制理论中的一项重要内容,国内外对于价格管制的研究很多,但是明确含义的并不多。其中日本学者植草益的研究对我国的管制研究产生了很大影响,被国内学者广泛引用。植草益(1992)认为价格管制是经济性管制的最重要内容,主要指在自然垄断产业中,管制者为保障资源有效配置和服务的公平供给,限制垄断企业确定垄断价格,对垄断企业生产产品或服务的价格或收费水平与价格体系进行管制。在竞争性产业中,从资源有效配置与公平供给角度,同样可进行部分价格管制。② 布莱德利和凯瑟琳(Bradley 和 Catherine,1988)同样对价格管制提出明确的定义和要求,他们认为价格管制就是管制者以一个价格基础为前提,设计一系列符合价格水平管制要求的价格上限;价格水平管制必须符合社会消费水平,要能够真实反映企业的成本,只有这样才能有效提高资源配置效率;同时他们对价格管制改革提出了建议,强调价格管制应结合当前的税收制度和利益体系,要反映社会需要和再分配问题。③ 关于价格管制的分类,李建琴(2006)认为政府价格管制指的是政府根据形势与政策走向,运用行政权力直接对某些偏离市场均衡价格的产品或服务进行定价的行为,在垄断与寡头垄断行业中,其表现为政府定价

---

① Wu X.Y., Wu F.P., Li F., et al., "Dynamic Adjustment Model of the Water Rights Trading Price Based on Water Resource Scarcity Value Analysis", *International Journal of Environmental Research and Public Health*, Vol. 18, No. 5, 2021.

② 植草益:《微观规制经济学》,中国发展出版社1992年版。

③ Bradley Ian, Catherine Price, "The Economic Regulation of Private Industries by Price Constraints", *Journal of Industrial Economics*, Vol. 37, No. 1, 1988, pp. 99–106.

直接取代市场价的行为。同时她根据定义指出价格管制的运用范围不应仅仅局限于"市场失灵"的部分产品或服务,可能遍及所有产品或服务。对于正在进行经济转型的国家来说,价格管制不仅包括公用产品,还会包括部分私人产品。①

现有国内外学者在水权交易管制问题上已有不少有价值的研究成果,主要集中在确权制度建立、交易规则设计与水权交易平台构建等方面,但专门针对水权交易价格水平管制的研究并不多见。水权交易价格管制是政府用来控制水权交易市场行为的法律与规定,是水权交易管制中的核心制度,相关研究主要集中探讨水权交易制度建设的作用与政府的作用。马晓强(2002)指出建立和完善水权交易制度,解决现行水权制度存在的市场失灵和政府失灵问题,才能真正大力推动缺水地区的资源开发和经济发展。② 曹文婷(2007)指出我国水权交易市场的建设仍处于摸索阶段,市场机制不健全,需要政府的宏观调控。由此,她提出建立水权交易市场的调节基金制度,该制度以市场运作为基础,引入基金调节机制,实现政府宏观调控的目的。当水权交易价格达到价格下限时,跌破价格下限就会造成水权出让方利益受损与水资源浪费,调节基金入市购买,引导水权交易价格回升,弥补亏损,最终实现均衡。③ 刘家君(2014)给出了水权交易制度应包含的主要内容。我国应建立健全水权交易法规体系,包括对水权交易的主客体、交易方式、交易价格、市场准入、限制性行为、交易监管、交易中介组织等进行清晰的定义与划分。④ 窦明等(2014)探讨了最严格的水资源管理制度与水权制度两者之间的内在联系,

---

① 李建琴:《中国转型时期农产品价格管制研究——以蚕茧为例》,浙江大学出版社 2006 年版。

② 马晓强:《水权与水权的界定——水资源利用的产权经济学分析》,《北京行政学院学报》2002 年第 1 期。

③ 曹文婷:《中国水权交易制度研究》,中国政法大学硕士学位论文,2007 年。

④ 刘家君:《中国水权制度研究》,武汉大学博士学位论文,2014 年。

构建了适应水资源管理"三条红线"约束需求的水权交易制度理论体系框架。① 田贵良和周慧(2016)通过梳理分析我国水权交易监管现状及存在问题,论证建立水权交易监管制度的必要性,并设计了水权交易监管制度的组织框架,其主要包括市场准入制度、交易备案制度、第三方补偿制度及交易评价制度。②

许多文献还着重论述政府在水权交易价格管制中发挥的重要作用。别坎诺夫等(Bekchanov 等,2015)在研究中亚地区咸海盆地水权交易时,利用影子价格计算水权交易价格,分析了可交易水使用权的潜在经济收益,同时研究发现当交易成本超过一定水平时,不再产生额外经济收益,建议加强对水权交易成本的管制与立法。③ 贾法里安等(Jafarian 等,2016)对伊朗加姆萨尔平原水资源管理的组织利益相关者进行分析,提出应对水资源管理进行政府管制。④ 田贵良等(2017)认为水资源作为一种基础性公共资源,其产权交易市场只能是一种不完全市场,其交易价格不能完全由市场决定,还需要政府给出合理的基础价格。⑤

(四) 水权交易理论与实践研究进展

1. 水权交易价格的理论研究进展

(1) 水权交易价格形成机制的研究进展

---

① 窦明、王艳艳、李胚:《最严格水资源管理制度下的水权理论框架探析》,《中国人口·资源与环境》2014 年第 24 期。

② 田贵良、周慧:《我国水资源市场化配置环境下水权交易监管制度研究》,《价格理论与实践》2016 年第 7 期。

③ Bekchanov M., Bhaduri A., Ringler C., "Potential Gains from Water Rights Trading in the Aral Sea Basin", *Agricultural Water Management*, Vol. 152, 2015, pp. 41−56.

④ Jafarian V., Yazdani M., Rahimi M., et al., "Network Analysis of Organizational Stakeholders on Water Resource Management in Garmsar Plain Iran", *Water Resources Research*, Vol. 12, 2016, pp. 114−129.

⑤ 田贵良、顾少卫、韦丁等:《农业水价综合改革对水权交易价格形成的影响研究》,《价格理论与实践》2017 年第 2 期。

水权交易价格形成机制涉及水资源的开发、利用、保护与监管等方面,是水权交易价格制度的重要内容和关键环节。国内外学者从定价过程、交易形式、交易第三方效应和水市场等方面研究水权交易基础定价机制,取得了较为丰富的研究成果。

基于定价过程的价格形成机制研究进展。国内外学者基于交易价格的形成过程研究水权交易基础定价的形成机制。米歇尔森等(Michelsen等,2000)研究发现社会经济因素和投机因素可以解释水权交易价格的历史变化,并在水权交易价格的形成中发挥了重要作用。[1] 崔等(Cui等,2018)基于随机跳跃过程理论构建了水期权定价模型,并通过对澳大利亚维多利亚州北部水市场实际价格的动态分析验证了模型的有效性。[2] 布鲁克希尔等(Brookshire等,2004)通过分析美国西南部三个水市场的交易价格变化历史,发现水权交易价格包含水资源的供给需求信息、水资源供需的组织安排信息以及水市场运作信息。[3] 刘峰等(2014)认为我国水权交易价格形成机制缺乏对水权交易负外部性的补偿以及水权交易收益的分配机制,需要规范水权转让。[4] 汪妮等(2012)通过耦合博弈论和市场经济学原理,在考虑系统违背风险和资金的贴现率的基础上,构建了水权动态转换价格模型。[5] 田贵良等(2017)认为水资源获取的成本是水权交易价格的重要部分,农业水价的综合改革将降低农户的节水成本和促进农业节水,从而降低水权交易价格。[6] 吴凤平等(2017)

---

[1] Michelsen A. M., Booker J. F., Person P., "Expectations in Water-right Prices", *International Journal of Water Resources Development*, Vol. 16, No. 2, 2000, pp. 209-219.

[2] Cui J., Schreider S., "Modelling of Pricing and Market Impacts for Water Options", *Journal of Hydrology*, Vol. 371, No. 1-4, 2018, pp. 31-41.

[3] Brookshire D.S., Colby B., Ewers M., et al., "Market Prices for Water in the Semiarid West of the United States", *Water Resources Research*, Vol. 40, No. 9, 2004.

[4] 刘峰、段艳、邓艳:《我国水权交易价格形成机制研究》,《中国水利》2014年第20期。

[5] 汪妮、张建龙、解建仓:《基于讨价还价模型的水权动态转换价格》,《武汉大学学报(工学版)》2012年第1期。

[6] 田贵良、顾少卫、韦丁等:《农业水价综合改革对水权交易价格形成的影响研究》,《价格理论与实践》2017年第2期。

绪　论

基于水市场的双层管理结构,分别从转让方政府和受让方用水户的收益最大化角度构建了水权交易定价的双层规划模型,得出了水权交易价格的合理区间。① 张国珍和刘慧(2010)提出水市场中应存在最低价格,即水权交易保护价格,包括工程水价、环境水价、资源水价、污染治理的投资费用以及水污染的经济损失费用等。② 孙雪峰等(2017)认为水权交易价格是在成本的基础上增加合理的利润,运用田间试验方法测定了灌溉用水户水权交易的成本。③ 罗冬梅等(2021)基于对澳大利亚墨累—达令流域水权交易数据的实证研究,发现自然条件变化和政府政策是引起水权交易价格波动的关键因素。④

基于交易形式的价格形成机制研究进展。国内外学者基于不同的水权交易形式研究水权交易的差别化定价机制。雷等(Rey等,2016)提出应用水期权交易可以提高灌区供水的可靠性并降低用水成本;通过模拟西班牙东南部某灌区在供水不确定的情况的用水决策,发现水期权合同溢价和认购水量对灌区决策影响较大。⑤ 弗莱明等(Fleming等,2013)提出将期权交易应用于澳大利亚的墨累—达令水市场,可以提高水资源的配置效率,但是水期权交易的定价需要进一步优化。⑥ 布朗等(Brown等,2004)通过对1990年至2003年美国西部2000多宗水权交易的分析,发现租赁是水权交易的主要方式,租赁的

---

① 吴凤平、王丰凯、金姗姗:《关于我国水权交易定价研究——基于双层规划模型的分析》,《价格理论与实践》2017年第2期。
② 张国珍、刘慧:《流域城市水交易中"保护价格"的计算——以黄河流域兰州段为例》,《资源科学》2010年第2期。
③ 孙雪峰、石瑞新、孙晓东:《确定灌溉水交易成本价格的田间试验方法》,《河北水利》2017年第10期。
④ 罗冬梅、陈艳萍、朱瑾:《澳大利亚水权定价机制经验借鉴——基于墨累—达令流域水权交易数据实证分析》,《资源与产业》2021年第2期。
⑤ Rey D., Calatrava J., Garrido A., "Optimisation of Water Procurement Decisions in an Irrigation District: The Role of Option Contracts", *Australian Journal of Agricultural and Resource Economics*, Vol. 60, No. 1, 2016, pp. 130-154.
⑥ Fleming E., Villano R., Williamson B., "Structuring Exotic Options Contracts on Water to Improve the Efficiency of Resource Allocation in the Australian Water Market", *Austurial: Research on Agricultural & Applied Economics*, No. 12, 2013.

价格和数量逐年上升,但水权出售的数量没有增长。[①] 田贵良和胡雨灿(2019)认为水权交易是治水新思路下发挥市场优化水资源配置的有效途径之一,提出大宗区域水权交易和取水权交易应进行差别化定价。[②] 李磊(2004)通过分析我国水市场中存在的问题,提出建立水权的实物期权交易,以降低水权交易价格的波动性。[③] 伏绍宏和张义佼(2017)认为水权交易造成社会经济利益受损源于水权交易主体对水资源所有权的认知偏差,政府应减少对水权交易的干预,让国有企业发挥主动作用,形成水权交易价格的动态调整机制。[④] 李长杰等(2007)在确定拍卖规则和市场出清规则的基础上,设计水权交易双方叫价拍卖的交易机制,并建立不完全信息下水权交易双方叫价拍卖的贝叶斯博弈模型,验证后发现叫价拍卖机制满足有效性和激励相容性。[⑤] 唐润等(2010)认为用水户在水权交易过程中会通过报出价格底线的方式形成讨价还价区间,提出在水权交易风险中性下激励交易双方报出实际价格底线的约束机制,构建讨价还价的同时出价模型。[⑥] 沈大军(2013)针对郑州市地下水自备井取水设计交易机制,提出了包括年度用水计划制定、交易产品选择、交易期限选择、交易价格生成和网上在线交易系统建设等在内的水权交易制度。[⑦] 殷会娟等(2016)提出宁夏回族自治区水市场可以开展短期租赁和中长期转让两种模式的水权交易机制,并构建了黄河流域三级水市场框

[①] Brown C., Carriquiry M., "Managing Hydroclimatological Risk to Water Supply with Option Contracts and Reservoir Index Insurance", *Water Resources Research*, Vol. 43, 2004, pp. 11423.
[②] 田贵良、胡雨灿:《基于成本测算的大宗水权交易的差别化定价模型》,《资源科学》2019年第2期。
[③] 李磊:《我国水权交易的新思路——实物期权交易》,《价格理论与实践》2004年第8期。
[④] 伏绍宏、张义佼:《对我国水权交易机制的思考》,《社会科学研究》2017年第5期。
[⑤] 李长杰、王先甲、范文涛:《水权交易机制及博弈模型研究》,《系统工程理论与实践》2007年第5期。
[⑥] 唐润、王慧敏、王海燕:《水权交易市场中的讨价还价问题研究》,《中国人口·资源与环境》2010年第10期。
[⑦] 沈大军:《郑州市地下水自备井计划用水交易市场设计》,《自然资源学报》2013年第3期。

架。① 徐阳等(2025)以协议转让作为农业灌溉用水户间用水权交易的核心交易方式,结合互联网交易平台,确保各级水行政主管部门在核实转让协议时有据可依,提升交易受理时效,降低用水户交易成本,并在条件成熟时,探索灌溉用水户间的用水权交易公开竞价。②

基于第三方效应的价格形成机制研究进展。国内外学者基于水权交易第三方效应的影响研究水权交易基础定价的调整机制。伊斯特等(Easter 等,1997)研究发现水权交易对交易地区的地方企业发展产生了负面影响,受到了地方企业的反对,应在交易价格中考虑对第三方的补偿。③ 豪威特(Howitt,1998)认为水权交易既可能促进地方经济的发展,又可能伤害地方经济的发展,应在水权交易价格制定中体现对当地经济发展的补偿。④ 希尼等(Heaney 等,2006)认为水市场不是完全市场,水权交易中存在供应稳定性、送水及时性、储存、运输费用,以及水质等第三方效应,消除水权交易第三方效应的成本甚至会超过水权交易的收益,应在水权交易中降低第三方影响。⑤ 布伦南(Brennan,2006)认为水市场受季节性的影响,在降雨量较少的年份,市场对供水价格反应更为明显,因此水权交易价格需要从时间和空间上考虑农业用水的价值。⑥ 马晓强和韩锦绵(2011)认为水权交易已逐渐成为缺水地区解决新

---

① 殷会娟、何宏谋、张文鸽:《宁夏水市场构建总体思路探讨》,《中国水利》2016 年第 6 期。
② 徐阳、马永刚、王彦兵等:《宁夏灌溉用水户间用水权交易模式研究与实践》,《水利发展研究》2025 年第 4 期。
③ Easter K.W., Becker N., Tsur Y., "Economic Mechanisms for Managing Water Resources: Pricing, Permits, and Markets, Water Resources: Environmental Planning", *Management and Development*, 1997.
④ Howitt R.E., *Spot Prices, Option Prices, and Water Markets: An analysis of Emerging Markets in California*, Springer, Boston, 1998, pp. 119–140.
⑤ Heaney A., Dwyer G., Beare S., et al., "Third - party Effects of Water Trading and Potential Policy Responses", *Australian Journal of Agricultural and Resource Economics*, Vol. 50, No. 3, 2006, pp. 277–293.
⑥ Brennan D., "Water Policy Reform in Australia: Lessons from the Victorian Seasonal Water Market", *Australian Journal of Agricultural and Resource Economics*, Vol. 3, No. 50, 2006, pp. 403–423.

增用水的主要方式,但由于缺乏对水权交易第三方利益的补偿机制,影响了水权交易的效率和公平。① 李小庆(2005)认为市场和政府管制是实现水资源配置的两大根本手段,但在水资源的市场化进程中应注意市场价格、交易风险以及环境影响等相关问题。② 秦泗阳等(2007)认为水市场受水市场外部性、水资源公共产品属性以及传统文化和地方习俗等因素的影响,会产生市场失灵现象,水权交易基础定价机制应有利于降低第三方影响。③ 高士军和李铁男(2022)在考虑第三方影响后,将对经济、社会、生态环境的影响加权计入水资源价格调整,得到虎林市生活水价为3.4元/立方米,工业水价为5.6元/立方米,农业水价为0.18元/立方米。④

基于水市场的价格形成机制研究现状。国内外学者基于水市场的建立健全过程研究水权交易基础定价的完善机制。尼古拉基斯等(Nikolakis 等,2013)通过调研发现澳大利亚北部的居民接受建立水市场进行水资源管理,但强调尊重用水习惯、保护生态环境以及确保水权分配的公平性。⑤ 豪威特(Howitt,1998)提出在水权界定不清晰和交易成本较高的情况下,利用水权交易的现货市场解决临时性水资源短缺,利用期权市场解决远期的水资源短缺。⑥ 布朗和卡里奎里(Brown 和 Carriquiry,2004)提出应用期权交易管理水文气候变化对农业和城市共享供水系统的影响,并以菲律宾马尼拉的供水系统为例设计了期权合同,验证了期权交易减少供水成本的有效性。⑦ 沈满洪

---

① 马晓强、韩锦绵:《公用事业改革的补偿与治理:水权交易例证》,《改革》2011年第6期。
② 李小庆:《对WTO条件下水资源市场化的探讨》,《山西农业大学学报》2005年第6期。
③ 秦泗阳、周忠美、常云昆:《水市场失灵及其防范》,《生态经济》2007年第2期。
④ 高士军、李铁男:《基于第三方影响的水权交易模式研究》,《水利科学与寒区工程》2022年第2期。
⑤ Nikolakis W.D., Grafton R.Q., To H., "Indigenous Values and Water Markets: Survey Insights from Northern Australia", *Journal of Hydrology*, Vol. 500, No. 13, 2013, pp. 12-20.
⑥ Howitt R.E., *Spot Prices, Option Prices, and Water Markets: An Analysis of Emerging Markets in California*, Springer, Boston, 1998, pp. 119-140.
⑦ Brown C., Carriquiry M., "Managing Hydroclimatological Risk to Water Supply with Option Contracts and Reservoir Index insurance", *Water Resources Research*, Vol. 43, 2004, pp. 11423.

(2013)结合我国水权制度创新的典型案例研究水权交易制度,从水权理论、水权分配、政府创新、交易成本、交易价格等方面提出我国水权交易制度的发展方向。① 刘钢等(2017)基于政府、企业和公众等多个利益相关者共同参与水权交易定价的前提,构建准市场条件下基于双层动态博弈的水权交易定价模型,并求解出水权交易的均衡水价空间,认为水权交易中市场与行政力量的两手发力存在稳定状态,二者缺一不可。② 任政和陈玲(2012)基于系统综合集成理论,在考虑流域各主体利益的基础上,构建了水权交易价格形成的综合集成研讨厅基本框架。③ 钟玉秀(2001)通过介绍国外的正式与非正式水市场,以及美国水市场中行政性交易成本和政策性交易成本对水权交易价格和水市场的影响,提出了可交易水权制度建立的基本条件和水市场的立法原则。④ 姜楠等(2005)分析了我国产业间的水权交易潜力,认为用水效率和经济激励是促进产业间水权交易的制约因素。⑤ 彭新育和罗凌峰(2017)研究发现将节水成本与用水污染对水市场均衡的影响内部化后,可以实现水资源的有效分配和市场均衡。⑥ 邓等(Deng 等,2017)通过分析水权交易成本的边界和内涵,提出了我国灌溉用水户水权交易成本框架,并进行了实证检验。⑦ 史煜娟(2019)结合临夏回族自治州的水权交易实践,从水权交易要素、水权交

---

① 沈满洪、张兵兵:《交易费用理论综述》,《浙江大学学报(人文社会科学版)》2013 年第 2 期。
② 刘钢、杨柳、石玉波等:《准市场条件下的水权交易双层动态博弈定价机制实证研究》,《中国人口·资源与环境》2017 年第 4 期。
③ 任政、陈玲:《综合集成研讨厅在水权交易价格形成中的应用》,《人民黄河》2012 年第 6 期。
④ 钟玉秀:《对水权交易价格和水市场立法原则的初步认识》,《水利发展研究》2001 年第 4 期。
⑤ 姜楠、梁爽、谷树忠:《中国产业间水权交易潜力及制约因素初步分析》,《资源科学》2005 年第 5 期。
⑥ 彭新育、罗凌峰:《基于外部性作用的取水权交易匹配模型》,《中国人口·资源与环境》2017 年第 S1 期。
⑦ Deng X., Xu Z., Song X., et al., "Transaction Costs Associated with Agricultural Water Trading in the Heihe River Basin, Northwest China", *Agricultural Water Management*, Vol. 186, 2017, pp. 29-39.

易价格和水权交易程序等方面,构建了我国西北民族地区的水权交易制度。①

综上所述,水权交易基础定价机制受交易价格、交易形式、交易第三方效应和水市场等因素的综合影响,如何发挥政府管制与市场机制系统治理的优势,形成"两手发力"的水权交易基础定价机制尚需进一步研究。

(2)水资源价值与水价的研究进展

水资源价值与水价的理论研究是开展水权交易价格理论研究的基础。20世纪80年代中期以后,水资源供需矛盾的日益严峻,促使我国在水资源价值、水价研究等方面展开研究。

水资源价值研究进展。对于水资源价值的认识,我国学者主要由"资源无价格"到"水是商品",再到"利用经济杠杆调节供需矛盾",逐渐向广度和深度扩展。20世纪末,我国学术界开始讨论水资源的有偿使用,并对水资源价值进行了初步探讨。吕福新(1991)提出自然资源价格客观存在,是产品价值的构成要素,必须否定长期以来流行的自然资源无价格论。② 姜文来和王华东(1995)利用效用价值论、劳动价值论和马克思、恩格斯理论对水资源价值进行了探讨,认为从现实的经济实践来看,水资源具有价格,是市场经济条件下的必然产物,并进一步用绝对地租理论阐述了水资源价格的实质。③ 进入21世纪后,我国学术界对水资源的经济价值基本达成了共识,认为水资源的经济价值应该被纳入国民经济核算体系,以促进水资源的合理利用开发。在此基础上,研究科学合理水资源价格的文献越来越多,研究方法主要包括影子价格法、边际机会成本法和模糊数学模型等。李朦等(2016)在全面研究再生水资源价值的基础上,建立了统筹经济、社会、生态环境的再生水价值评价指

---

① 史煜娟:《西北民族地区水权交易制度构建研究——以临夏回族自治州为例》,《西北师大学报(社会科学版)》2019年第2期。

② 吕福新:《关于自然资源价格研究的意义和视角》,《经济学家》1991年第2期。

③ 姜文来、王华东:《水资源价值和价格初探》,《水利水电科技进展》1995年第2期。

标体系,运用模糊物元模型对区域水资源价值进行了评价。①朱永彬和史雅娟(2018)利用模糊数学模型,从供水、需水和水质三个方面构建了中国主要城市的水资源价值评价指标体系,并测算出中国主要城市的水资源价格。②唐瑜等(2018)以区域用水净效益最大为目标函数,运用影子价格计算出南水北调中线受水区的水资源理论价值。③潘淑慧等(2023)基于生态系统生产总值(GEP)核算模型研究2020年常州水资源价值,主要用5种定价方法,即市场价值法、影子价格法、替代成本法、成果参照法和替代工程法。经核算,水资源GEP价值总量为931.17亿元。④

水价研究进展。水价的经济功能表明水是一种商品,且能提供一些经济信息,水价的变动能够调节供需双方供水与用水的商品经济活动,同时它也具备了一定社会功能,水价的高低能够直接影响着人们的节水意识。20世纪80年代,我国学者研究主要集中在通过理论论证我国水价偏低,应当制定合理的水价以及科学的水价体系。陆满平(1992)指出我国水资源价格严重偏低,水价应至少反映出供水成本的高低,应当制定合理的水价,确定科学的水价体系。⑤2003年7月,国家发展改革委与水利部联合发布《水利工程供水价格管理办法》,我国学者开始研究水价定价、阶梯水价、生态补偿和水价改革效益等方面。曹超等(2004)认为生态补偿是水量和水质保持稳健的关键和基础,将生态补偿纳入水价改革是缓解水缺乏、发挥水价机制的关键,并提出水价应

---

① 李朦、汪妮、解建仓等:《基于模糊物元模型的再生水资源价值评价》,《西北农林科技大学学报(自然科学版)》2016年第1期。

② 朱永彬、史雅娟:《中国主要城市水资源价值评价与定价研究》,《资源科学》2018年第5期。

③ 唐瑜、宋献方、马英等:《基于优化配置的南水北调受水区水资源价值研究》,《南水北调与水利科技》2018年第1期。

④ 潘淑慧、曾雪珂、姚苊衍:《基于GEP核算的常州市水资源价值研究》,《中国资源综合利用》2023年第12期。

⑤ 陆满平:《对我国水资源及其价格的分析》,《经济研究参考》1992年第Z2期。

由生产成本、利润、生态补偿费、污染处理费和发展基金五部分组成。[①] 赵连阁(2006)运用线性规划对辽宁典型灌区由水价政策变化而引起的经济、社会和环境响应效果进行了模拟测算,结果表明水价的提升导致灌区农作物种植结构以及农民收入和农业污染的变化。[②] 王谢勇等(2009)运用完全成本法建立水价定价模型,认为水价主要由资源水价、工程水价、环境水价和机会成本四部分组成,其中主要探讨了水资源的资源水价。[③] 孙建光和韩桂兰(2012)基于资源环境水价设定塔里木河流域未来农业水价,并进一步分析了该法所得到的未来农业水价的节水效应。[④] 王殿茹和邓思远(2015)通过对城镇居民生活用水量集价格变化的分析,提出制定合理的阶梯水价是避免水价在经济市场中的供需调节作用失效的有效方法,利用水费承受指数模型和经验定价法测算出石家庄城镇居民阶梯水价的定价方案,并给出城镇居民阶梯水价实施保障措施。[⑤] 黄鑫等(2017)运用时间序列算法研究了上海市阶梯水价制度实施后对居民用水需求的影响。[⑥] 黄梦婷等(2018)运用扩展线性支出系统模型对徐州市农民可承受水价进行了测算。[⑦] 刘书明和唐仕朝(2018)从城市供水成本的角度出发,考虑与城市供水价格成本利益相关者,按照政府承担"公益性项目"、企业承担"经济性项目"和个体用户承担"定价成本"的原则,构建

[①] 曹超、洪尚群、曾广权等:《水价改革与生态补偿》,《云南环境科学》2004年第4期。
[②] 赵连阁:《灌区水价提升的经济、社会和环境效果——基于辽宁省的分析》,《中国农村经济》2006年第12期。
[③] 王谢勇、施晓蕾、徐晓鹏:《关于水价定价模型构建的研究》,《大连大学学报》2009年第6期。
[④] 孙建光、韩桂兰:《基于资源环境水价的塔里木河流域农业水价的节水效应》,《中国农村水利水电》2012年第12期。
[⑤] 王殿茹、邓思远:《阶梯水价:水资源可持续利用的有效路径——以石家庄市为例》,《生态经济》2015年第12期。
[⑥] 黄鑫、黄智峰、张立尖等:《阶梯水价实施对居民用水量时间序列的影响》,《中国人口·资源与环境》2017年第2期。
[⑦] 黄梦婷、李建国、邵志一等:《农民用水户可承受的饮水安全水价定量研究》,《安徽农业科学》2018年第33期。

了政府、企业和个体用户三者的城市供水成本分担机制。① 张凯和朱伟（2014）统计分析了2013—2021年水权交易价格对农户种植成本和种植积极性的影响程度。结果表明，水权水价改革后灌溉面积稳定扩大，水权价格改革后农户节水意识显著提高。②

2. 水权交易价格的实践研究进展

自1980年以来，世界范围内的水权交易市场化趋势明显。美国、澳大利亚、智利等国家水权市场发展较好，被称为水权市场发展典范。国际文献的趋势，也是围绕美国、澳大利亚、智利等区域的市场实践，开展深入研究。豪威特（Howitt，1994）③、希特尔等（Settre 等，2016）④以及伊斯特和罗斯格兰特（Easter 和 Rosegrant，1998）分别对美国、澳大利亚、智利国家的水市场发展开展了研究与总结。⑤ 基姆（Kiem，2013）在墨瑞—达令河流域，运用水权交易机制，构造了多用水部门同时段、跨地区间的水权交易模型。⑥ 有学者对水权交易实践进行反思，研究发现水市场改革面临的困难，查伦（Challen，2000）基于澳大利亚水市场发展实践指出，水市场改革涉及的外部性问题，并不能通过产权私有来解决。⑦ 鲍尔（Bauer，2009）在反思了智利发展水市场的经验后提

---

① 刘书明、唐仕朝：《我国城市供水价格成本分担机制研究》，《价格理论与实践》2018年第9期。

② 张凯、朱伟：《新疆地区水价改革对农户种植成本影响分析》，《水资源开发与管理》2024年第4期。

③ Howitt R.E., "Empirical Analysis of Water Market Institutions: the 1991 California Water Market", *Resource&Energy Economics*, Vol. 16, No. 4, 1994, pp. 357-371.

④ Settre C., Wheeler S.A., "Environmental Water Governance in the Murray-Darling Basin of Australia: the Movement from Regulation and Engineering to Economic-Based Instruments", *Handbook of Environmental & Sustainable Finance*, 2016, pp. 67-91.

⑤ Easter K.W., Rosegrant M.W., Dinar A., "Markets for Water: Potential and Performance", *Springer Science&Business Media*, 1998.

⑥ Kiem A.S., "Drought and Water Policy in Australia: Challenges for the Future Illustrated by the Issues Associated with Water Trading and Climate Change Adaptation in the Murray-Darling Basin", *Global Environmental Change*, Vol. 23, No. 6, 2013, pp. 1615-1626.

⑦ Challen R., "Institutions, Transaction Costs and Environmental Policy: Institutional Reform for Water Resources", *Books*, Vol. 45, No. 2, 2000, pp. 309-311.

出，水市场的运作受制于多种因素，包括法律、政治、制度、经济以及文化等，发展水市场应该保持慎重的态度。[1] 还有一些学者开展了集成性研究，在推广先进的水权交易实践经验的同时为其他国家水权交易发展提供了指导，比约伦德(Bjornlund,2014)总结了美国西南部、智利、澳大利亚维多利亚州水市场的发展经验，探讨了水市场的影响因素和水权交易对社会、环境等方面的影响，并对发展中国家水市场建设提出建议。[2] 格拉夫顿等(Grafton 等,2010)构建了完整的水市场框架，并对中国、澳大利亚、美国、南非、智利等五个国家的水市场优缺点进行识别。[3] 世界上其他国家，也开展了各自的水权交易探索。陈博等(2024)在总结改革进展、分析新形势新要求的基础上，对水价、水权、水资源税费的基本属性、改革目的、重点内容进行理论解析，分析了三者间的耦合关系。[4]

中国水权交易起步较晚，但是发展迅速。中国水权交易实践始于2000年浙江东阳—义乌水权交易，胡鞍钢和王亚华(2001)[5]、沈满洪(2005)[6]对东阳—义乌水权交易实践进行了分析与研究。之后甘肃、宁夏、内蒙古等地也开展了黄河水权转换，王亚华和田富强(2010)[7]对黄河水权转换实践进行了评价与展望。2014年，我国水利部提出在宁夏、江西、湖北、内蒙古、河南、甘肃

---

[1] Bauer C.J., "Against the Current: Privatization, Water Markets and the State in Chile", *Natural Resource Management&Policy*, Vol. 4, No. 39, 2009, pp. 887-888.

[2] Bjornlund H., "Formal and Informal Water Markets: Drivers of Sustainable Rural Communities?", *Water Resources Research*, Vol. 9, No. 14, 2014, pp. 187-187.

[3] Grafton R.Q., Landry C., Libecap G.D., et al., "An integrated Assessment of Water Markets: Australia, Chile, China, South Africa and the USA", *National Bureau of Economic Research*, 2010.

[4] 陈博、周飞、马俊:《关于水价、水权、水资源税费改革协同发力的思考》,《水利发展研究》2024年第3期。

[5] 胡鞍钢、王亚华:《从东阳—义乌水权交易看我国水分配体制改革》,《中国水利》2001年第6期。

[6] 沈满洪:《水权交易与政府创新——以东阳义乌水权交易案为例》,《管理世界》2005年第6期。

[7] 王亚华、田富强:《对黄河水权转换试点实践的评价和展望》,《中国水利》2010年第1期。

绪　论

和广东七省区开展不同类型的水权试点,试点包括水资源使用权确权登记、水权交易流转和开展水权制度建设三项内容,秉承了总量控制、确权到户、节水优先的原则,初步确立水权确权、交易、监管制度体系,形成流域间、流域上下游、区域间、行业间和用水户间等多种水权交易模式,李晶等(2017)[①]、刘钢等(2018)[②]、韦凤年(2018)[③]、洪昌红等(2018)[④]、田贵良(2018)[⑤]、张建岭(2019)[⑥]、赵清等(2019)[⑦]分别展开了水权交易试点区域的做法总结与经验推广,为全国水权改革提供了可复制可推广的经验做法。

2016年6月,中国水权交易所正式运营,建立了全国统一的水权交易制度、交易系统和风险控制系统,运用市场机制和信息技术推动跨流域、跨区域、跨行业以及不同用水户间的水权交易,打造了符合国情水情的国家级水权交易平台,充分发挥了市场在水资源配置中的重要作用,促进水资源的合理配置、高效利用和有效保护,这标志着我国水权交易进入新的发展阶段。2017年11月,宁夏率先通过全国水权试点验收。刘云杰等(2016)[⑧]、国务院发展研究中心—世界银行"中国水治理研究"课题组(2018)[⑨]对我国水权交易实践进行了较为全面的总结,提出我国水权水市场建设还处于探索阶段。2018

---

① 李晶、王俊杰、陈金木:《新疆水权改革经验与启示》,《中国水利》2017年第13期。

② 刘钢、王慧敏、徐立中:《内蒙古黄河流域水权交易制度建设实践》,《中国水利》2018年第19期。

③ 韦凤年:《甘肃:探索疏勒河流域水权改革》,《中国水利》2018年第19期。

④ 洪昌红、黄本胜、邱静等:《广东省东江流域水权交易实践——以惠州与广州区域间水权交易为例》,《广东水利水电》2018年第12期。

⑤ 田贵良:《国家试点省(区)水权改革经验比较与推进对策》,《环境保护》2018年第13期。

⑥ 张建岭:《河南省跨区域水权交易潜力评估及交易模型研究》,郑州大学硕士学位论文,2019年。

⑦ 赵清、刘晓旭、蒋义行:《建设生态水利　推进绿色发展——内蒙古自治区黄河干流沈乌灌域水权试点的经验启示》,《水利经济》2019年第4期。

⑧ 刘云杰、石玉波、张彬:《我国水权交易发展现状及推进对策分析》,《中国水利》2016年第21期。

⑨ 国务院发展研究中心—世界银行"中国水治理研究"课题组:《我国水权改革进展与对策建议》,《发展研究》2018年第6期。

年水利部联合广东省、甘肃省、河南省人民政府先后在广州市、兰州市、郑州市召开水权试点验收会,一致同意通过验收,成为全国水权交易市场建设的重大示例。2019年,中国水权交易所组织召开了山西省桑干河、大清河横向生态保护补偿试点研究项目,为水权与生态补偿的有机结合提供了宝贵的经验。2020年,水权交易对象发生了较大变化,不再仅局限于地表水。同年11月,江苏省宿迁市开展了地下水水权交易改革试点,既为江苏省水权改革探路示范的创新之举,也是优化水资源要素配置的重要抓手。同年12月,湖南省长沙市高新区雨水资源使用权交易顺利成交,这是全国首宗雨水资源使用权交易,标志着我国非常规水资源实现生态价值市场化进入了实践阶段。2021年,水权交易实践不断发展,南京汤山温泉资源管理有限公司与南京汤山旅游发展有限公司等七家单位正式签订水权交易合同,这是江苏省内首例地热水水权改革试点。

(五)研究动态述评

现有国内外学者对水权初始配置、水权交易价格问题和交易制度建设的文献,为本书的研究提供了扎实的理论基础。但从国内外已有研究看,在以下方面仍具有一定的局限性:

在水权交易中如何发挥市场和政府作用的研究方面,国内外学者在水权交易价格的相关研究中,分析了在市场机制下完全信息与信息不对称条件下水权交易者的影响要素,构建了反映市场因素的水权交易定价博弈模型;然而,如何兼顾市场机制和政府作用,开展场内水权交易价格及相应管制的研究仍尚不多见。

在可交易水权量等基本要件研究方面,相关直接研究成果尚不多见。目前国内外多数文献研究了水权交易前的初始水权配置问题,然而却忽略了在水权交易中如何基于社会、经济和生态可持续发展前提,判断水权交易行为主体,确定各地区实际可转让水权的数量,分析可转让水权的交易期限,以及如

绪　论

何将水质问题嵌入水权交易中,科学核算标准水等,现有研究鲜见。

在水权交易定价模型研究方面,国内外学者已取得了一些有价值的成果。但相关定价模型的定价指标侧重于水资源价值、工程成本、环境防治费用的分析,对水资源禀赋差异、市场供求、生态价值等因素的综合考虑相对缺乏。此外,对如何在基础定价模型中嵌入生态补偿成本,以及如何集协议转让、招投标转让和拍卖转让模式的优势,综合探讨水权转让价格形成机制的研究还相对缺乏。

在水权交易价格管制研究方面,随着我国水权交易试点的开展和水市场培育的深化,水资源使用权的用途管制被加强。由于价格管制是水权交易的基础环节,因此,迫切需要研究相关制度安排。然而,国内外现有水权交易管制研究主要集中在水权确权管制、交易规则设计、交易平台构建等方面,迫切需要基于中国情境构建水权交易价格监管制度。

五、主要研究方法

文献归纳法。对近年来国内外有关水权交易价格测算、市场定价方法、交易定价实践及水权交易价格管制实践的文献进行归纳梳理,掌握水权交易价格形成及其管制的研究现状、思路与方法,综述已有研究成果的优点及不足,从而为厘清本书研究思路、选择研究方法、构建理论模型、提出研究假设和案例分析提供丰富而有价值的理论基础和支撑。

模糊数学法。针对水权交易基础定价及场内定价形成过程中资源成本测算、政府补贴标准测算、水权交易报价行为等具有模糊性和不确定性的特点,利用模糊数学法处理不确定性问题的优势,构建模糊综合评价模型以准确量化基础定价的相关参数,对"一对一"和"一对多"情境下大宗水权交易报价行为中的模糊不确定性进行表征。

基础定价模型。(1)完全成本定价模型。基于水权交易涉及的资源成本、工程成本、环境成本和生态补偿成本等进行分析。(2)影子价格模型。根据水权交易的不同地区和用水类型,以社会目标的边际贡献或边际收益的最大化为目标,用线性规划计算方法求解资源最优配置,确定水权交易的影子价格。

决策分析法。(1)动态讨价还价模型。从水权交易的基础价格出发,考虑水权交易双方的期望收益、贴现率、协商破裂风险等主观概率,模拟水权交易中讨价还价的动态过程。(2)双边叫价拍卖模型。引入双边拍卖交易模式,建立不完全信息下的水权交易双方叫价拍卖的多目标优化模型。

贝叶斯学习法。为规范双方报价行为,运用贝叶斯学习模型对水权交易双方基于对方的报价对其底线价格不断进行修正,使得交易双方在讨价还价过程中对于对方底线价值的估计越来越接近对方真实底线价格,能够提高交易主体对谈判环境的自适应能力。

博弈论方法。运用博弈理论,分别构建水权交易转让方和受让方在"一对一"和"一对多"情境下的讨价还价博弈模型和英式拍卖模型,有利于提高水权交易的效率,促进交易价格的公平合理形成,具有良好的适用性。

比较分析法。针对不同的水权交易类型进行法律需求与制度选择细化研究,并与国外的相关法律法规进行比较分析,总结经验,为我国水权交易法律法规的完善提供参考。

系统分析理论。将水权交易价格和水权交易管理制度设计看成一个集成研究系统,从系统论的角度设计市场导向下我国水权交易价格形成机制及其管制研究的理论框架。

案例分析法。针对不同情境下水权交易的基础定价、场内定价模型,利用案例分析法对内蒙古自治区巴彦淖尔市的水权交易定价进行分析,从而检验模型与方法的适用性和有效性,并结合案例分析结果,提出相关的政策建议。

六、研究技术路线

本书将基于"市场导向"的理念,遵循水市场的"准市场"特征,研究水权交易价格形成机制,提出水权交易价格确定方法,并探讨有利于培育和规范水市场、兼顾"公平"和"效率"的水权交易价格管理制度,并结合内蒙古自治区的水权交易试点进行案例分析。

在绪论部分,提出本书的研究背景、研究问题及研究视角,阐述本书的理论和实践意义;通过梳理国内外水权交易价格及管制的实践进展,对国内外相关文献进行评述,分析当前水权交易定价及管制研究中存在的问题;并在此基础上阐述本书的研究方法,设计本书的技术路线。在此基础上,按照"概述—基础定价—场内定价—价格管制—实证研究"的思路撰写,具体分五大部分内容:

第一部分为概述。主要是分析与界定水权交易价格及管制的基础概念,阐释水权交易价格形成机制与交易价格管制的支撑理论,明确影响水权交易基础要件,即交易行为主体、水权交易期限、可交易水量和标准水,探讨其测算方法。梳理市场导向下水权交易价格形成的理论逻辑,为研究不同参与主体交易情境下的水权交易价格形成机制及交易价格管制提供理论基础。

第二部分为基础定价。通过构建基于完全成本法的基础价格测算、基于影子价格的基础价格测算以及基础价格综合测算模型,确定基础定价。一是基于完全成本法的基础价格测算水权交易的成本由显性成本和隐性成本两部分构成。二是基于影子价格的基础价格测算。分两个阶段:第一阶段,基于用水投入产出、用水净效益构建单边影子价格测算模型;第二阶段,以国民经济整体效益最大为目标,基于博弈思想,构建双边耦合博弈均衡测算模型,买卖双方就第一阶段测算的影子价格进行博弈,得出均衡水价。三是基础价格综合测算模型。基于水权交易完全成本定价方案及影子价格定价方案,遵循水权交易基础定价原则,结合具体的水权交易形式,构建水权交易基础定价综合测算模型。

第三部分为场内定价。针对水权交易市场转让价格,以基础定价为指导,构建"一对一"和"一对多"情境下的水权交易市场定价模型。主要包括:一是构建了"一对一"情境下大宗水权"基准+协商"市场定价模型,即运用模糊贝叶斯学习法对交易双方讨价还价过程中的不合理报价行为进行修正,建立单个转让方和受让方之间的讨价还价博弈模型,获得"一对一"情境下水权交易定价方案;二是构建了"一对多"情境下大宗水权"基准+拍卖"市场定价模型,即运用模糊参数出价意愿表征拍卖竞价过程中受让方的出价行为,建立单个转让方和多个受让方之间的英式拍卖博弈模型,获得"一对多"情境下水权交易定价方案。

第四部分为价格管制。主要包括:一是选取水资源价值模型计算水权交易管制价格下限;并基于国家相关法律法规、制度政策的要求,选取改进的 $RPI-X$ 价格上限模型作为水权交易管制价格的上限模型,建立符合我国国情水情的水权交易的价格水平管制模型。二是从价格监测管理制度、管制价格调整体系以及价格管制保障体系三个方面对水权交易价格管制进行研究,完善我国水权交易价格管理制度体系。

第五部分为实证研究。结合内蒙古自治区水权交易试点实践进行实证研究,检验模型的有效性和可行性,并为内蒙古乃至全国的水权交易定价及管制提供理论依据。此外,从水权交易基础要件、定价机制以及交易价格参与机制三个方面为我国建立健全水权交易定价机制提供相关政策建议。

本书的最后,系统总结归纳了本书的研究结论和主要贡献,并提出进一步需要开展的工作。

本书的研究技术路线如图 1.1 所示。

绪　论

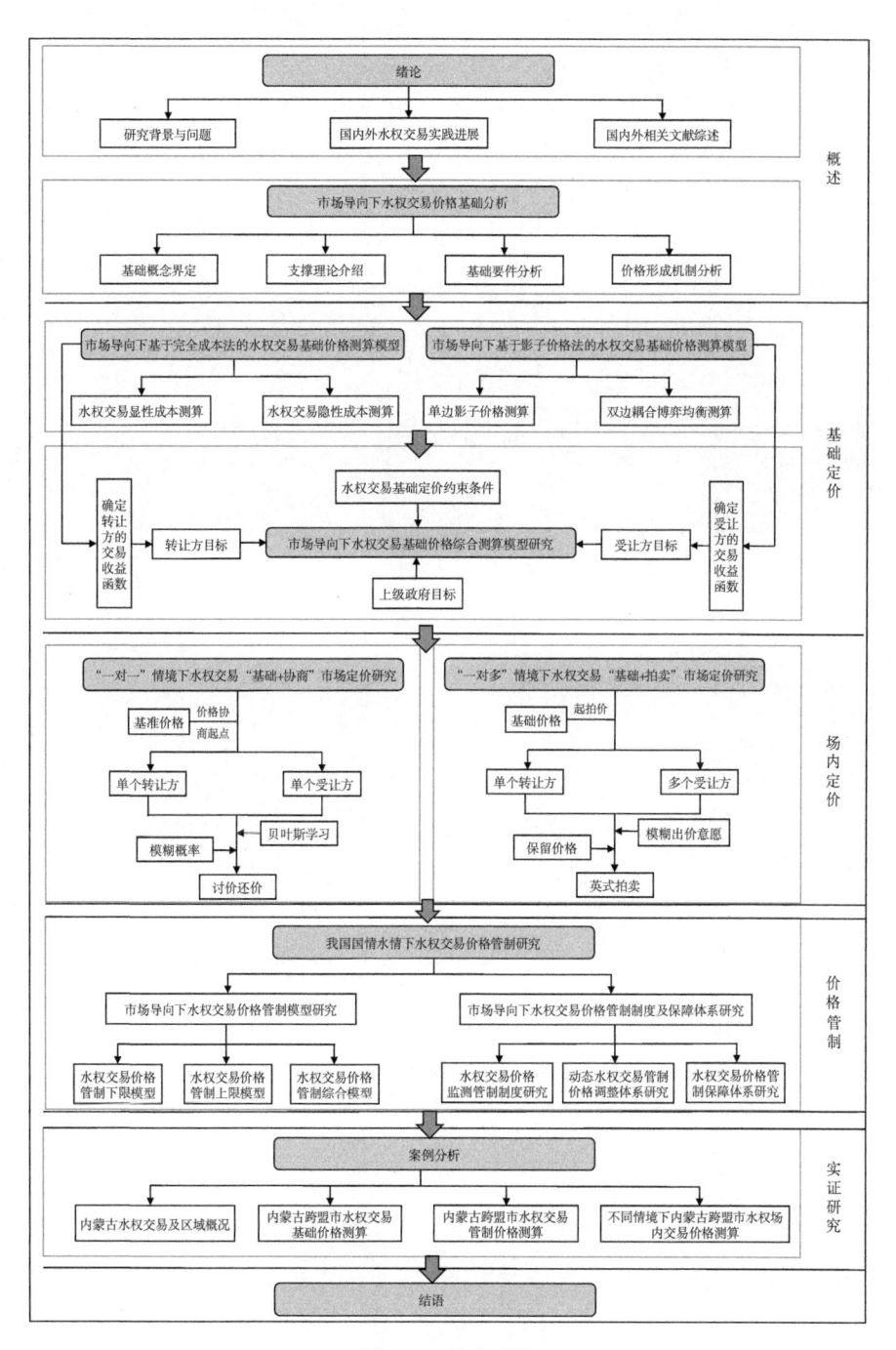

图 1.1　技术路线

第一部分　概　述

　　明晰水权、水权交易、水权交易价格及水权交易价格管制等概念的内涵；阐述水权交易价格及水权交易价格管制的支撑理论，包括水资源产权理论、资源优化配置理论、水权价值边际效用理论、价格管制理论；针对水权交易市场的特征，提出影响水权交易价格的基本要件，包括交易行为主体、水权交易期限、可交易水量以及标准水；阐释水权交易价格形成的理论逻辑。

第一部分 论 文

第一章　概念界定及理论基础

水权交易基础定价作为水权交易价格制度的重要组成部分,既是利用市场机制优化水资源初始配置的重要前提,也是确保水权交易双方合理收益,促进水资源节约、保护和高效利用的重要途径,更是落实我国加快水权水市场建设,推进水资源使用权确权和进场交易的重要保障。本章将界定水权交易基础定价相关概念,并阐述水权交易价格及水权交易价格管制的支撑理论。

第一节　概念界定

水资源是维持人类社会经济发展与自然生态系统稳定的一种基本需求和道德性物品,具有经济属性、公益属性,以及广泛的外部性。明晰水权、水权交易、水权交易价格及水权交易价格管制的内涵是开展水权交易价格研究的基本前提,也是实现水资源优化配置和高效利用的重要途径。

一、水权

水权内涵的研究经历了从"权利束"阶段到使用权阶段的变化。

1. "权利束"阶段

张(Cheung,2021)研究认为,水权是包括水资源所有权和使用权在内的多个权利组成的"权利束"。① 玛瑟(Mather,1984)认为水权是指水资源的产权,水权范围包括与产权相关的各项权利。② 莱托斯(Laitos,1989)以美国西部水权为研究对象,认为水权主要包括从河流、湖泊等水体取水的取水权以及在河流外或河流内等水体蓄水的权利。③ 姜文来(1998)④、汪恕诚(2001)⑤、冯尚友(2000)⑥、马晓强(2002)⑦、张郁(2002)⑧和刘斌(2003)⑨认为所有权是水资源的基本权利,可以依次派生出包括使用权在内的各种子权利。关涛(2002)认为水权是用水单位或个人对地表水和地下水享有的所有权和使用权。⑩ 王浩等(2006)学者认为水权的内涵十分丰富,是包括生态水权、环境水权、社会经济水权和国家预留水权等权利在内的组合。⑪ 吴凤平等(2015)等认为水权是一组"权利束",包括水资源所有权、使用权、处置权、转让权以及与水资源相关工程的所有权和经营权。⑫

2. 使用权阶段

随着水资源的日益稀缺,水权管理制度逐渐从"权利束"阶段过渡到使用权阶段。傅春和胡振鹏(2000)认为水权是根据我国相关法律法规享有的水

---

① Cheung S.N., "The Structure of a Contract and the Theory of a Non-Exclusive Resources", *Journal of Law and Economics*, Vol. 12, No. 4, 2021, pp. 317-326.
② Mather D., Russell J., *Water Resources Development*, New York: John Wiley & Sons, 1984.
③ Laitos J.G., "Water Rights, Clean Water Act Section 404 Permitting, and the Takings Clause", *University of Colorado Law Review*, Vol. 60, 1989, p. 901.
④ 姜文来:《水资源价值模型研究》,《资源科学》1998年第1期。
⑤ 汪恕诚:《水权管理与节水社会》,《中国水利》2001年第5期。
⑥ 冯尚友:《水资源持续利用与管理导论》,科学出版社2000年版。
⑦ 马晓强:《水权与水权的界定——水资源利用的产权经济学分析》,《北京行政学院学报》2002年第1期。
⑧ 张郁:《南水北调中水权交易市场的构建》,《水利发展研究》2002年第3期。
⑨ 刘斌:《关于水权的概念辨析》,《中国水利》2003年第1期。
⑩ 关涛:《民法中的水权制度》,《烟台大学学报(哲学社会科学版)》2002年第4期。
⑪ 王浩、党连文、汪林等:《关于我国水权制度建设若干问题的思考》,《中国水利》2006年第1期。
⑫ 吴凤平、章渊、田贵良:《自然资源产权制度框架下水资源现代化治理逻辑》,《南京社会科学》2015年第12期。

资源使用权。① 董文虎(2003)认为水权可以分为水资源水权和水利工程供水权,水资源水权是国家的一种政治权利,水利工程供水权是所有者的财产权力。② 曹明德(2004)认为水权是一种新型的准用益物权,具有权能的可分离性和外部性,因而水权具有流转的可能。③ 王亚华(2017)认为狭义的水权是在水资源稀缺条件下,围绕一定数量水资源用益的财产权利。④ 琼格雷(Jungre,2005)认为水权是一种特殊的私人财产权,水权所有者仅享有使用水资源的用益权,不具有水资源的所有权。⑤ 霍奇森(Hodgson,2006)认为水权是从河流、湖泊或含水层等天然水体取水和使用的权利。⑥ 布鲁克斯和哈里斯(Brooks 和 Harris,2008)认为水权是个人享有或使用水资源的权力。⑦

从经济学视角来看,水权是指单位或个人享有或使用水资源的权利,是在水资源归国家所有的前提下派生出的一系列子权利,包括水资源的使用权、收益权、用益物权和处置权等。水权是制度经济学在水资源管理中应用的体现,属于产权的延伸概念。产权一般是指所有人依据法律获得的财产使用权,并享有依法对财产进行占有、使用、收益和处分的权力。在产权界定清晰、交易成本为零的情况下,市场会促使资源达到最优化配置。我国政府落实最严格水资源管理制度和跨省主要江河水量分配工作,实质上是明确各省(自治区、直辖市)的水资源产权,为利用市场机制优化水资源配置奠定了基础。

---

① 傅春、胡振鹏:《国内外水权研究的若干进展》,《中国水利》2000 年第 6 期。
② 董文虎:《水权概论》,黄河水利出版社 2003 年版。
③ 曹明德:《论我国水资源有偿使用制度——我国水权和水权流转机制的理论探讨与实践评析》,《中国法学》2004 年第 1 期。
④ 王亚华、舒全峰、吴佳喆:《水权市场研究述评与中国特色水权市场研究展望》,《中国人口·资源与环境》2017 年第 6 期。
⑤ Jungre J.N., "Permit Me Another Drink: a Proposal for Safeguarding the Water Rights for Federal Lands in the Regulated Riparian East", *Harvard Environmental Law Review*, Vol. 29, 2005, p. 369.
⑥ Hodgson S., *Modern Water Rights: Theory and Practice*, Food and Agriculture Organization of the United Nations, Rome, 2006.
⑦ Brooks R., Harris E., "Efficiency Gains from Water Markets: Empirical Analysis of Water Move in Australia", *Agricultural Water Management*, Vol. 95, 2008, pp. 391-399.

我国水资源相关的法律法规对水权概念也有定义描述,明确水资源属于国家所有,单位和个人依法可以占有、使用和收益。水权概念有广义和狭义之分。广义上的水权是在水资源所有权的基础上派生出的权利束。狭义上的水权是指水资源的使用权,是某地区、某流域、某流域上下游、某行业或某用水户根据自身发展需求而获得的用水指标或用水配额的使用权。结合水权交易基础定价的需要,本书所指的水权是狭义上的水权。

二、水权交易

面对水资源时空分布不均和供需不平衡的问题,水权交易成为缓解局部水资源短缺的有效方式,其不仅有利于优化配置各级政府、企业或个人获得的初始水权,也有利于提高水资源利用效率和效益(刘斌,2003)。[1] 国内外学者从交易制度、交易形式和交易影响三方面研究水权交易内涵,取得了较为丰富的研究成果。

根据具体的国情,结合水权交易制度研究水权交易内涵。其中具有代表性的是以智利为代表的自由水权交易制度和以美国、澳大利亚为代表的综合水权交易制度。罗伯特等(Robert 等,1997)认为自由水权交易制度是指政府不参与水资源的管理,完全通过市场调节水资源的供求。[2] 布伦南等(Brennan 等,2002)认为综合水权交易制度是在水资源所有权归国家所有的前提下,政府通过制定水权交易制度调控水资源的供求变化。[3] 我国通过立法的形式明确政府对水资源的管辖职能,在水资源所有权归国家或集体所有的前提下实施综合水权交易制度。20 世纪初,浙江东阳和义乌之间的水权交

---

[1] 刘斌:《关于水权的概念辨析》,《中国水利》2003 年第 1 期。

[2] Robert R., Hearne K., William E., "The Economic and Financial Gains from Water Markets in Chile", *Agricultural Economics*, Vol. 15, 1997, pp. 187-199.

[3] Brennan D., Scoccimarro M., "Issues in Defining Property Rights to Improve Australian Water Markets", *The Australian Journal of Agricultural and Resource Economics*, No. 40, 2002, pp. 69-89.

易实践开创了我国农业用水向工业用水转让的先河,促使我国加快水权管理制度改革,以解决日益严重的用水短缺问题。随后,我国先后开展水权转换试点和水权交易试点,并陆续出台一系列水权管理制度的部门规章,为建立健全水市场提供了良好的制度保障。

针对水权交易形式的研究成果较为丰富。澳大利亚的水权交易形式较为灵活,既有临时性或永久性的水权交易,也有部分的或全部的水权交易,皮格拉姆等(Pigram 等,1990)提出水权交易形式主要包括用水额度交易、临时水权交易和水权出租等。[1] 美国西部水权交易形式包括行政调剂、用水置换和购买灌区股份等。同时,美国西部地区通过建立水银行体系,使市场在缺水政府参与的情况下实现了自发调节水资源的供需。另外,在其他国家也具有不同的水权交易形式。克洛曾(Kloezen,1998)研究墨西哥农民用水户间和灌区用水者协会间的水权交易,认为交易形式是影响水权交易效率的关键。[2] 索基莱和科彭(Sokile 和 Koppen,2004)研究发现水资源的地方非正式管理可以为政府的规范化管理提供经验,建议结合非正式管理与规范化管理建立综合的水资源管理框架。[3] 我国水市场建设起步较晚,刘璠等(2015)在分析水权交易主体和水权交易形式的基础上,引入水权交易的利益补偿机制和激励机制,构建了跨区域水权交易的契约框架。[4]

根据水利部《水权交易管理暂行办法》的规定,"水权交易是指在合理界定和分配水资源使用权基础上,通过市场机制实现水资源使用权在地区间、流

---

[1] Pigram J.J., Musgrave W.F., "Transferability of Water Entitlements in Australia", *Regulated Rivers: Research & Management*, Vol. 5, 1990, pp. 391-399.

[2] Kloezen W.H., "Water Markets between Mexican Water User Associations", *Water Policy*, No. 1, 1998, pp. 437-455.

[3] Sokile C.S., Koppen B.V., "Local Water Rights and Local Water User Entities: the Unsung Heroines of Water Resource Management in Tanzania", *Physics and Chemistry of the Earth*, Vol. 29, Nos. 15-18, 2004, pp. 1349-1356.

[4] 刘璠、陈慧、陈文磊:《我国跨水权交易的契约框架设计研究》,《农业经济问题》2015年第12期。

域间、流域上下游、行业间、用水户间流转的行为"。结合国内外学者关于水权交易内涵的研究成果,本书认为水权交易是为促进水资源节约、保护和高效利用,在满足水权交易形式的约束下,水权交易主体在市场中以协商定价或市场竞价的方式短期或长期地购买或卖出水权的行为。根据《水权交易管理暂行办法》,按照确权类型、交易主体和范围划分,我国水权交易主要包括以下形式:灌溉用水户水权交易、取水权交易和区域水权交易。

三、水权交易价格

斯坦利等(Stanley 等,1982)认为水资源由于排他性使用的特点,具有经济价值,应该看作经济品。[①] 然而,罗杰斯等(Rogers 等,2002)认为水资源同时也是保障人类社会发展与维持自然生态系统稳定的基础资源,具有公共产品特点。[②] 国内外学者从多个角度对水权交易价格进行研究。

基于供水成本或水价等概念研究水权交易基础定价。默瑟和摩根(Mercer 和 Morgan,1986)以水价作为水权交易基础定价,研究发现较低的水价是水资源低投资回报率的主要原因,政府应该根据市场中资本的机会成本调整水资源价格,促进水资源的优化配置。[③] 科尔比和艾萨克斯(Colby 和 Isaaks,2018)研究发现城市人口数量、水资源禀赋、房价和农业用水净收益是影响水权交易价格的关键因素。[④] 李肃清(2004)提出水权转换价格包括水权水价、工程管理补偿水价、新建水利工程成本、新建工程运行管理成本、新建工

[①] Stanley R.H., Luiken R.L., "Water Rate Studies and Rate Making Philosophy", *Public Works*, Vol. 113, No. 5, 1982.

[②] Rogers P., Silva D.R., Bhatia R., "Water is an Economic Good: How to Use Prices to Promote Equity, Efficiency, and Sustainability", *Water Policy*, Vol. 4, No. 1, 2002, pp. 1–17.

[③] Mercer L.J., Morgan W.D., "The Efficiency of Water Pricing: A Rate of Return Analysis for Municipal Water Departments", *Water Resource Bulletin*, Vol. 22, No. 2, 1986, pp. 289–295.

[④] Colby B., Isaaks R., "Water Trading: Innovations, Modeling Prices, Data Concerns", *Journal of Contemporary Water Research & Education*, Vol. 165, No. 1, 2018, pp. 76–88.

程更新改造投入、农灌风险补偿水价和生态补偿水价。① 杨琴(2005)提出从资源价格、工程价格、服务价格和环境价格四个方面考虑水权交易价格。②

从水资源有偿使用的角度分析水权交易成本的组成因素,以及相关成本的核算方法,并将水权交易成本作为水权交易价格确定的依据。莱娜等(Raina 等,2018)认为水权交易价格受水权交易成本的调节,其包括水权价值以及在水权交易过程中所产生的其他成本。③ 其中,水权价值反映水权作为稀缺性商品在市场中流转的成本,受水资源不同来源、不同区域、不同用途和不同供求情况的影响,适用于衡量水权交易基准价格。乌纳斯塔(Unnerstall,2007)④和豪沃思(Howarth,2009)⑤通过对欧洲水资源利用框架中水资源成本补偿定价的研究,认为水价包括财务成本、环境成本、资源成本和社会成本。汪恕诚(2001)认为水的使用权是有偿的,水权价格主要受需水、供水和水资源总量三个因素的调节,应根据相关因素的变动进行动态的调整。⑥ 王浩等(2002)提出基于可持续发展的成本补偿水价理论,认为成本补偿水价包括资源成本、工程成本、环境成本、供水利润和供水税金。⑦ 邓等(Deng 等,2017)结合中国灌溉用水户水权交易,将交易成本分为制度成本、实施成本、输水成本、维持与监管成本以及第三方负外部性成本⑧。

---

① 李肃清:《对水权转换价格构成的探讨》,《内蒙古水利》2004 年第 2 期。
② 杨琴:《对水权交易的几点思考》,《人文杂志》2005 年第 1 期。
③ Raina A., Gurung Y., Suwal B., "Equity Impacts of Informal Private Water Markets: Case of Kathmandu Valley", *Water Policy*, Vol. 22, Suppl. 1, 2018, pp. 189-204.
④ Unnerstall H., "The Principle of Full Cost Recovery in the EU-water Framework Directive-Genesis and Content", *Journal of Environmental Law*, Vol. 19, No. 1, 2007, pp. 29-42.
⑤ Howarth W., "Cost Recovery for Water Services and the Polluter Pays Principle", *ERA Forum*, *Springer-Verlag*, Vol. 10, No. 4, 2009, pp. 565-587.
⑥ 汪恕诚:《水权管理与节水社会》,《华北水利水电学院学报》2001 年第 3 期。
⑦ 王浩、秦大庸、王建华:《流域水资源规划的系统观与方法论》,《水利学报》2002 年第 8 期。
⑧ Deng X., Xu Z., Song X., et al., "Transaction Costs Associated with Agricultural Water Trading in the Heihe River Basin, Northwest China", *Agricultural Water Management*, Vol. 186, 2017, pp. 29-39.

据马克思政治经济学理论,商品尽管包含了不同的劳动类型,但劳动的性质实质是无差别的,商品的价值则是由这一系列无差别的人类劳动形成的(康静萍,2007)①。而价格作为一种货币表现形式,是商品的交换价值在流通过程中所取得的转化形式。社会形态的不同会导致商品的价格对应不同的价值。例如,在完全市场条件下,商品的价格通过市场供需关系反映;而当市场有政府参与时,商品的价格在受市场价值规律影响的同时,也受国家调控。

基于上述观点,水权在水市场中通过转让方和受让方的交易也会产生相应的交换价值,这种价值最终表现为水权的交易价格,随着交易不断形成、增值和转移。就区域水权和取水权而言,其价格形成过程可以通过分析两种交易形式在交易过程中的投入产出得出。水权交易往往涉及水权转让方、受让方以及水权交易中介平台,根据上述水权交易的流程,水权转让方在初始分配指标允许的范围内,借助水权交易中介平台,将结(节)余出来的水权转让给受让方。在此过程中,水权交易中交易双方通过投入水资源及其他生产要素,获取产品实现价值,水权交易中介平台通过收取相应的服务费维持平台运营以及为水权交易提供服务。由于水权转让方为了拥有节余水量,可能需要采取一些配套的工程或非工程等节水措施,水权的顺利使用也需要相应的输(蓄)水工程建设,在交易过程中因水权的转移还可能会造成生态环境和第三方利益的损失等,这些部分共同构成水权的交易成本,应纳入水权的交易价格核算中。同时,在水权市场下,水权交易价格也发挥着市场经济的杠杆作用,能够反映水权市场内水权的供求关系,实现水权的保值增值。

因此,本书研究的水权交易为其使用权的交易,水权的价格为受让方取得标的水的使用权所支付的价格,是政府宏观调控下水资源价值、交易成本、市场供求关系的综合体现。

---

① 康静萍:《构建马克思主义的现代劳动经济学》,《当代经济研究》2007年第4期。

四、水权交易价格管制

价格管制是政府管制活动中的一项核心内容,在整个政府的管制体系中发挥着重要的作用。国内的学者对价格管制的研究大多数认为,价格管制不仅适用于自然垄断行业,还适用于竞争性产业。

本书认为价格管制是政府进行经济性管制的重要手段之一,政府依据法律法规直接对产品或服务价格的形成与运行进行干预与控制。价格管制的主体是政府,其通过授权有关部门进行管制实施;价格管制的对象是产品或服务价格的形成与运行行为;价格管制必须有合理的依据,有法律法规作为其执行的保障;价格管制包括政府直接定价和政府指导定价。本书的水权交易价格水平管制属于政府指导定价管制,给出合理的交易价格上下限,只要市场价格在合理管制价格范围内,均有利于保障水权交易的顺利开展。

水权交易价格管制是政府用来控制水权交易市场行为的法律与规定中的一项重要内容,是水权交易管理制度的核心部分。政府为保证水权交易市场在充分发挥基础配置作用的同时,能够兼顾"效率"与"公平",对水权交易价格水平进行管制,给出合理的交易价格上下限,对低于水权价值或过高的价格进行调控,从而保障水权交易市场的健康发展。

第二节 水权交易价格支撑理论

一、水资源产权理论

科斯定理主要针对"公地悲剧"与"外部经济"问题,在对庇古理论的批判过程中,揭示了产权制度如何影响资源配置效率与社会福利效果。科斯定理指出,产权制度包括两个重要环节,一是资源产权的初始分配与确权,二是资源产权分配后的市场交易机制,而交易成本的高低是决定上述两个环节对资源配置效率与社会福利效果影响程度的关键因素(谭荣,2020)[①]。科斯第一定理揭示,如果社会交易成本为零,资源配置效率不受产权初始分配结果与状态的影响;而科斯第二定理则强调,如果社会交易成本大于零,不同的产权初始分配结果会带来不同的资源配置效率,在这种情况下,由于产权初始分配不当而产生的效率与福利损失可通过市场交易机制在一定程度上进行缓解或弥补。市场交易产生的根本原因,主要在于不同水权使用者对于水权的使用能力不同,同样的水权在不同水权使用者手中产生的效率或效益不同,这种效率或效益之间的差异则促使水权从低效率或效益使用主体转向高效率或效益使用主体,从而发生市场交易行为(吴凤平等,2015)[②]。科斯认为,为实现社会总体福利最大化,具有资源最大生产性能力的使用者应该被赋予该项资源权利。

聚焦到水权这一稀缺资源权利,根据科斯定理的阐述,在对水权进行配置时,应当优先考虑并分配给更具有生产性能力的水权使用主体(崔世博等,2021)[③]。在现实生活中,通常情况下这种配置状态不能天然形成,相对的是,背离科斯定理所要求的配置状态则是水权配置的常态。因此,为实现水权的最优配置,需要外生或内生力量对其进行干预。在外生力量方面,常见的力量是政府。然而,政府主要利用的是行政配置方式,这种方式存在着先天的效率低下等弊端。此外,水权配置与土地密不可分,有着历史固化与路径依赖,若强制性地通过外生力量进行制度变迁,需要较高的社会成本。在内生力量方面,市场是对水权归属进行二次调整的有效力量,而价格则伴随市场应运而生。实际上,价格可以理解为具有更高生产性能力的水权使用者为获得此权利而付出的代价。

---

① 谭荣:《自然资源产权制度研究:理论与进展》,《中国土地科学》2020年第2期。
② 吴凤平、章渊、田贵良:《自然资源产权制度框架下水资源现代化治理逻辑》,《南京社会科学》2015年第12期。
③ 崔世博、罗琳、胡诗若等:《跨省江河水量分配的理论基础与定量方法》,《水力发电学报》2021年第10期。

第一章 概念界定及理论基础

　　一般来说,能够在市场中支付更高价格的水权使用者,其用水效益更高,水资源的边际效用与其他水权使用者相比更高,因此,在一定程度上,水权价格是水权使用者的水资源生产性使用能力大小的体现。在其他条件相同的前提下,水资源生产性使用能力更大的水权使用者愿意支付更高的水权价格。故而依据科斯定理,在以价格为主导的市场经济中,水权配置社会福利水平的提高可以通过水权的市场交易机制和价格机制来实现。

二、资源优化配置理论

　　深入推进市场化改革、逐步完善要素市场化配置机制,是构建高标准、现代化的市场经济体制的必经之路(赵新宇和郑国强,2021)。[①] 党的十八届三中全会强调,应使市场在资源配置中起决定性作用;党的十九大再次明确了将要素市场作为经济体制改革的两大重点之一;2020年4月,《关于构建更加完善的要素市场化配置体制机制的意见》印发,该意见要求畅通要素流动渠道,实现要素由市场决定,有序流动。只有当生产要素能够被各市场主体公平平等地获取,使市场决定要素配置时,才能充分调动一切创造财富的资源,充分激起创新活力。

　　而水资源作为稀缺的社会经济生产要素,如何实现水权的最优化配置,是水资源管理政策和经济发展中的重要议题(涂燕等,2023)[②]。在水权交易过程中,市场机制的引入可以使得各用水主体权衡用水效益和市场交易价格,从而使剩余水权被配置给用水效率更高的主体,以此实现交易的帕累托最优(刘定湘等,2019)[③]。需要注意的是,中国现阶段的水市场仍是一个"准市

[①] 赵新宇、郑国强:《劳动力市场扭曲如何影响城市全要素生产率?——基于配置扭曲和价格扭曲双重视角的实证研究》,《经济问题探索》2021年第6期。
[②] 涂燕、石宏伟、秦晋栋等:《混合不确定环境下双层多目标区域水资源优化配置研究》,《系统工程理论与实践》2023年第8期。
[③] 刘定湘、罗琳、严婷婷:《水资源国家所有权的实现路径及推进对策》,《水资源保护》2019年第3期。

场"模式,需要市场和政府的双重作用机制(万福兵和代小平,2022)①。完全的市场模式容易造成市场的失灵,而政府适当、有效地干预能够促进资本对水权要素流动的合理引导,防止利益驱使下的市场垄断等无序现象。

因此,应通过政府建立的水权交易平台或委托的第三方评估机构对交易的水权进行评估,制定基于完全成本法的交易基础价格作为交易双方协商或竞价的参考。只有水权出让方的节水成本得到充足的补偿,甚至有一定的营利或经济回报,才能从根本上激发水权出让方节水的积极性,也会实现水权交易的示范效应,促进更多的用水主体参与到水权交易中,从而活跃水权交易市场。在基础价格测算的基础上,进一步构建不同情境下的水权交易市场价格形成机制,从而保障水权交易的规范性和交易价格形成的合理性。

三、水权价值边际效用理论

水权交易之所以产生,主要是由于不同用水户之间的边际收益不同(田贵良等,2023)②。因此,如何确定水权交易价格尤为重要,通过深入研究水权交易价格的构成,从而建立水权交易价格确定机制。边际效用指每增加单位原材料的消费或单位企业产品而产生的效用增加量,根据其定义,水权边际效用为多消耗每单位水资源可带来的效益增量(田贵良,2018)③。基于此,水权受让方若想实现最大交易收益,则其在交易中支付的水权价格应与水权的边际效用相当,即水权受让方在交易收益最大化的前提下所能支付的最高水权价格,应正好等于其实现自身用水规模最优时所需要的最后一单位水资源的边际效用。

---

① 万福兵、代小平:《基于改进 TF-IDF 算法的灌区水权市场运行效果评价》,《中国农村水利水电》2022 年第 6 期。

② 田贵良、胡豪、景晓栋:《基于演化博弈的水权交易双方行为策略选择及案例仿真》,《中国人口·资源与环境》2023 年第 4 期。

③ 田贵良:《国家试点省(区)水权改革经验比较与推进对策》,《环境保护》2018 年第 13 期。

第一章　概念界定及理论基础

在边际效用理论的基础上，可以得到水权价值产生的根本原因主要体现在两个方面：水权的稀缺性与效用性。首先，水权的稀缺性。水资源不是无穷无尽的，虽然可再生，但总量有限，随着各地区用水需求的逐渐增加，当某一地区实际开发用水量超过该地区水资源更新量时，该地区便会出现水资源短缺现象。正是因为水资源稀缺性的存在，水资源使用权便达到了同普通商品一样进行交易的前提条件。其次，水权的效用性。水资源不仅对环境及生态起着至关重要的作用，同时还兼具旅游、供水、养殖、灌溉、航运以及发电等若干功能。因此，水资源使用权具有一定效用，且随着使用部门与用水户的不同而形成不同的边际效用，也就是不同的价值，而边际效用和价值的差异正是水权交易产生的动力。由于水权本身表现出的稀缺性与效用性，价值才能够得以最终实现。

水权存在边际效用递减规律。在水资源稀缺地区，水资源更多地被用到保障人类生存上，其边际效用会随着水资源的稀缺程度变大。而在水资源丰富的地区，水资源的取用基本不受限制，人们在生活中能够实现自由地取水用水，此时，水资源的边际效用会随着水资源的增加而减少。当水权水量较少时，水资源的利用会随着需求程度的变化而变化，需求最大的地方会优先用水；而当水权水量较多时，水资源的用途也会越来越广泛，随之而来的是水权的边际效用逐渐减少。根据边际效用理论，水权效用的高低取决于水资源的供给量和需求量，水权的效用会随着水资源供给的减少而逐渐增大，需求量也会提高。总的来说，水权的最终价值受水资源的稀缺程度及效用水平的直接影响，效用越大，稀缺性越高，价值就越高。因此，在对水权进行定价的时候须充分考虑这两个要素。

此外，根据水权的边际效用理论，其效用高低与自身价格正相关，而水权交易的价格则由其不同的用途决定。水权增量的收益在不同用水部门之间表现不同，尤其在水资源相对供给不足地区，当水资源对各部门生产造成严重阻碍时，一些如工业和服务业等单位水权增加量能够带来更高产值的部门或地区,则愿意支付更高的水权价格从单位水权增加量带来较低产值的部门或地区进行水权购买,如本地区农业部门或其他地区,在这种情况下,处于均衡状态的水权价格会大于农业部门制定的水权价格。

四、价格管制理论

管制是政府在市场经济条件下,对市场实施干预政策的重要组成部分之一。对于管制的含义,学者们也是众说纷纭,在许多关于管制的文献中,还出现了"规制"与"规管"这样的术语,并认为三个术语在概念上有所偏差,实质上应为相同的概念,均来源于对英文"regulation"的翻译,本质相同。

管制就是依据一定的规则对社会中的个人和特定经济主体的活动进行限制的行为。管制的实施者可以是个人,也可以是社会公共机构。个人进行的管制,主要是个人(父母)对个人(其子女)的约束;社会公共机构进行的管制,主要是司法、行政或立法机关对个人及经济活动主体行为的管制,称为"公的规制"(植草益,1992)[1]。曾国安(2004)对管制的含义有比较详细的研究,他重点介绍了经济管制、社会管制与政治管制的关系,对经济管制进行分类并分析其演变趋势,将管制定义为"管制者基于公共利益或其他目的依据既定的规则对被管制者的活动行为进行限制"[2]。

学者们为了纠正政府管制失灵问题,逐渐将竞争机制引入价格管制中,由此形成了激励性的价格水平管制理论。价格管制中代表性的价格上限模型,最早是由英国伯明翰大学教授史蒂芬·查尔德(Stephen Littlechild)提出的。查尔德受英国政府委托,为英国在20世纪80年代初的管制体制改革设计一个科学的垄断企业价格管制方法。因此,他设计了 $RPI-X$ 模型,将价格管制价格和零售价格指数及生产效率挂钩,并于1984年应用于英国电信业。

查尔德认为单纯控制垄断价格是不合理的,应该使价格保持在一个不失

---

[1] 植草益:《微观规制经济学》,中国发展出版社1992年版。
[2] 曾国安:《管制、政府管制与经济管制》,《经济评论》2004年第1期。

公平,同时可以使企业得到合理利润从而产生激励效果,能够不断提高效率的水平上。模型引入 $RPI-X$ 原则,其中 RPI 表示零售价格指数(Retail Price Index),通常为通货膨胀率;X 表示一定时期内生产效率增长,即生产效率调整因子,调整周期范围通常由政府等管制者规定。管制者通过调整 X 的大小,均衡消费者与企业之前的利益分配。X 值的提高意味着自然垄断行业的经营企业需要提高自身生产效率才能获取更多利益,有利于激励企业提高效率,同时允许他们在上限价格内进行定价,形成有效竞争。若上一期价格为 P_{t-1},则现期管制价格为 P_t:

$$P_t = P_{t-1}(1 + RPI - X) \tag{1.1}$$

从式(1.1)中可以看出,$RPI-X$ 的差值决定了一定时期内的管制价格,即当 $RPI-X>0$ 时,企业需要及时提高产品价格,但提价幅度不能超过 $RPI-X$ 的值;当 $RPI-X<0$ 时,企业便要及时下调产品价格,同时降价幅度也不能超过 $RPI-X$ 的绝对值。

本章明晰了水权、水权交易、水权交易价格及水权交易价格管制等概念的内涵;阐述了市场导向下水权交易价格及水权交易价格管制的支撑理论,包括水资源产权理论、资源优化配置理论、水权价值边际效用理论、价格管制理论。

第二章 基础要件及形成机理

本章将探讨影响水权交易价格的基础要件，分析市场导向下水权交易基础价格形成的理论逻辑和水权交易场内价格形成的理论逻辑。

第一节 影响水权交易价格的基础要件

水权交易是水资源在市场机制下的一种再分配行为，水权交易必须以合理的水权交易价格为基础。针对水权交易市场的特征，影响水权交易价格的基本要件为交易行为主体、水权交易期限、可交易水量，以及标准水。

一、交易行为主体

（一）水权交易主体及利益相关者

在水权交易过程中，交易主体包括水权转让方和受让方，是水权交易博弈过程的直接参与者，决定了水权交易价格的承受能力。由于中国的水权交易市场处于"准市场"阶段，其交易价格的制定同时也受到政府、公众等利益相关者的影响。

1. 水权交易主体

目前，可根据水权交易类型将水权交易主体划分为三类：

(1)区域水权交易主体。区域水权交易主体是县级以上地方政府(或者政府授权的部门)。区域水权转让方所在地为水资源相对丰富,在满足本地区基本生产生活用水的基础上,还能够拥有结余水量的区域;受让方所在地为水资源相对匮乏,已不能够满足本地区基本生产生活用水需求,严重影响本地区经济社会发展的区域。为此,水资源相对短缺的地方政府会综合考虑其管辖范围内人民的利益诉求,并作为代表与水资源相对丰富的地方政府进行协商,希望通过水权交易实现资源的优化配置,为促进地区可持续发展寻求机会。

(2)取水权交易主体。取水权交易的主体主要指获得取水权的单位或个人,转让方和受让方包括工业、农业和服务业的取水权人。取水权转让方通过调整产品和产业结构、创新工艺、节水等措施节约水资源,获得节约的取水指标量。在取水许可的有效期和取水限额内,转让方向符合相关要求的其他单位或个人有偿转让水权。这些取水权人的共同特点是既取水又用水,因而可以通过节水或产业调整节余出可供交易的取水指标。根据目前规定和实际操作,可交易的取水权量必须是在取水许可证有效期内节约的水资源量,从而避免水资源被恶意囤积和获取不当得利。

(3)灌溉用水户水权交易主体。灌溉用水户水权交易主体主要指在灌区内部的农民用水户或用水组织。灌溉用水户水权交易转让方指依法取得取水权,并将节余的可交易水权出让给有新增用水需求,且符合要求的农民用水户或用水组织。灌溉用水户之间的水权交易更多的是取水量之间的临时性、季节性需求,交易的农户自主协调性更强。由于我国农民人均土地占有量较少,可交易水量同样较少,因此单个用水户之间的成交水量及金额往往不高。

2. 水权交易利益相关者

水权交易的最终目的是促成水权买卖。但在水权交易过程中,同样存在第三方效应问题。它是指水权交易行为给除交易主体之外的第三方带来的影响。在水权交易过程中,转让方和受让方进行水权交易,对交易之外的第三方水权产生了影响,此处受影响的第三方就是水权交易的利益相关者。在国内外水权交易的实践中,水权交易的利益相关者主要包括其他水权持有者;河道内水量、水质、水生态;农业、农民及其他受水权交易影响的用水户。这些影响可能是好的、正面的影响,称为"第三方正效应";也有可能是负面的、消极的影响,称为"第三方负效应"。因此,水权交易价格形成过程中,不仅要确保交易双方的利益合理化,同时还要充分顾及第三方的利益诉求。

(二) 交易行为主体的确定

交易行为主体包括水权转让方和受让方,是水权交易博弈过程的直接参与者,决定了水权交易价格的承受能力。用水主体通过水资源初始分配获得初始水权。如果用水主体的初始水权量在满足自身生活、生产、生态等需要的前提下尚有富余,则可以通过水权交易出让富余的水权,即成为转让方;相反,如果用水主体的初始水权尚不能满足自身需要,则可以通过购买水权弥补用水缺口,即成为受让方。

基于复杂适应系统理论,将水权交易中用水主体的行为简化为用水、买水、卖水、节水,通过数学计算方法对用水主体的行为选择进行定量表征,基于利润函数构建用水主体的经济学主体方程,描述单个用水主体的行为和目标,深入剖析水权转让方或受让方。

假设在第 t 时期,第 i 个用水主体的计划用水量为 x_i,第 i 个用水主体获得的初始水权 $F_i(x_i)$ 为利润函数,$f_i(x_i)$ 为生产利润,$r(x_i,w_{初})$ 为水权交易时的收益,$p(x_i,w_{初})$ 为所需支付的水资源费用,$tax(x_i,w_i)$ 为水权交易时的税收支出,$Sev(x_i,w_{初})$ 为交易服务费,即根据《中国水权交易所水权交易规则(2020年修订版)》,交易双方在交易协议签订之日起5日内,按照收费标准向水交所缴纳交易服务费。用水主体的行为目标是自身经济效益的最大化,各种行为的产生和选择是由各个主体的经济学主体方程决定的,用水主体行为方程为:

$$F_i(x_i) = f_i(x_i) + \zeta_1 r(x_i, w_{i\text{初}}) - p(x_i, w_{i\text{初}}) - \zeta_2 tax(x_i, w_{i\text{初}}) - Sev(x_i, w_{i\text{初}}) \tag{2.1}$$

式(2.1)中，ζ_1 为 1 或 -1，当用水主体卖水时取 1，买水时取 -1；ζ_2 取值 0 或 1，当用水主体卖水时取 0，买水时取 1，即买水主体必须承担水权交易税金。

对式(2.1)进行求导，得到用水主体最优化生产即经济效益最优时的用水量 x_i^*，根据该用水量和初始水权确定用水行为，求导公式如下：

$$\begin{aligned} x_i^* = \arg\max\{F_i(x_i) = \\ f_i(x_i) + \zeta_1 r(x_i, w_{i\text{初}}) - p(x_i, w_{i\text{初}}) - \zeta_2 tax(x_i, w_{i\text{初}}) - \\ Sev(x_i, w_{i\text{初}}); x_i \geq 0\} \end{aligned} \tag{2.2}$$

$$f_i'(x_i^*) + \zeta_1 r'(x_i^*, w_{i\text{初}}) - p'(x_i^*, w_{i\text{初}}) - \zeta_2 tax'(x_i^*, w_{i\text{初}}) - Sev'(x_i^*, w_{i\text{初}}) = 0 \tag{2.3}$$

若第 i 个用水主体，其经济效益最优时的用水量小于所配给的初始水权（$x_i^* < w_{i\text{初}}$），则该用水主体为转让方；若第 i 个用水主体，其经济效益最优时的用水量大于所配给的初始水权（$x_i^* > w_{i\text{初}}$），则该用水主体为受让方。因此，对各个用水主体而言，用水总量控制下的水权交易主体行为可以通过经济学主体方程进行表征。

由于水权交易中用水主体可以通过节水措施及开发节水技术等方式，以获得节余水权用以生产或出售，因此，可根据节水效率和节水投入两个方面测算节水行为对于用水主体的影响。设各用水主体的节水投入 IP_i 与生产需水量 $Q_{\text{生产}i}$ 有关，节水成本函数 $f_{\text{节水}}$ 为：

$$f_{\text{节水}} = IP_i(Q_{\text{生产}i}) \tag{2.4}$$

由于不同的用水主体节水效果不同，设各用水主体的节水效率为 EF_i，将节水效率 EF_i 和节水成本 $f_{\text{节水}}$ 引入水权交易经济学主体方程(2.1)，可得：

$$F_i(\hat{x}_i) = f_i(\hat{x}_i) + \zeta_1 r(\hat{x}_i, w_{i\text{初}}) - p(\hat{x}_i, w_{i\text{初}}) - \zeta_2 tax(\hat{x}_i, w_{i\text{初}}) - Sev(\hat{x}_i, w_{i\text{初}}) \tag{2.5}$$

其中，$\hat{x}_i$为用水主体节水后的计划用水量，$\hat{x}_i=(1-EF_i)x_i$；$F_i(\hat{x}_i)$表示用水主体产生节水行为后在$\hat{x}_i$用水量下的用水经济效益。节水行为与买水、卖水行为之间存在经济联系，这也使得用水主体从经济效益的角度来选择是否进行节水行为。当用水主体的需水量大于初始水权时，可以进行节水行为，根据节水效率系数EF_i，可知主体通过节水投入节约了$EF_i \times x_i$的水资源量，若该部分水资源完全从水市场中购买，则需要$EF_i \times x_i \times P_\text{市}$的支出（$P_\text{市}$为水权交易市场价格），用水主体需要将其与投入的节水成本$f_\text{节水}$进行对比，根据用水主体行为可以确定交易主体：

$$EF_i \times x_i \times P_\text{市} \geq f_\text{节水}，节水$$
$$EF_i \times x_i \times P_\text{市} < f_\text{节水}，买水（受让方）\tag{2.6}$$

当用水主体的需水量小于初始水权时，也可以进行节水行为，即根据节水效率系数EF_i，可知主体通过节水投入节约了$EF_i \times x_i$的水资源量，若该部分水资源完全从水市场中售出，假设初始水权根据$P_\text{基}$的基础价格进行有偿分配，则用水主体实际可以增加$EF_i \times x_i \times P_\text{市} - EF_i \times x_i \times P_\text{基}$的收益，用水主体需要将其与投入的节水成本$f_\text{节水}$进行对比，根据用水主体行为可以确定交易主体：

$$EF_i \times x_i \times P_\text{市} - EF_i \times x_i \times P_\text{基} \geq f_\text{节水}，节水（转让方）$$
$$EF_i \times x_i \times P_\text{市} - EF_i \times x_i \times P_\text{基} < f_\text{节水}，用水\tag{2.7}$$

二、水权交易期限

（一）水权交易期限的概念

水权交易期限是水权交易价格的关键因素。在国外水权交易中，水权的转让可分为临时性转让与永久性转让，其中永久性转让占少部分，大部分属于临时性转让。水资源有限期使用原则是水资源有偿使用原则的自然延伸（郭晖等，2019）。[①]

---

① 郭晖、范景铭、陈向东：《井灌区地下水水权交易机制与保障措施研究》，《人民黄河》2019年第6期。

如果水资源使用无限期,水资源使用效益和费用就是一个未知数,转让的水资源使用权就会转变为水资源所有权,水资源使用权就难以流动,水资源交易市场就难以形成(田贵良,2018)。① 只有加入时间参数,明确水资源使用期限,才能科学计算水资源使用权转让的效益和费用,从而促进水资源使用权的流动。

由此可见,水权交易作为一项经济活动,有必要明确交易期限以保障交易的有效性。本书认为水权交易期限是指是水权交易主体在交易协议中拟定的交易持续进行的时间。

(二) 水权交易期限的影响因素

明确水权交易期限需要考虑多种因素,具体如下:

1. 取水许可证的有效期限

根据《中华人民共和国水法》的规定,取水许可证有效期限一般为 5 年,最长不超过 10 年。按照取水许可年限,水权交易合同只能订立 5—10 年,换取水许可证时再续订。但对某些特殊行业,例如电厂来说,订立 5 年合同与电厂的使用年限差距较大,操作起来比较困难。因此,完全按照取水许可年限制定水权转换期限是不合适的。

2. 水利工程全寿命周期

水权在达成交易后需要通过兴修蓄水、输水等水利工程以保证水权交易的顺利进行。拟定水权交易期限既不会造成工程的闲置浪费,也不会造成潜在的机会损失。因此,水权交易期限需要在分析水权交易期限与水利工程全寿命周期之间关系的基础上予以拟定。要兼顾水权转换双方的利益,综合考虑节水主体工程使用年限和受让方主体工程更新改造年限,以及水市场和水资源配置变化,合理确定水权转换期限。不同防渗衬砌结构使用年限相差较

---

① 田贵良:《自然资源产权视角的水权交易价格经济学属性再审视》,《人民珠江》2018 年第 1 期。

大,范围为 5—50 年。

3. 社会经济因素的影响

水权转换的期限要与国家及省(自治区、直辖市)的国民经济和社会发展规划相适应,确定水权交易期限要考虑交易成本、交易效益,以及因物价变动、社会经济发展而导致的潜在风险等。

（三）现有水权交易实践的交易期限

依据中国水权交易网的数据来看,在现有的水权交易实践中,不同的水权交易类型其交易期限不同,具体如表 2.1 所示。

表 2.1 水权交易实践的交易期限案例

类型	水权交易案例列举	交易期限
灌溉用水户水权交易	2019 年河北省石家庄市元氏县槐阳镇东韩台村李某与河北省石家庄市元氏县槐阳镇东韩台村许某水权交易	1 年
	2020 年甘肃省武威市凉州区黄羊灌区黄羊河集团公司用水户协会与甘肃省武威市凉州区金塔灌区柏树乡清水村农民用水户协会水权交易	1 年
	2021 年甘肃省武威市古浪县八步沙林场与甘肃省武威市古浪县土门镇台子村一组水权交易	1 年
取水权交易	2021 年内蒙古鄂尔多斯市新航能源有限公司与杭锦旗黄河灌排服务中心水权交易	25 年
	2021 年山西聚源煤化有限公司与灵石县水利局水权交易	5 年
	2020 年新密市水利局与平顶山市水利局水权交易	1 年
区域水权交易	2000 年东阳市与义乌市水权交易	永久
	2017 年登封市人民政府与南阳市水利局水权交易	3 年

由上表可知,灌溉用水户水权交易的交易期限通常为 1 年,而取水权的水权交易与区域水权交易的交易期限不尽一致(1—25 年)。

（四）水权交易期限的确定

基于上述分析,水权交易期限受到多种因素的影响。综合考虑,建议水权交易期限为25年,如图2.1所示。

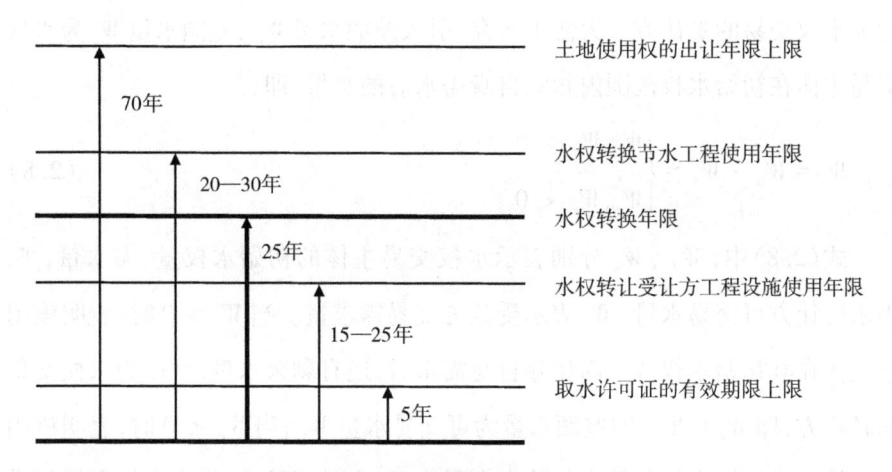

图 2.1 水权交易期限的确定示意图

70年	土地使用权的出让年限上限
20—30年	水权转换节水工程使用年限
25年	水权转换年限
15—25年	水权转让受让方工程设施使用年限
5年	取水许可证的有效期限上限

资料来源:水利部黄河水利委员会:《黄河水权转换制度构建及实践》,黄河水利出版社2008年版。

三、可交易水量

（一）可交易水量/交易需求量

转让方与受让方是水权交易中的重要参与者,水权交易量取决于各自的水资源状况。依据产权理论,转让方参与水权交易的前提是其拥有可交易水量的使用权(谢文静等,2024)。[①] 按照相关规定,区域水权可交易水量来自用水总量控制指标和江河水量分配指标范围内(初始水权范围内),满足了自身需水后的结余水量;取水权可交易水量是交易主体在生产中的节约水量,也可认为是需水量中节约的部分;灌溉用水户的可交易水量是在自身用水权益内

---

① 谢文静、郝成伟、张俊龙等:《自然湿地参与的大沽河流域水权交易模型》,《生态学杂志》2024年第7期。

可参与水权交易的部分(黎红梅和易强,2024)。① 三种水权交易类型的交易主体虽有层级区别,但正常情况下,交易主体自身都有用水的需求。基于以上分析,参与水权交易的水量应是用水主体初始水权范围内扣除自身生产、生活、生态用水后的水量。其中拥有富余水量的为水权交易的转让方,水量不足的为水权交易的受让方。为便于研究,引入差额水量 W_c,差额水量 W_c 为水权交易主体在初始水权范围内扣除自身需水后的水量,即:

$$W_c = W_a - W_n = \begin{cases} W_t, W_c > 0 \\ W_v, W_c < 0 \end{cases} \tag{2.8}$$

式(2.8)中,W_a、W_n 分别表示水权交易主体的初始水权量、需水量,W_t 表示转让方可交易水量,W_v 表示受让方交易需求量。当 $W_c > 0$ 时,表明该用水主体在其初始水权范围内扣除自身需水后,还有剩余水量,可作为水权交易的转让方,即 $W_c = W_t$,即差额水量为可交易水量 W_t;当 $W_c < 0$ 时,表明该用水主体在其初始水权范围内扣除自身需水后,水量不足,可作为水权交易的受让方,即 $W_c = W_v$,即差额水量为交易需求量 W_v。

依据现有政策文件中的表述习惯,本书将转让方可用于开展水权交易的水量称之为可交易水量,受让方需要从水权交易市场购买的水量称之为交易需求量。

(二) 水权交易量

水权交易的实质是水权交易量的转移,水权交易量是开展水权交易前必须要明确的由转让方向受让方转让的水量,是水权交易协议中的交易标的。没有水权交易量,水权交易由于缺乏交易对象,而没有实际意义。现有的水权交易实践与研究中,多使用"交易水量""交易量""交易潜力""交易总量"来

---

① 黎红梅、易强:《水权交易赋能农民增收的作用机理与推进路径》,《农业现代化研究》2024 年第 2 期。

指代水权交易中转让的水量,由于概念繁多,易产生歧义。由此,本书中的水权交易量是指水权交易协议规定的,在交易期限内,转让方每年向受让方转让的水量,可简称为交易水量。交易总量是水权交易协议规定的全部交易期限内,由转让方向受让方转让的所有水量,是水权交易量与交易期限的乘积。按照法律规定,水权交易量占据转让方初始水权指标,不占据受让方的初始水权指标。水权交易主要是转让方与受让方共同参与的经济活动,水权交易量是依据转让方与受让方的水资源状况综合确定的。

结合公式(2.8)进一步讨论可交易水量、交易需求量与水权交易量之间的关系,如表2.2所示。

表2.2 基于可交易水量与交易需求量的水权交易量初步拟定结果

可交易水量/交易需求量	关系分析	水权交易量
$W_t > |W_v|$ 且 $W_t>0, W_v<0$	可交易水量大于交易需求量的绝对值	$|W_v|$
$W_t < |W_v|$ 且 $W_t>0, W_v<0$	可交易水量小于交易需求量的绝对值	W_t

由表2.2可知,发生水权交易的隐含条件为可交易水量为正,交易需求量为负。即当可交易水量为负时,转让方没有可交易水量提供给水权市场,缺乏交易前提;当交易需求量为正时,受让方水量充足,没有交易需求,也不存在开展水权交易的必要。因此,当可交易水量为正,交易需求量为负时,测算水权交易量才有意义。

基于表2.2,水权交易量存在以下两种情况:

第一,当可交易水量 W_t 大于交易需求量的绝对值 $|W_v|$ 时,转让方能够满足受让方的全部需求,此时从理论上来讲,水权交易量 W 应等于交易需求量绝对值 $|W_v|$。

第二,当可交易水量 W_t 小于交易需求量的绝对值 $|W_v|$ 时,受让方有两种选择:一种是重新选择转让方,希望能够一次满足交易需求,本质上为第一种

交易情况,则水权交易量为$|W_v|$;另一种是受让方暂时没有其他可交易水量来源,但是迫于用水压力,需先满足部分水量要求,此时从理论上来讲,水权交易量W应等于可交易水量W_t。

四、标准水

(一)标准水测算的理论逻辑

1. 标准水测算的理论阐释

标准水测算,就是针对实际交易过程中不同质量的"标的水",通过充分考量水资源原始价值、稀缺程度、水环境质量和水生态价值等因素后,综合测算其实际价值,并根据实际价值将标的水水量换算成符合预先约定的某一类别标准的水量的过程。

标准水测算旨在保障交易双方的合法权益,激励转让方愿意为受让方提供更加优质的水源,有效抑制转让方试图以次充好的投机行为,进而维护交易公平,降低协商成本,保障交易过程的持续性,并有效保护水环境。

从经济学视角看,标准水的测算有利于真实再现水资源作为商品其使用权真正价值量;从法学视角看,标准水的测算有利于体现交易双方的平等地位;从社会学的视角来说,标准水测算有利于减少水权交易障碍,保护水环境,维护社会和谐稳定。

标准水测算的因素构成与实现目标的逻辑构架如图2.2所示。

2. 标准水测算的因素分析

标准水测算的核心是评估标的水的真实价值,其实质是要将"标的水"水量换算成"标准水"水量。本书试图通过以下因素诠释水量换算的推进关系:

(1)水资源的原始价值。用以反映标的水的原始使用价值量。水资源价值是水资源本身所具有的价值,是水资源所有者所有权在经济上的体现。对于工业、农业和生活用水,水资源对用户的直接价值为产品的边际价值。水权

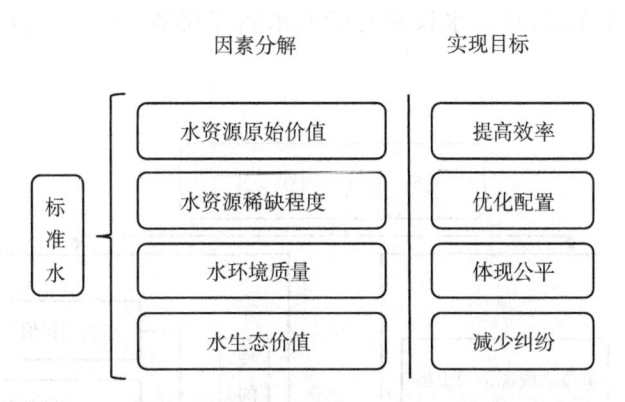

图 2.2　标准水测算的因素构成与实现目标的逻辑构架

交易过程中应考虑到交易标的水的原始价值,有助于衡量标准水的实际折算量。

(2)水资源的相对稀缺性。资源的稀缺性是经济学的根本问题之一,也是商品交易所需考量的重要环节。水资源的相对稀缺性是水权交易得以开展的必要条件,同等质量的水资源对于相对稀缺度更高的地区具有更高的效用,也便拥有更高的支付意愿。因此,应在不损害转让方正常用水权利的前提下,满足水资源相对稀缺地区受让方的水资源需求量。

(3)水环境质量及其生态价值。水资源的生态价值不仅可以体现水资源的环境质量,还可以体现水资源的可用性。水权交易中由于各地水污染环境状况的不同,交易标的水的水质也有所差异。受让方对于相对劣质的水资源需要通过支付额外更高的处理费用才能达到使用要求,这就意味着更高质量的水才具备标的水更高的使用价值。因此,当水资源使用权作为商品考量时,必须考虑其商品"品质"。水权交易促使了水资源在交易双方之间的转换,水资源的增减和开发利用对双方所在地区的生态系统都存在一定的影响,这种影响反映到交易过程,则需要对标的交易水产生的水生态价值进行衡量。

(二)水权交易标准水核算模型构建

考量水资源原始价值、稀缺程度、水环境质量和水生态价值等因素,通过建立奖优罚劣函数,构建水权交易标准水测算模型。标准水测算机理如图2.3所示。

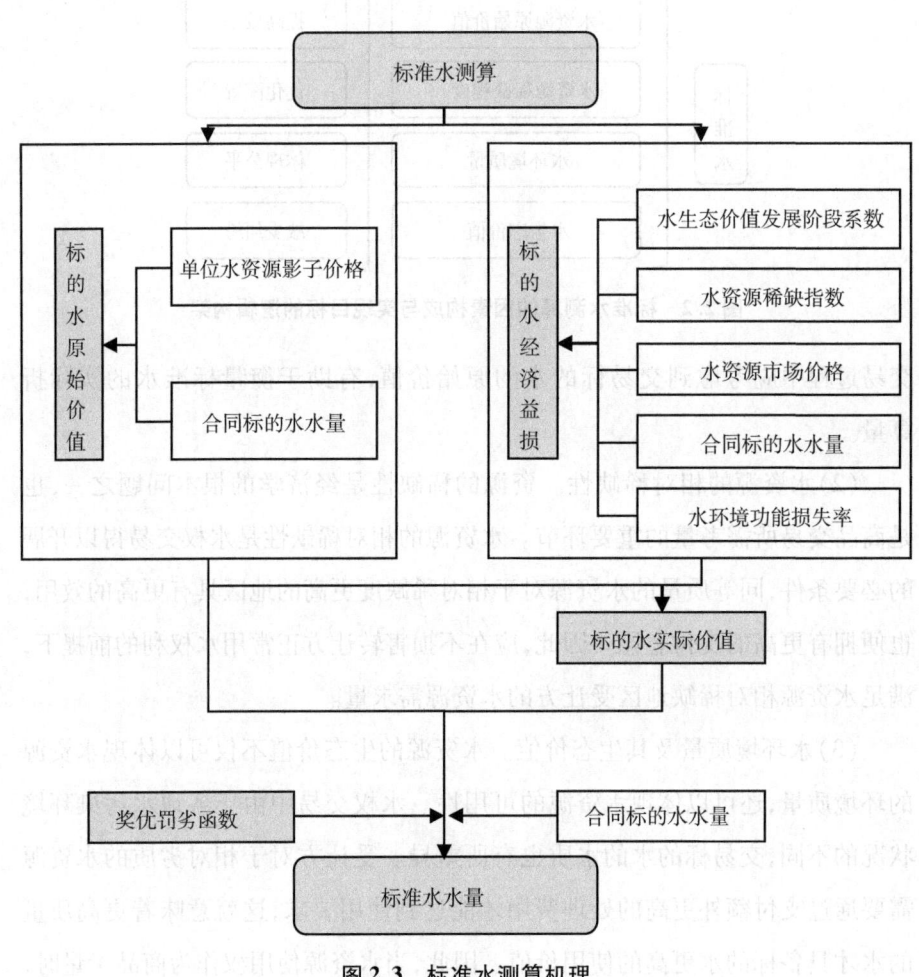

图 2.3　标准水测算机理

1. 标的水原始价值测算

水资源利用系统是一个由经济、社会、资源环境共同组成的复杂系统,其组成决定了水资源价值的实质是经济、社会、资源环境价值的统一。在市场经济中,价格是价值的最终表现,但采用市场价格来衡量水资源价值存在一定的片面性,不能全面客观地反映水资源价值。本书以影子价格为基础,以资源的稀缺性为价值依据,以资源的边际效益为价值尺度,测算标的水的原始价值,其目的是反映资源对目标值的边际贡献、资源在最优决策下的边际价值、资源的市场供求关系和稀缺程度,从而客观反映标的水的价值。根据影子价格的性质,基于行业间的投入产出关系,建立受让方 j 的影子价格数学模型,最终获得水资源的影子价格 P_{shadow},且 P_{shadow} 可以细分为不同产业,如农业 $P_{shadow-A}$、工业 $P_{shadow-I}$、生活 $P_{shadow-L}$ 及服务业 $P_{shadow-S}$ 等。

根据受让方水资源的影子价格 P_{shadow} 和合同标的水量 $W_{Contract}$,可以获得标的交易水对于受让方 j 的原始价值 $I_{j(Original)}$(亿元),表达式如下:

$$I_{j(Original)} = P_{shadow} W_{Contract} \tag{2.9}$$

2. 标的水经济益损测算

由于不同的水权交易地区须严格控制的入河湖污染物并不是单一的,如我国七大流域的入河湖主要污染物控制指标包括 COD、NH_3-N 和 TP 等,因此需考虑的超标排污的污染物控制指标也不是单一的,而是多元的。事实上,在衡量水权交易转让方和受让方的可交易水量价值时,需要综合考虑双方地区水资源中多个污染物的排放对其水环境的不同叠加影响。本书测算标的水经济益损,用于反映实际交易水相对标的水而言,对受让方形成的经济收益或损害状况。具体通过计量经济学法衡量水污染对经济活动关系的影响,构建标的水经济益损模型为:

$$C_{j(PL)} = \sum_{f=1}^{5} S_W P_j W_{Contract} \lambda_f - \sum_{f=1}^{5} l S_W P_j W_{Contract} \lambda_{f(Actual)} \tag{2.10}$$

式(2.10)中,$C_{j(PL)}$ 为受让方 j 标的水经济益损费用,当标的水实际水质优于合同规定水质时,$C_{j(PL)} > 0$,反之 $C_{j(PL)} < 0$;l 为地区的水生态价值发展阶段系数,S_W 为水资源稀缺性指数,P_j 为水权交易受让方所在地区水资源的市场价格,λ_f 为不同水质等级的水环境功能损失率,$\lambda_{f(Actual)}$ 为实际水质等级的水环境功能损失率,各参数计算方法如下。

(1)地区的水生态价值发展阶段系数 l:

水生态价值的发展阶段系数会随着社会经济发展水平的变化而变化,二者关系可采用 Pearl R 生长曲线模型来表示:

$$l = 1/(1 + e^{3-1/E}) \qquad (2.11)$$

式中,E 为恩格尔系数。

(2)水资源稀缺性指数 S_W:

采用水资源需求量与可供水量的比值进行计算,水资源越丰富,其稀缺性价值越小,反之则价值越大:

$$S_W = \frac{w_{requrire}}{w_{supply}} \qquad (2.12)$$

式中,S_W 为水资源稀缺性指数,通常采用水资源需求量与可供水量的比值进行计算,水资源越丰富,其稀缺性价值越小,反之则价值越大;P_j 为水权交易受让方所在地区水资源的市场价格;λ_f 为不同水质等级的水环境功能损失率,$\lambda_{f(Actual)}$ 为实际水质等级的水环境功能损失率,表示使用功能对水质状况的敏感性,水质越好,水环境功能损失率就越低。目前,我国《地表水环境质量标准》将地表水质分为五类,劣于Ⅴ类水质标准的水体基本上没有使用功能,此处定义水质类别 f = 1,2,3,4,5,表示水质为Ⅰ、Ⅱ、Ⅲ、Ⅳ、Ⅴ类。

借鉴已有研究的思想,即当水资源为Ⅰ类时认定为对环境功能无损失,劣于Ⅴ类(劣Ⅴ类,本项目不予考虑)时环境功能全部损失,定义不同水质的环境功能损失率 λ_f 如表 2.3 所示。

表 2.3 不同水质类型的环境功能损失率

水质类型	Ⅰ类	Ⅱ类	Ⅲ类	Ⅳ类	Ⅴ类
λ_f	0	0.10	0.25	0.50	0.75

3. 标的水实际价值测算

鉴于标的交易水的质量、治理成本以及对生态环境所造成的影响不同,本书运用成本收益法测算受让方 j 获得的标的水实际价值 $I_{f(Actual)}$。其实际收益为标的交易水的原始价值与水资源经济益损之和：

$$I_{f(Actual)} = I_{j(Original)} + C_{j(PL)} \tag{2.13}$$

由于当 $I_{j(Actual)} \leqslant 0$ 时，即 $I_{j(Original)} \leqslant -C_{j(PL)}$，此时于受让方而言，水权交易造成的经济损失达到或超过所获得的水资源使用权的原始价值，不具备交易开展的前提，交易无意义。因此，水权交易能够实现的前提是需满足：

$$I_{j(Actual)} > 0 \tag{2.14}$$

4. 标准水测算模型

本书基于标的水原始价值与实际价值的测算结果，构建奖优罚劣函数如下：

$$\mu(x) = \begin{cases} 2, & 0 < x \leqslant e^{-2} \\ -\ln x, & e^{-2} < x \leqslant 1 \\ \dfrac{2}{\pi}\arctan(x-1), & x > 1 \end{cases} \tag{2.15}$$

式中，$x = \dfrac{I_{j(Original)}}{I_{f(Actual)}}$。函数可用图 2.4 表示，即当 $0 < x \leqslant 1$ 时，$\mu(x)$ 为奖励系数；当 $1 < x$ 时，$\mu(x)$ 为惩罚系数。其中，由于当标的水质量达到一定程度时，对其边际效用将不会有明显变化，故本书设定当 $0 < x \leqslant e^{-2}$ 时，μ 值为 2。

构建水权交易标准水测算模型：

$$W_S = \begin{cases} W_{Contract}\left[1 + \mu\left(\dfrac{I_{j(Original)}}{I_{j(Actual)}}\right)\right], & I_{j(Actual)} > I_{j(Original)} \\ W_{Contract}, & I_{j(Actual)} = I_{j(Original)} \\ W_{Contract}\left[1 - \mu\left(\dfrac{I_{j(Original)}}{I_{j(Actual)}}\right)\right], & I_{j(Actual)} < I_{j(Original)} \end{cases} \tag{2.16}$$

式 (2.16) 中，W_S 为标准水水量。

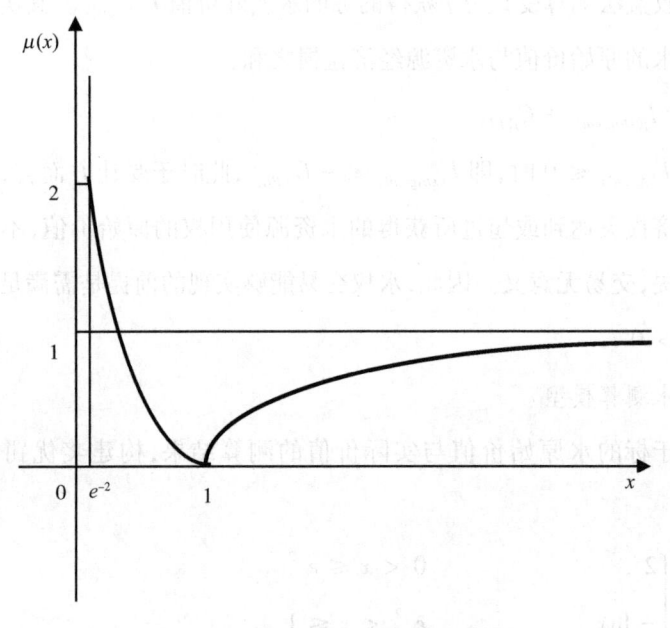

图 2.4 奖优罚劣系数示意图

第二节 水权交易基础价格形成的理论逻辑

在水市场中,水资源可以通过交易进行双方或者多方之间的转让,具备较强的市场特性,在进行水权交易定价时必须考虑其作为公共商品本身的价值,同时也应该遵循市场交易的一般规律。其中,水权的基础价格即水权转让的理论价格,包括了水权交易过程中发生的直接和间接费用,反映了转让过程中的水资源价值和交易成本。水权的转让价格受到市场上交易价格行为主体、可交易水权量、交易周期、水质等因素的影响,是基于水权基础价格又受水市场供求关系等影响的实际成交价格。在综合考虑基于完全成本法的水权交易基础价格测算方法和基于影子价格法的水权交易基础价格测算方法后,构建水权交易基础价格综合测算模型,以指导和规范市场交易价格的形成,具体步骤如下:

一、基于完全成本法的水权基础价格形成的理论逻辑

结合我国水权交易实践,考虑水权交易基础定价具有的敏感性、复杂性和不确定性等特点,基于水权交易基础定价的支撑理论,首先,在构建水权交易单项显性成本测算模型的基础上,结合具体的水权交易形式,构建不同交易形式下水权交易的显性成本测算模型。其次,在构建水权交易单项隐性成本测算模型的基础上,结合具体的水权交易形式,构建不同交易形式下水权交易的隐性成本测算模型。其中,水权交易显性成本主要考虑资源成本、工程成本、环境成本和签约成本;水权交易隐性成本主要考虑发展机会损失、缺水风险损失和生态效益损失。

二、基于影子价格法的水权基础价格形成的理论逻辑

该模型分两个阶段予以实现。第一阶段为单边测算阶段:首先,对转让方、受让方分别构建影子价格模型,基于用水投入产出平衡关系构建转让方影子价格模型;其次,以各部门用水净效益最大为目标,基于各部门用水上下限和总供水量等建立受让方影子价格模型,并利用非线性回归模型建立各部门用水影子价格与主要指标的回归方程,计算回归系数和拟合优度。第二阶段为双边耦合测算阶段:以国民经济整体效益最大为目标,将第一阶段测算的双方影子价格,结合微分博弈,运用 HJB 条件确定水权交易均衡水价。

三、水权交易基础价格综合测算的理论逻辑

鉴于我国目前水市场环境的现实条件,水权交易的基础价格不仅应该反映出水资源的基础价值以及交易过程中所发生的实际成本,同时应该兼顾水权交易中各决策主体的利益诉求。因此,在考虑转让方、受让方和上级政府三方在水权交易基础定价中的利益关系的基础上,利用完全成本法确定转让方的交易收益函数,影子价格法确定受让方的愿意支付成本,进而构建基于多目

标决策方法的水权交易基础价格综合测算模型。

第三节　水权交易场内价格形成的理论逻辑

水权交易是一种市场行为,在政府部门制定基础价格作为指导的基础上,科学制定场内交易价格形成机制对于规范和完善我国水权交易市场具有重要意义。根据中国水权交易所等平台制定的水权交易规则,水权交易过程中交易主体可根据交易对象数量采取不同的交易方式定价。按照水权交易参与者的数量,可以将水权交易情境划分为三种形式:第一,水权转让方和受让方都为单个主体的"一对一"的交易情境;第二,单个受让方对应多个转让方、单个转让方对应多个受让方的"一对多"交易情境;第三,转让方和受让方都为多个的"多对多"交易情境。

由于不同交易情境中交易主客体、交易成本方面的差异性,采用的交易方式也有所不同,水权交易价格的形成也应根据交易情境的变化采取不同的定价方法。

一、"一对一"情境下水权交易场内价格形成的理论逻辑

在"一对一"的交易情境下,转让方和受让方都为单个主体,市场交易主体相对固定,可以采取双方直接讨价还价的方式进行交易价格协商。价格协商过程中,水权交易价格的形成以水权基础价格为指导,交易双方进行讨价还价,形成"场内协议成交"的交易方式,相当于"基础+协商"的价格形成机制。

二、"一对多"情境下水权交易场内价格形成的理论逻辑

在"一对多"的交易情境下,存在单个受让方和多个转让方或单个转让方和多个受让方,市场交易主体部分固定,可以采取"招标""挂牌""拍卖"等方式进行水权交易的定价。综合考虑各项因素后,根据水权交易的基础价格,可

以采用"基础+投标评议"和挂牌、拍卖下的"基础+拍卖"的价格形成机制,相对于招标和挂牌方式,拍卖定价机制的竞价准备成本低,定价所需时间更短,因此交易效率更高。需要说明的是,由于水资源的稀缺性,市场上尚未形成多个水权转让方和单个受让方的交易条件,单个水权转让方和多个受让方的"一对多"交易情境更符合现实状况。

三、"多对多"情境下水权交易场内价格形成的理论逻辑

在"多对多"的交易情境下,存在多个受让方和多个转让方,市场交易主体不固定,且每个主体有高度价格自主权。此时,水权价格高度市场化,呈现完全竞争市场的状态,多采用"集市型"的价格形成机制,市场在水权配置中发挥着决定性作用,政府的作用不断变小。而在水权交易过程中,"多对多"的交易情境需要成熟的市场环境,目前我国的水市场只是一个"准市场",尚不具备完全市场的条件。此外,在主体分类的情况下,"多对多"情境可以转化成"一对一"或"一对多"的交易情境,例如可通过收储平台或用水协会统一购入大批量水权再分配的方式,将其转化为"一对一"或"一对多"交易情境。

因此,在本项目的水权交易差别化定价研究中,重点考察以下两种参与主体交易情境下的差别化定价方法:第一,"一对一"情境,即单个转让方对应单个受让方的交易情境,交易双方在水权交易平台通过协商的方式获得最终成交价格。第二,"一对多"情境,即单个转让方对应多个受让方的交易情境,交易双方利用水权交易平台通过拍卖的方式确定最终成交价格。

本章针对水权交易市场的特征,提出影响水权交易价格的基本要件,包括交易行为主体、水权交易期限、可交易水量以及标准水;分析市场导向下水权交易基础价格形成的理论逻辑和水权交易场内价格形成的理论逻辑。

第二部分　基础定价

　　面向我国推行水权交易制度的要求,以不同交易形式下水权交易的显性成本测算和隐性成本测算为基准,在构建基于完全成本法和影子价格法的水权交易基础价格测算模型的基础上,构建满足转让方、受让方和上级政府三者利益诉求的水权交易基础价格综合测算模型,以寻求符合我国水权交易实际情况的水权交易基础定价模型和方法,为我国形成公平有效的水权交易基准价格提供思路,为保障水权交易的公平性、效率性和可持续性提供依据。

第三章　基于完全成本法的水权交易基础价格测算模型研究

水权交易的成本由显性成本和隐性成本两方面构成,其中,显性成本是转让方在水权交易过程中直接产生的成本,属于"可见"成本,是构成水权交易成本的最直观和最重要的部分;隐性成本是转让方在交易水量原有利用方式下可能带来的收益或可能避免的损失,属于"隐藏"成本,也是科学衡量水权交易成本不可忽视的部分。完全成本法是基于经济学原理提出的定价方法。参照商品水(如自来水等)的价格构成,利用完全成本法确定水权交易的基础价格,可以有效核算水权交易中的各项成本,是对水资源使用权商品属性的充分体现。

利用完全成本法测算水权交易的基础价格,一方面,充分体现交易的公平性,有利于保障交易的长期稳定开展;另一方面,使用完全成本法确定的水权交易基础价格,可以充分利用价格杠杆来体现水资源价值、水环境承载力、水环境保护和生态补偿等各方面,是通过水权交易实现水资源高效利用、水环境充分保护和第三方利益保障的具体体现。通过以上分析,本书基于完全成本法所构建的水权交易基础价格测算模型,包括显性成本测算和隐性成本测算两大部分。

在显性成本测算维度,参考朱敏(2021)[①]的研究成果,考虑到水权交易中的显性成本通常包括资源成本、工程成本、环境成本以及签约成本等关键要素,故本书构建的显性成本测算模型具体包括资源成本测算模型、工程成本测算模型、环境成本测算模型以及签约成本测算模型这四个子模块,力求全面、精准地量化显性成本构成。在隐性成本测算维度,考虑到水权交易中的显性成本主要源自水权交易过程中衍生的发展机会损失、缺水风险损失以及生态效益损失等方面,故本书构建的隐性成本测算模型具体包括发展机会损失模型、缺水风险损失模型以及生态效益损失模型,以此实现对隐性成本的深度剖析与有效度量,从而为水权交易基础价格测算提供可靠的模型支撑架构。

市场导向下基于完全成本法的水权交易基础价格测算模型构建的具体思路,如图 3.1 所示。

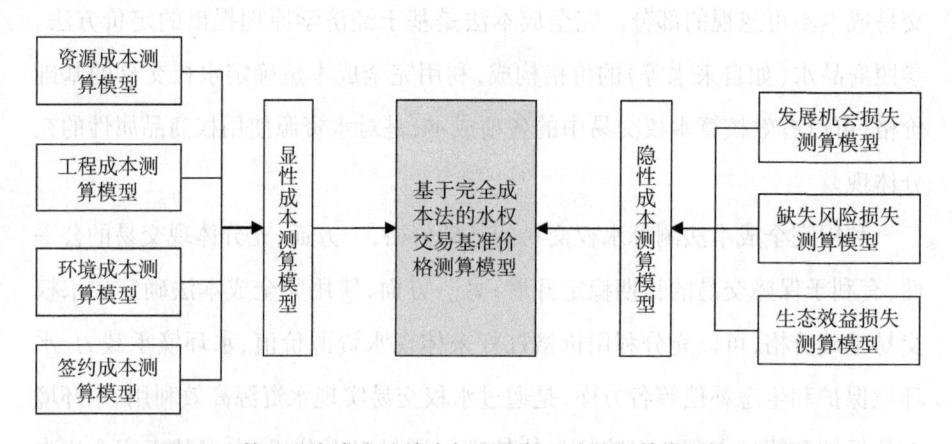

图 3.1 基于完全成本法的水权交易基础价格测算模型构建思路

---

① 朱敏:《基于成本测算的水权交易基础定价模型研究》,河海大学博士学位论文,2021 年。

第一节　水权交易显性成本测算

一、水权交易显性成本构成

从水权交易过程分析,资源成本、工程成本、环境成本和签约成本是显性成本的重要组成部分。其中,资源成本是水权价值的经济体现,反映水权的产权收益,受经济、社会和环境因素的影响较大;工程成本是保障水权交易可持续供水而投入的水利基础设施维护和管理费用,受交易水量和工程使用周期的影响较大;环境成本是补偿水权交易所增加的环境治理费用,受转让方所属区域水污染治理和水源涵养投入的影响较大;签约成本是转让方在达成水权交易协议过程中所产生的必要市场费用,受水市场完善程度的影响较大。面对不同的水权交易形式,由于信息不对称的影响,交易双方很难对水权交易的显性成本作出准确的预估,进而开展协商议价或市场自由竞价。因此,水权交易的显性成本测算是多种影响因素综合作用下的复杂性问题,具有模糊性、复杂性和不确定性。

二、水权交易显性成本测算模型

(一) 资源成本测算模型

水资源的稀缺性、有用性和多用途性是形成水权价值或水资源价值的基础。然而,水资源价值不会因为使用对象或使用方式的变化而改变,水权价值却会因为水质、水量、经济、社会和环境等因素的变化以及水资源利用途径的变动而发生改变。根据水权价值的内涵,水质因素是保证水权多用途性的基础,水量因素是衡量水权稀缺性的重要参考,经济因素是测算水权价值的依据,社会因素是保障水权有用性的前提,环境因素是形成水权价值的重要支撑。基于此,本书为表征水权价值,从水质、水量、经济、社会和环境五个维度,构建水权价值指标体系,如图 3.2 所示。

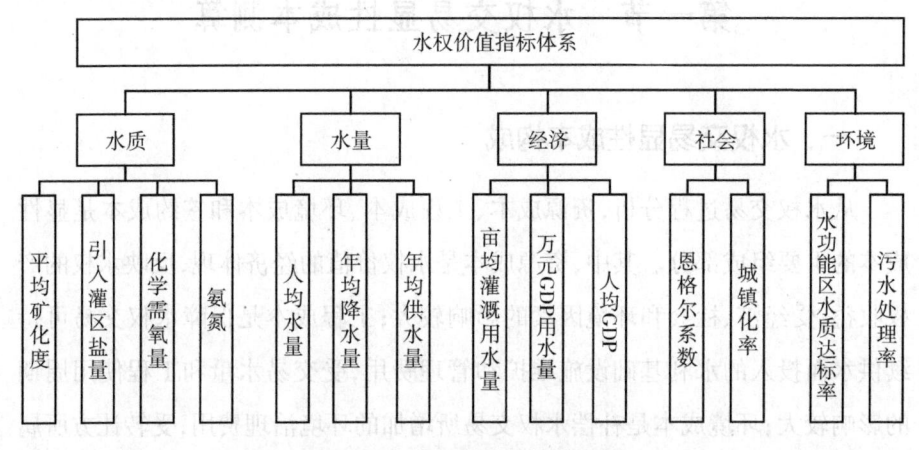

图 3.2 水权价值指标体系

指标体系包括:水质(平均矿化度、引入灌区盐量、化学需氧量、氨氮)、水量(人均水量、年均降水量、年均供水量)、经济(亩均灌溉用水量、万元GDP用水量、人均GDP)、社会(恩格尔系数、城镇化率)、环境(水功能区水质达标率、污水处理率)。

为了将水权价值合理地反映到水权交易的显性成本中,本书借鉴模糊综合评价模型在处理不确定性、模糊性问题的优势,分两步获得水权交易的资源成本。一是建立水权价值模糊综合评价模型,以获得水权价值的综合评价向量;二是建立资源成本测算模型,将水权价值转化为水权交易的资源成本。

1. 水权价值模糊综合评价模型

假设论域 V 为水权价值的影响因素,$V = \{X_1, X_2, X_3, X_4, X_5\}$,其中,$X_1$ 是水质综合因素,X_2 是水量综合因素,X_3 是经济综合因素,X_4 是社会综合因素,X_5 是环境综合因素。根据模糊综合评价方法,水权价值的计算如式(3.1)所示。

$$V = f(X_1, X_2, X_3, X_4, X_5) = A \circ R \tag{3.1}$$

其中,V 是水权价值;f 是水权价值与其影响因素之间的函数关系;$\circ$ 是模糊算子;A 是水权价值影响因素的权重矩阵,如式(3.2)所示,R 是水权价值影响因素的评价矩阵,如式(3.3)所示。

$$A = (\alpha_1, \alpha_2, \cdots, \alpha_n), \left(\sum_{i=1}^{n} \alpha_i = 1\right) \tag{3.2}$$

第三章 基于完全成本法的水权交易基础价格测算模型研究

$$R = \begin{bmatrix} R_1 \\ R_2 \\ R_3 \\ \vdots \\ R_n \end{bmatrix} = \begin{bmatrix} R_{11} & R_{12} & R_{13} & R_{14} & R_{15} \\ R_{21} & R_{22} & R_{23} & R_{24} & R_{25} \\ R_{31} & R_{32} & R_{33} & R_{34} & R_{35} \\ \vdots & \vdots & \vdots & \vdots & \vdots \\ R_{n1} & R_{n2} & R_{n3} & R_{n4} & R_{n5} \end{bmatrix} \quad (3.3)$$

其中，$\alpha_i(i=1,2,\cdots,n)$ 是水权交易影响因素 X_i 的权重；R_i 是水权价值影响因素 $R_i(i=1,2,\cdots,n)$ 的评价矩阵；$R_{ij}(j=1,2,3,4,5)$ 是水权价值影响因素 X_i 的第 j 级评价值。将单个水权价值影响因素的评价矩阵组合起来，构成水权价值影响因素的评价矩阵。

(1) 水权价值影响因素权重矩阵 A 的率定

水权价值影响因素权重反映了相关因素重要程度，是运用模糊综合评价模型量化水权价值的重要前提。为了提高水权价值影响因素权重的准确性，采取组合赋权法计算权重：首先，利用 Critic 方法能反映数据波动性和数据间相关关系的特点，确定影响因素指标的客观权重；其次，为了综合考量两种方法的优势并克服单一方法可能存在的局限性，本书采用极差最大化组合赋权法将上述得到的主客观权重进行合理融合，以此确定最终的组合权重。采用组合赋权法计算权重，不仅增强了结果的科学性和合理性，也提高了决策过程的准确性和可靠性。

① 客观权重

Critic 方法是通过计算评价因素指标之间的差异性（标准差）和冲突性（相关系数）而综合确定评价因素指标权重大小的方法。其中，差异性是通过标准差量化同一因素指标所有评价因子间的差别，标准差越大，则所蕴含的信息量就越大；冲突性是通过相关系数评价因素指标之间的冲突性，若两个因素指标之间的正相关性越强，则两个指标之间的冲突性越低。Critic 方法确定指标权重的过程一般分为五步：

第一步,指标无量纲处理,如式(3.4)所示。

$$x_i' = \begin{cases} \dfrac{x_i - \min x_i}{\max x_i - \min x_i} & (\text{收益型指标}) \\ \dfrac{\max x_i - x_i}{\max x_i - \min x_i} & (\text{成本型指标}) \end{cases} \quad (3.4)$$

其中,x_i'是无量纲处理后的指标,x_i是原始指标。

第二步,计算指标间的差异性,如式(3.5)所示。

$$\rho_{XY} = \dfrac{\sum_{i=1}^{n}(Q_i - \overline{Q})(W_i - \overline{W})}{\sqrt{\sum_{i=1}^{n}(Q_i - \overline{Q})^2}\sqrt{\sum_{i=1}^{n}(W_i - \overline{W})^2}} \quad (3.5)$$

其中,ρ_{XY}是水权价值影响因素指标间的相关性系数,其值越大越好;Q_i和W_i分别是两个水权价值影响因素的第i个指标;$\overline{Q}$和$\overline{W}$是两个水权价值影响因素的平均值。

第三步,计算指标的标准差,如式(3.6)所示。

$$\sigma = \sqrt{\dfrac{1}{n}\sum_{i=1}^{n}(Q_i - \overline{Q})^2} \quad (3.6)$$

其中,σ是水权价值影响因素指标的标准差。

第四步,计算指标的信息量,如式(3.7)所示。

$$E_j = \sigma \sum_{j=1}^{n}(1 - \rho_{ij}) \quad (3.7)$$

其中,E_j是第j个水权价值影响因素的信息量;ρ_{ij}是影响因素i和评级因素j的相关性系数。

第五步,确定指标权重,如式(3.8)所示。

$$\lambda_{1j} = \dfrac{E_j}{\sum_{j=1}^{n} E_j} \quad (3.8)$$

其中,λ_{1j}是第j个水权价值影响因素指标的客观权重。

第三章　基于完全成本法的水权交易基础价格测算模型研究

②主观权重

层次分析法是通过比较影响因素的相对重要性而确定指标权重的方法。根据图 3.2 水权价值指标体系,确定层次分析法的目标层是水权价值,准则层是包括水质、水量、经济、社会和环境等因素在内的水权价值影响因素,指标层是水权价值相关影响因素的量化指标。利用层次分析法确定指标权重的过程一般分为以下三步:

第一步,构造判断矩阵 H。结合指标的重要性等级及其赋值,通过比较两个指标的重要性构造判断矩阵。h_{ij} 是指标 i 相对指标 j 的重要程度,$h_{ji} = \dfrac{1}{h_{ij}}$。其中,重要程度用正整数 1 到 9 及其倒数表示,数值越大表示指标 i 相对于指标 j 越重要。

第二步,计算特征向量、特征根和权重。计算判断矩阵 H 特征向量,通过对特征向量的归一化处理,获得水权价值影响因素指标的主观权重 λ_{2j}。λ_{2j} 是第 j 个水权价值影响因素指标的主观权重。计算判断矩阵 H 的最大特征根值 λ_m。

第三步,一致性检验。计算一致性指标 CI 和随机一致性指标 RI,以及 CR 值。其中,$CI = (\lambda_m - n)/(n - 1)$,$RI = (CI_1 + CI_2 + \cdots + CI_n)/n$,$CR = CI/RI$。如果 CR 值小于 0.1,则通过一致性检验,说明水权价值影响因素指标的主观权重 λ_{2j} 设置合理。如果 CR 值大于等于 0.1,则没有通过一致性检验,说明判断矩阵存在逻辑错误,否则需要重新构造判断矩阵。

③组合权重

级差最大化组合赋权法是以单个指标为组合单位的组合赋权方法。首先,根据极差最大化组合赋权法,水权价值影响因素指标组合权重的计算过程分为三步:

第一步,确定指标的主客观权重。根据层次分析法和 Critic 法分别确定水权价值影响因素指标的主观权重(λ_{2j})和客观权重(λ_{1j})。

第二步，确定指标组合权重的取值范围。为了合理确定指标权重的取值范围，假设水权价值影响因素指标的第 j 个评价因子的组合权重(θ_j)兼顾了指标的主(客)观权重信息，位于其主(客)观权重的 $\delta(\delta>0)$ 领域内，且满足 $\delta_j = \theta_j^+ - \theta_j^-$，则第 j 个属性的组合权重取值范围是 $[\theta_j^-,\theta_j^+]$。其中，$\theta_j^- = \min\{\lambda_{11},\lambda_{12},\cdots\lambda_{1j}\}$，$\theta_j^+ = \max\{\lambda_{21},\lambda_{22},\cdots\lambda_{2j}\}$。

第三步，构建极差最大化组合赋权优化模型，求解指标的组合权重。首先，根据公式(3.4)对指标进行无量纲处理，构建指标的评价矩阵 X，如式(3.9)所示。由此，指标组合权重的评价结果、均值和方差可以表述为式(3.10)—式(3.12)。

$$X = [x_{ij}]_{m\times k} = \begin{bmatrix} x_{11} & x_{12} & \cdots & x_{1k} \\ x_{21} & x_{22} & \cdots & x_{2k} \\ \vdots & \vdots & \vdots & \vdots \\ x_{m1} & x_{m2} & \cdots & x_{mk} \end{bmatrix} = [x_1,x_2,\cdots,x_k] \quad (3.9)$$

$$Z = \theta X = (\theta_1 x_1, \theta_2 x_2, \cdots, \theta_k x_k) \quad (3.10)$$

$$\theta \overline{x} = (1/k)(\theta_1 x_1, \theta_2 x_2, \cdots, \theta_k x_k) \quad (3.11)$$

$$\begin{aligned} s^2 &= \frac{1}{k-1} \sum_{i=1}^{k} (\theta_i x_i - \theta_i \overline{x_i})^2 \\ &= \frac{1}{k-1} \sum_{i=1}^{k} [\theta_i(x_i - \overline{x_i})]^2 \\ &= \frac{1}{k-1} \sum_{i=1}^{k} (\theta_i x_i^*)^2 = \frac{1}{k-1} \sum_{i=1}^{k} (\theta_i y_i)^2 \\ &= \frac{1}{k-1} \sum_{i=1}^{k} \theta_i y_i (\theta_i y_i)^T = \frac{1}{k-1} \sum_{i=1}^{k} \theta_i (y_i y_i^T) \theta_i^T \\ &= \frac{1}{k-1} \sum_{i=1}^{k} \theta H \theta^T \end{aligned} \quad (3.12)$$

其中，k 是被评价的对象数；θ 是水权价值影响因素指标的组合权重向量；为公式计算简便，本书设 $y_i = x_i^* = x_i - \overline{x}$，$H = y_i y_i^T$。

其次,以指标组合权重的取值范围和指标权重之和为 1 作为约束条件,构建组合权重下以被评价对象得分方差最大为目标的组合赋权优化模型,如式(3.13)所示。

$$\max \frac{1}{k-1} \sum_{i=1}^{k} \theta H \theta^T$$

$$s.t. \begin{cases} \sum_{i=1}^{m} \theta_i = 1 \\ \theta_i^- \leq \theta_i \leq \theta_i^+ \end{cases} \tag{3.13}$$

最后,通过对优化模型求解,获得水权价值影响因素指标的组合权重矩阵 $A = (\theta_j)$。θ_j 是第 j 个水权价值影响因素指标的组合权重。

(2)水权价值影响因素评价矩阵 R 的率定

确定水权价值影响因素评价矩阵的关键是计算水权价值影响因素 X_i 的各级评价值 R_{ij}。借鉴已有研究(贾亦真等,2018),依据隶属函数法计算单个水权价值影响因素指标的评价值。① 隶属函数的定义是假设 U 是水权价值影响因素的论域,存在模糊集合 $C\sim$,对于任意 $b \in U$,都有一个隶属程度 $\psi(0 \leq \psi \leq 1)$ 与之对应,称 ψ 为 $C\sim$ 的隶属函数,记作 $\psi = C\sim(b)$。计算隶属函数的常用方法包括经验法、统计法和升(降)半梯形分布法等。为了能够有效地处理多指标决策问题中的模糊性和不确定性,本书选用升(降)半梯形分布法,建立水权价值影响因素 X_i 的一元线性隶属函数:当 $j=1$ 时,如式(3.14)所示;当 $j=2,3,4$ 时,如式(3.15)所示;当 $j=5$ 时,如式(3.16)所示。

$$\psi_{i1}(x_i) = \begin{cases} 1 & x_i \leq x_{i1}(x_i \geq x_{i1}) \\ \left| \frac{x_i - x_{i1}}{x_{i1} - x_{i2}} \right| & x_{i1} < x_i < x_{i2}(x_{i1} > x_i > x_{i2}) \\ 0 & x_i \geq x_{i2}(x_i \leq x_{i2}) \end{cases} \tag{3.14}$$

---

① 贾亦真、沈菊琴、王晗等:《兰州市水资源价值模糊评价研究》,《人民黄河》2018 年第 9 期。

$$\psi_{ij}(x_i) = \begin{cases} \left| \dfrac{x_i - x_{i,j-1}}{x_{ij} - x_{i,j-1}} \right| & x_{i,j-1} \leqslant x_i \leqslant x_{ij}(x_{i,j-1} \geqslant x_i \geqslant x_{ij}) \\ \left| \dfrac{x_i - x_{i,j+1}}{x_{i,j+1} - x_{ij}} \right| & x_{ij} < x_i < x_{i,j+1}(x_{ij} > x_i > x_{i,j+1}) \\ 0 & x_{i,j-1} \geqslant x_i; x_{i,j+1} \leqslant x_i(x_{i,j-1} \leqslant x_i; x_{i,j+1} \geqslant x_i) \end{cases}$$

(3.15)

$$\psi_{i5}(x_i) = \begin{cases} 1 & x_i \geqslant x_{in}(x_i \leqslant x_{in}) \\ \left| \dfrac{x_i - x_{i,n-1}}{x_{in} - x_{i,n-1}} \right| & x_{i,n-1} < x_i < x_{in}(x_{i,n-1} > x_i > x_{in}) \\ 0 & x_i \leqslant x_{i,n-1}(x_i \geqslant x_{i,n-1}) \end{cases}$$

(3.16)

其中，$x_i(i=1,2,\cdots,14)$ 是第 i 个水权价值影响因素指标的实际观测值；$x_{ij}(j=1,2,3,4,5)$ 是第 i 个指标的第 j 级评价标准的取值；$\psi_{ij}(x_i)$ 是评价指标 x_i 的隶属度，$R_{ij}=\psi_{ij}(x_i)$。

2. 资源成本测算模型

前文确定的水权价值是一个无量纲向量，无法直接反映水权价值的市场价格，故借鉴模糊综合评价模型方面的研究成果，利用向量运算将水权价值转化为资源成本（姜文来，1998）。[①] 基于水权价值的综合评价向量和价格向量之间的关系，构建资源成本测算模型，如式(3.17)所示。

$$C_1 = VS' \tag{3.17}$$

其中，C_1 是单位交易水量的资源成本，V 是水权价值综合评价向量，S' 是水权价值价格向量。假设水权价值的市场价格在 $(0,P]$ 区间内，P 是最大值。为了比较不同要素价值之间的差异，利用等差间隔法，将水权价值的价格向量 S' 表示为：$S' = (P, 0.75P, 0.5P, 0.25P, 0)^T$。

水权价值反映转让方参与水权交易的机会收益，其最大值应与转让方所

---

① 姜文来：《水资源价值模型研究》，《资源科学》1998 年第 1 期。

属区域的用水收益相匹配。借鉴关于水资源价值价格向量的计算方法(田贵良等,2017;①吴凤平等,2018②),根据居民的水费承受能力测算水权价值的最大值。如果转让方所属区域居民水费承受能力达到最大值,那么水权价值也应达到最大值。结合我国水价的构成,本书认为水权价值应是居民水费承受能力扣除水资源费、污水处理费和供水企业利润后的取值,如式(3.18)所示。

$$P = \frac{A_{转} \times \overline{E}_{转}}{\overline{W}_{转}} - \overline{D} - \overline{F} - \overline{G} \tag{3.18}$$

其中,$A_{转}$ 是转让方所属区域居民水费承受指数,$\overline{E}_{转}$ 是转让方所属区域多年人均可支配收入的均值,$\overline{W}_{转}$ 是转让方所属区域多年人均用水量的均值,$\overline{D}$ 是转让方所属区域多年供水企业利润的均值,$\overline{F}$ 是转让方所属区域多年污水处理费的均值,$\overline{G}$ 是转让方所属区域多年水资源费的均值。

居民水费承受指数受转让方所属区域人均生活消费支出和水费支出的调节,如式(3.19)所示。

$$A_{转} = \frac{\overline{C}_{转sf}}{\overline{C}_{转zc}} \tag{3.19}$$

其中,$\overline{C}_{转sf}$ 是转让方所属区域居民多年水费支出的均值,$\overline{C}_{转zc}$ 是转让方所属区域多年人均生活消费支出的均值。

(二) 工程成本测算模型

城市供水涉及的水利设施主要包括水源工程、输水工程和城市治水配水工程。结合我国水权交易实践可知,水权交易涉及的水利设施主要包括输水

---

① 田贵良、顾少卫、韦丁等:《农业水价综合改革对水权交易价格形成的影响研究》,《价格理论与实践》2017年第2期。

② 吴凤平、于倩雯、沈俊源等:《基于市场导向的水权交易价格形成机制理论框架研究》,《中国人口·资源与环境》2018年第7期。

工程和节水工程。其中,输水工程是指为实现水权交易的远距离输水而建设的水利设施,节水工程是指为改善供水效率,获得节约水量而建设的水利设施。考虑水权交易依托已有的城市供水工程供水,水权交易的工程成本是指单位交易水量应承担的水权交易涉及新建水利设施的建设成本、生产成本和更新改造成本。全成本水价中的工程水价主要是城市治水配水工程供水的成本和合理利润,不涉及节水工程或输水工程的建设、生产和更新改造成本。

因为我国水权交易是以转让方的节约水量或结余用水指标为标的开展的,所以水权交易涉及的水利设施可能只包括节水工程(灌溉用水户水权交易和取水权交易),也可能同时包括输水工程和节水工程(水权交易),也可能不涉及水利设施(流域上下游或左右岸间的水权交易),故本书设置工程成本调节系数以反映不同交易形式下工程成本的变化。因此,基于单位交易水量应承担的工程成本,本书构建水权交易的工程成本测算模型,如式(3.20)所示。

$$C_2 = C_{输} \times \widetilde{\omega}_{输} + C_{节} \times \widetilde{\omega}_{节} \tag{3.20}$$

其中,C_2 是单位交易水量应承担的工程成本,$C_{输}$ 是单位交易水量应承担的输水工程成本,$C_{节}$ 是单位交易水量应承担的节水工程成本,$\widetilde{\omega}_{输}$ 和 $\widetilde{\omega}_{节}$ 是工程成本调节系数。如果不涉及跨调水,$\widetilde{\omega}_{输}$ 取值为0,否则取值为1。如果不利用节水工程开展水权交易,$\widetilde{\omega}_{节}$ 取值为0,否则取值为1。

1. 输水工程成本测算模型构建

根据《水利工程供水价格管理办法》,本书认为输水工程成本是指在水权交易中,单位交易水量应承担的输水工程的建设成本、生产成本和更新改造成本,如式(3.21)所示。

$$C_{输} = C_{输1} + C_{输2} + C_{输3} \tag{3.21}$$

其中,$C_{输}$ 是单位交易水量应承担的输水工程成本,$C_{输1}$ 是单位交易水量应承担的输水工程建设成本,$C_{输2}$ 是单位交易水量应承担的输水工程生产成本，$C_{输3}$是单位交易水量应承担的输水工程更新改造成本。

(1)建设成本

单位交易水量应承担的输水工程建设成本是指将主体输水工程建设的全部投资平均分摊到工程设计输水量中,每单位输水量需要承担的建设成本,如式(3.22)所示。

$$C_{输1} = \frac{I_0}{W_0 \times T_0} \tag{3.22}$$

其中,$C_{输1}$是单位输水量应承担的主体输水工程建设成本,I_0是建设输水工程的资金总额,W_0是输水工程的设计年均输水量,T_0是输水工程的经济寿命周期,T_{wt}是交易期限。

(2)生产成本

输水工程的生产成本是将输水工程在生产过程中发生的直接工资及福利、直接材料费、大型设备维修费用、管理费用与财务费用、利润和税金等平均分摊到设计输水量中,每单位输水量应承担的生产成本和生产费用,如式(3.23)所示。

$$C_{输2} = \frac{C_{输21} + C_{输22} + C_{输23} + C_{输24} + C_{输25} + C_{输26}}{W_0 T_0} \tag{3.23}$$

其中,$C_{输21}$是输水工程的直接工资及福利,$C_{输22}$是输水工程的直接材料费(材料、燃料及动力费),$C_{输23}$是输水工程的大型设备维修费用,$C_{输24}$是输水工程的管理费用与财务费用,$C_{输25}$是输水工程的利润,$C_{输26}$是输水工程的税金。

输水工程的利润是按高于我国商业银行长期贷款利率2个百分点计提的输水工程净资产,如式(3.24)所示。

$$C_{输25} = (K - V_s) \times (r_i + 2\%) \tag{3.24}$$

其中,K是输水工程的净资产,V_s是输水工程净资产的残值,$r_i(0 < r_i < 1)$是我国商业银行长期贷款利率的多年均值。

输水工程的税金是依据输水工程供水适用的税种税率向相关机构缴纳的经营性费用,如式(3.25)所示。

$$C_{输26} = (C_{输21} + C_{输22} + C_{输23} + C_{输24} + C_{输25}) \times t_{ss} \tag{3.25}$$

其中,t_{ss}是输水工程适用的税种税率。

(3)更新改造成本

根据《水利建设项目经济评价规范》(SL72—2013),输水工程的更新改造成本是输水工程供水的经济寿命周期(T_0)短于水权交易期限(T_{wt})时,输水工程的重置成本。当$T_0 \geq T_{wt}$时,输水工程的经济寿命周期不小于水权交易期限,此时不用考虑输水工程的更新改造费用,即$C_{输3} = 0$;当$T_0 < T_{wt}$时,输水工程设计使用年限小于水权交易期限,应计提输水工程的更新改造费用。结合我国水权交易实践,输水工程的更新改造成本是单位交易水量应承担的输水工程重置费用,如式(3.26)所示。

$$C_{输3} = \begin{cases} C_{输1} \times \dfrac{T_{wt} - T_0}{T_0}, & T_0 < T_{wt} \\ 0, & T_0 \geq T_{wt} \end{cases} \tag{3.26}$$

2.节水工程成本测算模型构建

我国水权交易试点主要是将部分的农业节水转让给工业,本书中节水工程是指农业节水工程。因为节水工程的各项成本难以在交易水量和剩余节约水量之间进行精确的分摊,所以节水工程成本适宜以全部节约水量为对象进行整体分摊。根据《水利工程供水价格管理办法》规定,"农业用水价格按补偿供水生产成本、费用的原则核定,不计利润和税金",故节水工程的生产成本不计算利润和税金。因此,节水工程成本是指单位节约水量应承担的节水工程建设成本、生产成本和更新改造成本,如式(3.27)所示。

$$C_{节} = C_{节1} + C_{节2} + C_{节3} \tag{3.27}$$

其中,$C_{节}$是单位节约水量应承担的节水工程成本,$C_{节1}$是节水工程单位节约水量的建设成本,$C_{节2}$是节水工程单位节约水量的生产成本,$C_{节3}$是节水工程单位节约水量的更新改造成本。

(1)建设成本

节水工程的建设成本是指将节水工程的全部投资平均分摊到节约水量中,每单位节约水量应承担的投资费用,如式(3.28)所示。

$$C_{节1} = \frac{I_1}{W_1 \times T_1} \tag{3.28}$$

其中,I_1 是建设节水工程的资金总额,W_1 是节水工程的年均节余水量,T_1 是节水工程的经济寿命周期。

(2)生产成本

节水工程生产成本是指节水工程在供水过程中投入的直接工资、直接材料费和大型设备维修费等合理生产损耗费。由于节水工程不涉及销售问题,本书暂不考虑节水工程的销售费用。考虑节水工程的部分节约水量用于水权交易,部分用于生态补偿或政府预留等用途,本书以全部节约水量为对象计算单位交易水量应承担的节水工程生产成本。因此,节水工程的生产成本是将节水工程在生产过程中发生的显性成本和费用平均分摊到全部节约水量中的,每单位节约水量应承担的生产成本和生产费用,如式(3.29)所示。

$$C_{节2} = \frac{C_{节21} + C_{节22} + C_{节23} + C_{节24}}{W_1 \times T_1} \tag{3.29}$$

其中,$C_{节21}$ 是节水工程的直接工资及福利,$C_{节22}$ 是节水工程的直接材料费(材料、燃料及动力费),$C_{节23}$ 是节水工程的大型设备维修费,$C_{节24}$ 是节水工程的管理费用和财务费用。

(3)更新改造成本

根据《水利建设项目经济评价规范》(SL 72—2013),节水工程的更新改造成本是当节水工程的经济寿命周期(T_1)短于水权交易期限(T_{wt})时,节水工程的重置成本。当 $T_1 \geq T_{wt}$ 时,节水工程的经济寿命周期大于水权交易期限,此时不用考虑节水工程的更新改造费用,即 $C_{节3} = 0$;当 $T_1 < T_{wt}$ 时,节水工

程设计使用年限小于水权交易期限,应计提节水工程的更新改造费用。结合我国水权交易实践,节水工程的更新改造成本是指单位交易水量应承担的节水工程重置费用,如式(3.30)所示。

$$C_{节3} = \begin{cases} C_{节1} \times \dfrac{T_{wt} - T_1}{T_1}, & T_{wt} \geq T_1 \\ 0, & T_{wt} < T_1 \end{cases} \qquad (3.30)$$

(三) 生态补偿费用模型

水权交易一般是将节约的水资源从利用效率低的农业转移到水资源利用效率高的工业。如果水权交易改变了水资源的利用途径、退水位置和污染程度,就会降低转让方所属区域的水环境容量,增加其水污染的治理费用和水源涵养的防护费用。由此可知,水权交易的环境成本是转让方所属区域因水权交易导致水环境容量降低而增加的水污染治理费用和水源涵养防护费用。完全成本水价中的环境水价主要是污水排放的治理成本,不涉及水环境容量改变的影响。

结合我国水污染治理实践,本章以污水处理费用作为水污染的治理费用,以污水治理投资作为水源涵养的防护费用。因为水权交易所改变的水环境容量难以在水权交易和其他水资源利用方式之间进行准确的分摊,所以水权交易环境成本测算应以转让方所属区域用水总量为对象,进行整体分摊。因此,本书以转让方所属区域单位用水量应承担的污水处理费用和污水治理投资作为水权交易的环境成本,如式(3.31)所示。

$$C_3 = \dfrac{\overline{C}_{31} + \overline{C}_{32}}{\overline{W}_u} \qquad (3.31)$$

其中,C_3 是单位交易水量应承担的环境成本,$\overline{C}_{31}$ 是转让方所属区域年均污水处理费用,$\overline{C}_{32}$ 是转让方所属区域年均污水治理投资,$\overline{W}_u$ 是转让方所属区域多年水资源利用总量均值。

根据《排污费征收标准管理办法》,污水排污费按排污者排放污染物的种类、数量以污染当量计征,故本章根据转让方所属区域排放的主要污染物计算污水处理费用,如式(3.32)所示。

$$\overline{C}_{31} = \frac{1}{N} \times \sum_{j=1}^{N} \sum_{i=1}^{n} P_{wp} \times \frac{WP_{tji}}{WV_{ji}} (i=1,2,\cdots,n; j=1,2,\cdots,N) \quad (3.32)$$

其中,P_{wp}是单位污染当量的治理费用,WP_{tji}是转让方所属区域第j年第i种主要污染物的排放总量,WV_{ji}是转让方所属区域第j年第i种主要污染物的污染当量值。

(四) 签约成本测算模型

水权交易的签约成本是转让方为达成水权交易协议所产生的成本,包括信息成本、协商成本和行政审批成本等。水市场的信息披露机制越完善,水权交易的信息成本越低。协商成本与水权交易形式、交易主体和交易基础定价等因素直接相关。跨行业或跨区域的水权交易一般需要经过多次协商才能达成最终的水权交易合同,其产生的协商成本较高。行政审批成本受水权交易制度的影响较大。水权交易制度越完善,转让方申请水权交易的行政审批成本就越低。政府在我国水市场的建设中发挥了主导作用,不仅是水权交易制度的制定者,也是水市场的监管者,所以难以衡量水权交易制度的制定成本,故本章暂不在水权交易的签约成本中考虑水权交易制度的制定成本。考虑水权交易平台的服务费用收取机制尚不完善,本章暂不在水权交易的签约成本中考虑交易服务费用。

考虑市场中的可转让水量集中在少数水权人手中,本章认为水权交易的签约成本适宜以总成交笔数作为计算的依据。由于转让方为达成水权交易协议所产生的相关费用是一次性成本,所以应全部计入签约成本中。因此,本章基于单位交易水量应承担的信息成本、协商成本和行政审批成本,构建水权交易的签约成本测算模型,如式(3.33)所示。

$$C_4 = \frac{\kappa \times (C_{41} + C_{42} + C_{43})}{W_3} \tag{3.33}$$

其中,C_4是单位交易水量应承担的水权交易签约成本,κ是水权交易的预计成交笔数,C_{41}是单笔水权交易的信息成本,C_{42}是单笔水权交易的协商成本,C_{43}是单笔水权交易的行政审批成本,W_3是转让方的可转让水量。

(五) 水权交易的显性成本测算模型

根据上文分析,水权交易的显性成本测算应包括转让方在水权交易过程中直接产生的各项成本,即资源成本、工程成本、环境成本和签约成本等。将水权交易的显性成本视为转让方的财产,在考虑显性成本资金时间价值的情况下,水权交易的显性成本测算应满足转让方最低的财产收益要求。由于不同交易形式下受让方的水资源利用效率和效益存在差异,所以转让方会由此提出不同的财产收益要求,进而影响水权交易的显性成本测算。因此,根据水权交易基础定价的合理收益原则,本章基于水权交易的各项显性成本以及转让方对显性成本的财产收益要求,结合具体的交易形式构建不同交易形式下水权交易的显性成本测算模型。

1. 灌溉用水户水权交易形式下显性成本测算模型

因为灌溉用水户水权交易的双方处于同一区域的同一行业,且水资源利用收益的差异较小,所以本章假设转让方的财产收益要求较低。考虑灌溉用水户水权交易的地理范围较小,且具有相同的社会经济文化背景,本章设置无风险收益调节系数作为灌溉用水户水权交易中转让方的最低财产收益要求。因此,本章基于水权交易的各项成本和无风险收益调节系数,构建灌溉用水户水权交易形式下显性成本测算模型,如式(3.34)所示。

$$C_{m1}^{\pm} = (C_1 + C_2 + C_3 + C_4) \times (1 + \delta_{m1}^{\pm}) \tag{3.34}$$

其中,$C_{m1}^{\pm}$是灌溉用水户水权交易形式下单位交易水量的显性成本,

第三章　基于完全成本法的水权交易基础价格测算模型研究

$\delta_{m1}^{\pm}(0 \leqslant \delta_{m1}^{\pm} < 1)$ 是无风险收益调节系数。

无风险收益调节系数反映转让方将资金投向没有任何风险的项目中所能获得的收益率,一般为纯利率加上通货膨胀补偿率。灌溉用水户水权交易的双方收益差异较小,故本章基于转让方所属区域的商业银行利率和商品零售价格指数计算无风险收益调节系数,如式(3.35)所示。

$$\delta_{m1}^{\pm} = r_z^{\pm} \times (1 + crpi_z^{\pm}) \tag{3.35}$$

其中,$r_z^{\pm}$ 是转让方所属区域商业银行贷款年利率,$crpi_z^{\pm}$ 是转让方所属区域商品零售价格指数的增长速度。

2. 取水权交易形式下显性成本测算模型

因为取水权交易的双方处于不同行业,且水资源利用收益的差异不一,所以本章假设转让方的财产收益要求适中。考虑取水权交易的双方行业差异较大、营利水平不一,且价格承受能力不同,本章设置行业收益调节系数作为取水权交易中转让方的最低财产收益要求。因此,本章基于水权交易的各项成本和行业收益调节系数,构建取水权交易形式下显性成本测算模型,如式(3.36)所示。

$$C_{m2}^{\pm} = (C_1 + C_2 + C_3 + C_4) \times (1 + \delta_{m2}^{\pm}) \tag{3.36}$$

其中,$C_{m2}^{\pm}$ 是取水权交易形式下单位交易水量的显性成本,$\delta_{m2}^{\pm}(0 \leqslant \delta_{m2}^{\pm} < 1)$ 是行业收益调节系数。

行业收益调节系数反映转让方与不同行业用水户交易时的最低收益要求。结合我国水权交易实践可知,取水权交易主要是将农业用水转让给工业或服务业,或者是工业用水户之间的交易,故本章以工业和农业之间的用水收益差异作为取水权交易的行业收益调节系数,如式(3.37)所示。

$$\delta_{m2}^{\pm} = e_i^{\pm} - e_a^{\pm} \tag{3.37}$$

其中,$e_i^{\pm}$ 是转让方所属区域工业用水净效益系数,$e_a^{\pm}$ 是转让方所属区域农业用水净效益系数。

工业用水净效益系数反映转让方所属区域工业单位用水的净收益,如式(3.38)所示。

$$e_i^{\pm} = \frac{10000}{\overline{D}} \times g^{\pm} \times f \tag{3.38}$$

其中,$\overline{D}$ 是万元工业产值用水量的均值,$g^{\pm}$ 是万元工业产值分摊给用水的分摊系数,f 是工业净效益与工业总产值的比例系数。

农业用水净效益系数反映转让方所属区域农业单位用水的净收益,如式(3.39)所示。

$$e_a^{\pm} = \sum_{j=1}^{n} \frac{A_j}{A} \times \frac{B_j^{\pm}}{M_j^{\pm}} (j=1,2,\cdots,n) \tag{3.39}$$

其中,A_j 是第 j 种主要农作物的播种面积,A 是转让方所属区域农作物播种总面积,$B_j^{\pm}$ 是第 j 种主要农作物单位面积的用水净效益,$M_j^{\pm}$ 是第 j 种主要农作物的灌溉定额。

3. 区域水权交易形式下显性成本测算模型

因为区域水权交易的双方处于不同区域,且水资源利用效率的差异较大,所以本章假设转让方的财产收益要求较高。考虑区域水权交易双方的水资源禀赋差异、管理服务水平差异,以及社会经济发展水平差异,本章设置区域收益调节系数作为区域水权交易中转让方的最低财产收益要求。因此,本章基于水权交易的各项成本和区域收益调节系数构建区域水权交易形式下显性成本测算模型,如式(3.40)所示。

$$C_{m3}^{\pm} = (C_1 + C_2 + C_3 + C_4) \times (1 + \delta_{m3}^{\pm}) \tag{3.40}$$

其中,$C_{m3}^{\pm}$ 是区域水权交易形式下单位交易水量的显性成本,$\delta_{m3}^{\pm}(0 \leq \delta_{m3}^{\pm} < 1)$ 是区域收益调节系数。

区域收益调节系数反映转让方与不同区域用水户交易时的最低收益要求。GDP 指标能较为直观地体现某一区域的社会经济发展水平,故本章采用 GDP 指标的算术平均值和加权平均值衡量转让方所属区域和受让方所属区域的财产收益差异。

考虑经济增长的影响,近年期 GDP 数据包含的社会经济信息多于远期,故本章根据"厚近薄远"的思想,采用指数平滑法计算区域 GDP 的加权平均值。设 t 为水权交易对应的当前期,GDP_t^1 为转让方所属区域当前期的 GDP,则转让方所属区域当前期 GDP 加权平均值的计算,如式(3.41)所示。

$$\overline{GDP}_t^1 = (GDP_t^1 + GDP_{t-1}^1 + \cdots + GDP_{t-(r-1)}^1)/r$$

$$\overline{\overline{GDP}}_t^1 = \xi \overline{GDP}_t^1 + \xi(1-\xi)\overline{GDP}_{t-1}^1 + \xi(1-\xi)^2 \overline{GDP}_{t-2}^1 + \cdots +$$

$$\xi(1-\xi)^{r-1} \overline{GDP}_{t-(r-1)}^1 \tag{3.41}$$

其中,$\overline{GDP}_t^1$ 是转让方所属区域历年 GDP 的算术平均值,$\overline{\overline{GDP}}_t^1$ 是转让方所属区域当前期 GDP 的加权平均值。$\xi(0 < \xi < 1)$ 是加权系数,反映转让方所属区域历年 GDP 平均值的计算对当前和过去信息的倚重程度;ξ 的值越大,代表对近期经济数据的倚重更大。为体现近期数据的重要程度,本书基于"厚近薄远"的原则,取 $0.6 < \xi < 1$,计算转让方所属区域当前期 GDP 的加权平均值。同理,可确定受让方所属区域历年 GDP 的算术平均值 $\overline{GDP}_t^2$ 和当前期 GDP 的加权平均值 $\overline{\overline{GDP}}_t^2$。

为准确量化转让方所属区域 GDP 指标的平均值,本书以算术平均值和加权平均值作为其 GDP 指标平均值的区间,即 $[\overline{GDP}_t^1, \overline{\overline{GDP}}_t^1]$。同理,可确定受让方所属区域 GDP 指标平均值的区间,即 $[\overline{GDP}_t^2, \overline{\overline{GDP}}_t^2]$。为体现区域间社会经济发展水平的差异,本章对转让方所属区域 GDP 指标平均值进行归一化处理,获得区域收益调节系数,如式(3.42)所示。

$$[\delta_{m3}^-, \delta_{m3}^+] = \left[\overline{GDP}_t^1 / \left(\overline{GDP}_t^1 + \sum_{i=1}^2 \overline{GDP}_t^i\right), \overline{\overline{GDP}}_t^1 / \left(\overline{\overline{GDP}}_t^1 + \sum_{i=1}^2 \overline{\overline{GDP}}_t^i\right)\right]$$

$$\tag{3.42}$$

第二节 水权交易隐性成本测算

一、水权交易隐性成本构成

从水权交易的影响分析，生态效益损失、发展机会损失和缺水风险损失是水权交易隐性成本的重要组成部分，如何准确计算相关损失是解决水权交易的隐性成本测算问题的难点所在。其中，生态效益损失是水权交易的环境影响，受区域生态系统服务价值的影响较大；发展机会损失是水权交易的经济影响，受转让方用水效率和效益的影响较大；缺水风险损失是水权交易的用水安全影响，受转让方的用水保障率和生产效益的影响较大。面对不同的水权交易形式，受信息不对称的影响，交易双方很难对水权交易的隐性成本作出准确的预估，进而开展协商议价或市场自由竞价。

二、水权交易隐性成本测算模型

（一）生态效益损失测算模型

农田生态系统服务价值是衡量各类生态系统价值的基础，故本章依据生态价值当量法计算水权交易所造成的生态效益损失。为计算简便，本章暂不考虑水权交易对灌区可能存在的森林、草地或水体等生态系统的影响，仅考虑交易水量对灌区农田生态系统的影响。因为农业用水是支持农田生态系统发挥生态服务功能的基础，所以农业用水量的减少会导致转让方所属区域的生态系统服务价值降低，故本章认为水权交易所造成的生态效益损失主要是指转让方所属区域因水权交易减少农业用水量，导致农田生态系统服务价值降低所产生的经济损失。鉴于农田生态系统只是转让方所属区域生态系统的一个组成部分，本章设置生态效益损失系数以调整水权交易所造成的区域生态系统服务价值损失。如果将生态效益损失视作转让的一项资产，那么在交易期限内应该满足资产的基本收益要求。基于资产时间价值概念,本章将灌区在水权交易过程中的生态效益损失看作一个等比数列,其以交易首年的生态效益损失为首项,年均资产收益率为公比。为了准确测算单位交易水量应承担的生态效益损失,本章基于交易水量与农田生态系统服务价值之间的联系,构建生态效益损失测算模型,如式(3.43)所示。

$$C_5 = \frac{1}{T_{wt} \times W_{wt}} \times \sum_{n=1}^{T_{wt}} V_e \times \rho_{el} (1 + \bar{r}_z)^{n-1}$$

$$= \frac{V_e \times \rho_{el}}{T_{wt} \times W_{wt}} \times \frac{1 - (1 + \bar{r}_z)^{T_{wt}}}{1 - (1 + \bar{r}_z)} (n = 1, 2, \cdots, T_{wt}) \quad (3.43)$$

其中,C_5 是单位交易水量应承担的生态效益损失,T_{wt} 是交易期限,W_{wt} 是年交易水量,V_e 是转让方所属区域农田生态系统服务价值,ρ_{el} 是单位水量的生态效益损失系数,$\bar{r}_z$ 是转让方所属区域商业银行贷款年利率的均值。

1. 生态效益损失系数

生态系统具有多种生态服务功能,其创造生态系统服务价值的过程具有复杂性与不确定性的特点。水权交易所产生的生态效益损失难以在交易水量和农业用水总量之间进行准确的分摊,故本章以转让方所属区域农业用水量和农田生态系统价值当量为对象,计算生态效益损失系数,如式(3.44)所示。

$$\rho_{el} = \frac{W_{za}}{W_z} \times \frac{N_a}{N_s} \quad (3.44)$$

其中,ρ_{el} 是生态效益损失系数,W_z 是转让方所属区域年均用水总量,W_{za} 是转让方所属区域年均农业用水量,N_a 是全国农田生态系统的生态价值当量,N_s 是全国生态系统的生态价值总当量。

2. 农田生态系统服务价值

单位面积价值当量因子法是计算生态系统服务价值的有效方法,首先,根据1公顷农田每年自然粮食产量的经济价值,确定生态系统服务价值当量因子;其次,根据生态系统的多项生态服务功能,分别确定其生态价值当量;最后,将二者结合确定各类生态系统服务价值。借鉴国内学者关于我国不同生态系统的生态价值当量研究,结合我国灌溉较为分散且灌溉面积有限的特征,本章采用单位面积价值当量因子法,计算转让方所属区域的农田生态系统服务价值,如式(3.45)所示。

$$V_e = A \times E_a \times N \tag{3.45}$$

其中,A是转让方所属区域耕地面积,E_a是农田生态系统单位生态价值当量因子的经济价值,N是农田生态系统的生态价值当量。

3. 单位生态价值当量因子的经济价值

农田生态系统的生态价值当量因子反映了自然条件下农田生态系统服务功能贡献的大小。在研究生态系统的贡献时,因为人为因素的干扰,所以难以准确衡量自然条件下农田生态系统能够提供粮食产量的经济价值。考虑转让方所属区域主要农作物不涉及水稻以及数据可得性,本书用高粱代替水稻计算农田生态系统的经济价值。借鉴国内学者针对我国生态系统服务价值的研究,本书以小麦、玉米和高粱三种作物单位面积产量的净利润作为单位面积农田生态系统服务价值当量因子的经济价值,其计算公式如式(3.46)所示。

$$E_a = S_r \times F_r + S_w \times F_w + S_c \times F_c \tag{3.46}$$

其中,S_r、S_w和S_c分别是转让方所属区域小麦、玉米和高粱的播种面积占三种作物播种总面积的百分比,F_r、F_w和F_c分别是全国单位面积农田小麦、玉米和高粱的年均净利润。

(二)发展机会损失测算模型

水权交易所造成的发展机会损失是指转让方因水权交易而未将交易水量作为生产要素投入生产获取收益而产生的损失。考虑转让方不是孤立的,本章认为转让方在水权交易中的发展机会损失适宜以转让方所属产业的用水收益作为计算依据。受最严格水资源管理制度的约束,我国用水效率和单位水量的净收益会在交易期限内逐年增长与累积,直至交易结束,故本章引入时间价值概念,将水权交易所造成的发展机会损失看作一个等比数列,其以交易首年的发展机会损失为首项,以发展机会损失年均增长率为公比。因此,为了准确衡量单位交易水量应承担的发展机会损失,本章基于发展机会损失、交易水量和交易期限之间的关系,构建水权交易的发展机会损失测算模型,如式(3.47)所示。

$$C_6 = \frac{\sum_{n=1}^{T_{wt}} R_{zr}(1+\bar{r}_{zri})^{n-1}}{T_{wt} \times W_{wt}}$$

$$= \frac{R_{zr}}{T_{wt} \times W_{wt}} \times \frac{1-(1+\bar{r}_{zri})^{T_{wt}}}{1-(1+\bar{r}_{zri})}, (n=1,2,\cdots,T_{wt}) \quad (3.47)$$

其中,C_6是单位交易水量应承担的发展机会损失,R_{zr}是交易年水权交易所造成的发展机会损失,W_{wt}是年交易水量,$\bar{r}_{zri}$是发展机会损失增长率,T_{wt}是交易期限。

1. 交易年的发展机会损失

转让方将交易水量投入生产可能获取的收益受产业用水效率、生产效率以及生产成本等因素的制约,故本章用产业用水净效益系数调整水权交易所造成的发展机会损失。由此,基于转让方所属产业的用水定额、生产效率、单位产品价格和产业用水净效益系数之间的关系,本章计算交易年水权交易所造成的发展机会损失,如式(3.48)所示。

$$R_{zr} = \frac{W_{wt}}{\overline{W}_{zr}} \times \bar{e}_l \times \sum_{j=1}^{n} \left(\frac{\overline{V}_j}{\sum \overline{V}_j} \times \overline{Q}_{zrj} \times \overline{P}_{zrj} \right) \quad (3.48)$$

其中,$\overline{W}_{zr}$是转让方所属产业用水定额的均值,$\overline{V}_j$是转让方所属产业第j种行业多年产值的均值,$\overline{Q}_{zrj}$是转让方所属产业第j种行业多年生产效率的均值,$\overline{P}_{zrj}$是转让方所属产业第j种行业单位产品多年价格的均值,$\bar{e}_l(l=1,2)$是转让方所属产业用水净效益系数的均值,$l=1$代表农业,$l=2$代表工业。产业用水净效益系数的计算公式为:$\bar{e}_l = (e_l^- + e_l^+)/2$。

2. 发展机会损失增长率

由于产业收益受市场供求变动、交通条件、气候变化、技术进步,以及经济周期等因素的综合影响,所以不同时期内产业收益会呈现不同的增长规律。为了减少外部因素变动对产业收益的影响,本章以转让方所属产业总产值的年均增长率反映交易期限内发展机会损失增长率。考虑交易期限较长的特点,本章基于较长历史年限数据,采用算术平均数法计算水权交易的发展机会损失增长率,如式(3.49)所示。

$$\bar{r}_{zri} = \frac{1}{T} \times \sum_{t=1}^{T} \frac{E_t - E_{t-1}}{E_{t-1}} (t = 1, 2, \cdots, T) \tag{3.49}$$

其中,E_t是转让方所属产业前 t 年的总产值。

(三) 缺水风险损失测算模型构建

根据我国公共供水的原则,当受让方的供水保证率较高,而转让方的供水保证率较低时,转让方所属区域需要优先保障受让方的用水安全。由于交易双方设计供水保证率的差异,水权交易会增加转让方在枯水年的用水短缺风险,并影响转让方所属区域其他用水户的生产。结合我国水权交易实践,为计算简便,本章仅考虑以农业节水为标的水权交易所造成的缺水风险损失,暂不考虑供水保证率相同情况下的缺水风险。由此,本章认为水权交易所产生的缺水风险损失是指在枯水年水权交易挤占转让方所属区域的农业用水,造成转让方所属区域农业产量下降所产生的收益损失。同时,在交易期限内枯水年出现的概率是随机事件,转让方所属区域无法事先规划农作物的生产和资源投入,故水权交易所产生的缺水风险损失不能根据农业用水的分摊效益计算,而应该按照农业单位用水量产生的全部效益计算。由于气候变化和高强度人类活动的影响,在交易期限最长为 25 年的情形下,枯水年出现的概率难以进行准确的预测,故本章设置缺水风险系数以调整水权交易给转让方所属区域所带来的缺水风险损失。综上所述,为了准确测算单位交易水量应承担的缺水风险损失,本章根据转让方所属区域在枯水年的农业收益与交易水量之间的关系,构建水权交易的缺水风险损失测算模型,如式(3.50)所示。

$$C_7 = \frac{\rho_{ws} \times R_a}{T_{wt} \times W_{wt}} \quad (3.50)$$

其中,C_7 是单位交易水量应承担的缺水风险损失,ρ_{ws} 是缺水风险系数,R_a 是枯水年转让方所属区域的缺水风险损失,T_{wt} 是交易期限,W_{wt} 是年交易水量。

1. 缺水风险系数

水权交易是将农业用水转换为工业用水,实质上提高了交易水量的用水保证率,从而增加了枯水年农业用水的短缺风险。在现有科学技术水平下,枯水年出现的概率难以准确预测,故本章根据行业用水保证率计算缺水风险系数。本书认为,如果交易期限大于工业用水保证率所预测的枯水年间隔(T_{li}),则水权交易至少会造成一次农业用水短缺;如果交易期限小于枯水年农业灌溉保证率所预测的枯水年间隔(T_{la}),则水权交易不会造成农业用水短缺;如果交易期限处于二者之间,则水权交易可能造成的农业用水短缺风险是交易双方用水保证率的比值。因此,基于交易期限与交易双方用水保证率的关系,构建缺水风险系数计算模型,如式(3.51)所示。

$$\rho_{ws} = \begin{cases} \dfrac{T_{li}}{T_{wt}}, & T_{wt} \geqslant T_{li} \\ \dfrac{(T_{li} - T_{la})}{T_{la}}, & T_{la} < T_{wt} < T_{li} \\ 0, & T_{wt} \leqslant T_{la} \end{cases} \quad (3.51)$$

其中,ρ_{ws} 是缺水风险系数,T_{wt} 是交易期限,T_{li} 是工业用水短缺间隔,T_{la} 是农业用水短缺间隔。

行业用水短缺间隔与其用水保证率呈正向关系,用水保证率越高,其供水的优先级越高,缺水风险就越低。行业用水短缺间隔的计算公式为:$T_{li} =$

$1/(1-\rho_{wi})$，$T_{la}=1/(1-\rho_{wa})$。其中，ρ_{wi}、ρ_{wa}分别是工业用水保证率和农业用水保证率。

2. 交易年缺水风险损失

在水权交易双方供水保证率不同的情况下，枯水年水权交易会挤占转让方所属区域的农业用水，故本章设置挤占系数以准确反映水权交易对农业用水的挤占情况。本章根据枯水年转让方所属区域农业单位用水的产量、农作物单位产量的收益、交易水量和挤占系数之间的关系，计算水权交易在枯水年所造成的缺水风险损失，如式(3.52)所示。

$$R_a = P_{zra} \times Q_{zra} \times W_{wt} \times \rho_{jz} \tag{3.52}$$

其中，P_{zra}是枯水年转让方所属区域农业单位产量的收益，Q_{zra}是枯水年转让方所属区域单位农业用水的边际产量，W_{wt}是年交易水量，ρ_{jz}是水权交易对农业用水的挤占系数。

考虑农作物的种植分布特征，根据转让方所属区域的主要农作物，计算枯水年农业单位产量的价格，如式(3.53)所示。

$$P_{zra} = \sum_{i=1}^{n} \left(\frac{\overline{V}_i}{\sum \overline{V}_i} \times \overline{P}_{ai} \right) \tag{3.53}$$

其中，$\overline{V}_i$是交易年转让方所属区域的第i种主要农作物产值的均值，P_{ai}是交易年转让方所属区域的第i种主要农作物产值的价格均值。

为提高计算结果的准确性，本章采取多年的数据，计算枯水年转让方所属区域农业用水的边际产量，如式(3.54)所示。

$$Q_{zra} = \frac{1}{T} \times \sum_{t=1}^{T} \frac{Q_t - Q_{t-1}}{W_t - W_{t-1}} \tag{3.54}$$

其中，Q_t是第t年转让方所属区域单位面积耕地的粮食产量，W_t是第t年转让方所属区域单位面积耕地的灌溉水量。

3. 水权交易挤占系数

根据转让方所属区域行业用水定额可知，农业用水定额在不同来水年会出现"丰增枯减"的调整,而工业用水定额却是固定的。因此,在统筹转让方所属区域用水总量的前提下,不同来水年农业灌溉定额差值实质上是农业用水被非农业用水挤占的水量,故本章根据主要粮食作物在平水年与枯水年的灌溉定额差值,确定水权交易的挤占系数,如式(3.55)所示。

$$\rho_{jz} = \frac{1}{j} \times \sum_{j=1}^{n} \frac{W_{aj} - W_{bj}}{W_{bj}} \tag{3.55}$$

其中,ρ_{jz}是水权交易的挤占系数,W_{aj}是转让方所属区域平水年第j种主要粮食作物的灌溉定额,W_{bj}是转让方所属区域枯水年第j种主要粮食作物的灌溉定额。

(四)不同交易形式下水权交易的隐性成本测算模型构建

随着我国水权交易规模和范围的不断扩大,隐性成本对转让方水权交易成本与收益的影响日益明显,如何量化水权交易的隐性成本,已成为衡量水权交易可行性的关键要素。目前,我国水权交易的隐性成本测算主要是计算水权交易所造成的发展机会损失,尚未量化生态效益损失和缺水风险损失的影响。根据水权交易基础定价的合理收益原则,本章认为水权交易的隐性成本测算应保障转让方对水权交易所产生的生态效益损失、发展机会损失和缺水风险损失的回收,并满足政府对不同交易形式下水权交易隐性成本财产收益的调控要求,故本章设置政策调节系数以反映政府对不同交易形式下水权交易隐性成本测算的调控要求。因此,根据水权交易基础定价的合理收益原则,本章基于水权交易的各项隐性成本以及政府对水权交易隐性成本财产收益的调控要求,结合具体的交易形式,构建不同交易形式下水权交易的隐性成本测算模型。

1.灌溉用水户水权交易形式下隐性成本测算模型

鉴于灌溉用水户水权交易的交易期限较短、交易水量较少,以及交易双方位于同一地理区域的特点,这类交易特性致使水权交易进程引发损失的波及范围与程度较为有限,交易所导致的经济损失相对较小。因此,本章假设政府对于这类灌溉用水户水权交易隐性成本财产收益的调控要求较低。基于这一前提,本章综合考虑水权交易的多种隐性成本及相应的政策调节系数,构建灌溉用水户水权交易形式下隐性成本测算模型,如式(3.56)所示。

$$C_{g1}^{\pm} = (C_5 + C_6 + C_7) \times (1 + \kappa_{g1}^{\pm}) \tag{3.56}$$

其中,$C_{g1}^{\pm}$是灌溉用水户水权交易形式下单位交易水量的隐性成本,$\kappa_{g1}^{\pm}$是灌溉用水户水权交易形式下的政策调节系数。

2. 取水权交易形式下隐性成本测算模型

鉴于取水权交易的交易期限和交易水量介于区域水权交易和灌溉用水户水权交易之间,且交易双方处于同一区域,因此,其造成的损失影响相对较为适中。本书假设政府对取水权交易中的隐性成本和财产收益采取中等程度的调控要求。据此,本章综合考虑了水权交易的各项隐性成本及取水权交易的政策调节系数,构建取水权交易形式下隐性成本测算模型,如式(3.57)所示:

$$C_{g2}^{\pm} = (C_5 + C_6 + C_7) \times (1 + \kappa_{g2}^{\pm}) \tag{3.57}$$

其中,$C_{g2}^{\pm}$是取水权交易形式下单位交易水量的隐性成本,$\kappa_{g2}^{\pm}$是取水权交易形式下的政策调节系数。

3. 区域水权交易形式下隐性成本测算模型

鉴于区域水权交易的交易期限较长、交易水量较大且交易双方处于不同区域,这些因素共同增加了交易的复杂性和潜在风险。大规模的水量流转在更广阔的时间和空间维度上进行,使得一旦发生损失,其负面影响可能会被放大。因此,本章假设政府对区域水权交易中的隐性成本和财产收益实施更为严格的调控要求。基于这一假设,本章综合考虑了水权交易的各项隐性成本及区域水权交易的政策调节系数,构建区域水权交易形式下隐性成本测算模型,如式(3.58)所示。

$$C_{g3}^{\pm} = (C_5 + C_6 + C_7) \times (1 + \kappa_{g3}^{\pm}) \tag{3.58}$$

其中,$C_{g3}^{\pm}$是区域水权交易形式下单位交易水量的隐性成本,$\kappa_{g3}^{\pm}$是区域水权交易形式下的政策调节系数。

水权交易隐性成本的政策调节系数反映政府对不同交易形式下水权交易隐性成本测算的调控要求,其值越大代表政府管制的水平越高。$\kappa_{gi}^{\pm}(i=1,2,3)$ 是区间$[0,1]$上的调节比例参数,其数值越接近于1,政府管制要求越高。调节比例参数的取值,根据具体的水权交易形式和交易区域而定。

本章研究了水权交易的显性成本和隐性成本测算问题。第一,分析了水权交易的显性成本组成要素及其影响,分别构建了资源成本测算模型、工程成本测算模型、环境成本测算模型和签约成本测算模型。从回收水权交易各项成本和保障转让方最低财产收益要求的角度出发,构建了不同交易形式下水权交易的显性成本测算模型。第二,分析了水权交易隐性成本的组成要素及其影响,分别构建了生态效益损失测算模型、发展机会损失测算模型和缺水风险损失测算模型。并结合不同的水权交易形式,根据政府对水权交易隐性成本补偿要求的差异,构建了不同交易形式下水权交易的隐性成本测算模型。

第四章 基于影子价格法的水权交易基础价格测算模型研究

本章分两阶段构建市场导向下基于影子价格法的水权交易基础价格测算模型。在第一阶段,基于用水投入产出、用水净效益构建单边影子价格测算模型;在第二阶段,以国民经济整体效益最大化为目标,基于博弈思想,构建双边耦合博弈均衡测算模型,买卖双方就第一阶段测算的影子价格进行博弈,得出均衡水价。两阶段水权交易基础价格测算模型,不仅考虑了水资源的稀缺性价值,又考虑了水权交易双方的利益诉求和市场供求,能更好实现社会总效益最大化,更好地优化水资源配置和确定水权价格。

利用影子价格法测算水权交易的基础价格,一方面,能够反映水权交易转让方和受让方所在地区的水资源稀缺程度,量化水资源对经济部门的边际贡献;另一方面,能够反映来水量的随机性和水权交易的灵活性。为了实现水资源价值的准确反映、资源配置的最优化以及市场机制的有效运用,本书分两个阶段完成水权交易基础价格测算模型的构建,具体包括:第一阶段为单边影子价格测算模型,确定转让方和受让方的影子价格。参考李滢(2020)的研究成果,以各部门用水边际收益最大为目标,基于用水投入产出平衡关系构建影子价格模型,测算出转让方各部门影子价格;[1]以各部门用水净效益

---

[1] 李滢:《基于影子价格的区域水权交易均衡价格模型研究——以内蒙古地区为例》,河海大学硕士学位论文,2020年。

第四章 基于影子价格法的水权交易基础价格测算模型研究

最大为目标,基于各部门用水上下限和总供水量等建立影子价格模型,测算出受让方各部门影子价格。第二阶段为双边耦合博弈均衡测算模型,通过博弈均衡理论来确定最终的水权交易价格。以国民经济整体效益最大为目标,针对第一部分从转让方和受让方两个维度测算出的影子价格,利用微分博弈均衡理论确定双方最终可接受的均衡水价,以此实现对双边均衡价格的有效度量,从而为水权交易基础价格测算提供可靠的理论支撑。

具体构建思路如图 4.1 所示。

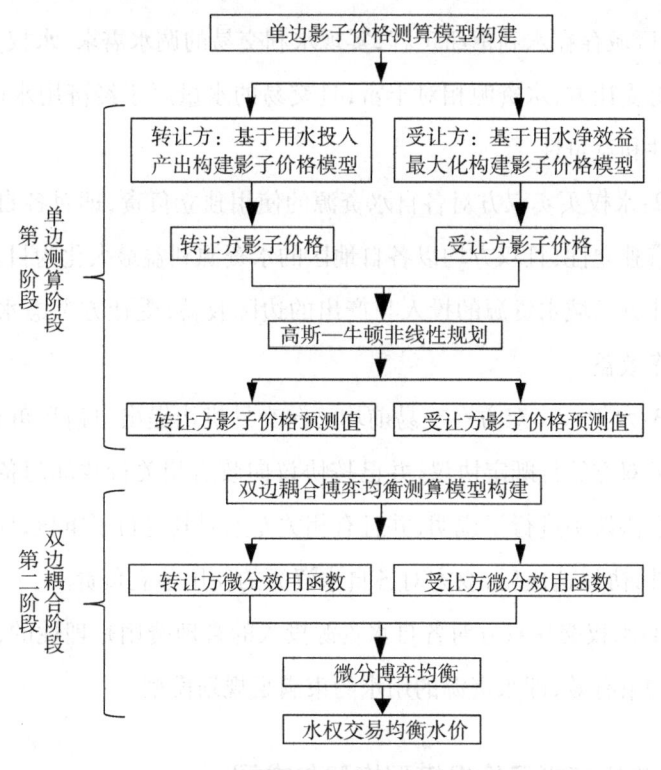

图 4.1 两阶段模型构建思路框架

109

第一节　单边影子价格测算模型构建

一、基本假设

针对构建交易主体(转让方和受让方)的影子价格模型问题,考虑分别对转让方和受让方进行模型的构建。由于转让方和受让方考虑水资源的角度不同,为了突出考虑交易中水资源因素,简化线性优化模型工作,作以下假设:

假设1:水权交易的双方分属于不同地区的政府管理,同时水资源来自不同流域,两区域存在水利枢纽工程,实现水利交易的调水需求;水权交易双方,转让方相对受让方,水资源相对丰富,且交易的水量属于经济用水的范畴,具有可交易性和竞争性。

假设2:水权买卖双方对各自水资源的使用独立负责,即对各自区域的水权定价具有独立性,且双方均以各自地区的水资源利益最大化为目标,如转让方考虑转让方区域水资源的投入与产出的边际收益,受让方考虑水资源使用与产生的净效益。

假设3:水权买卖双方在交易前均已向交易机构提出申请且审核完毕,区域水权交易双方签订既定协议,并已按协议向政府相关行政部门备案。交易期限均已在协议中进行了说明,并且有相关专家对其进行了审核,保证达成交易的可行性,协议达成后,双方对各自水资源的使用独立负责。

假设4:水权交易双方对各自水资源投入的管理费用是理性的,且水资源线性优化约束有效,即水资源的用水约束满足规划模型。

二、转让方影子价格模型构建与求解

(一)基于投入产出平衡的影子价格模型构建

水资源投入占用产出表主要是用来反映日常生产、生活中各部门所消耗

第四章 基于影子价格法的水权交易基础价格测算模型研究

水资源的投入与产出之间的关系。刘秀丽等(2009)把水资源产出表与线性规划方法相结合,基于1999年中国九大流域片区的产出表数据,建立既可以使国民经济各部门相互平衡,又能够使GDP达到最大的线性规划模型。[1] 经过计算得到1999年中国九大流域片区工业、生产、生活用水的具体影子价格。本书使用水资源投入占用产出表,能够全面地反映各部门用水情况、水的分配情况、供水和用水的水资源比例等,从宏观角度了解水资源的整体流向和使用效率,为制定合理的水资源管理政策提供依据。

本章以地区当年GDP最大化为目标函数,将各部门水资源投入产出均衡关系纳入优化模型的约束条件,基于各部门的直接消耗系数矩阵和最终使用列向量等构成的用水投入产出表,构建转让方影子价格模型,如式(4.1)所示。

$$\text{Max} VD = \sum_{p=1}^{4} a_{vp} X_p$$

$$\begin{cases} AX + Y = X \\ \sum_{p=1}^{4} a_{vp} X_p \leq WU_{actual} \\ a_{vp} = \dfrac{wu_p}{X_p} \\ X^{lower} \leq X \leq X^{upper} \\ Y^{lower} \leq X \end{cases} \quad (4.1)$$

其中,VD为各用水部门的增加值总量;a_{vp}为第p部门的增加值系数;X_p为第p部门的总产出;A为投入产出直接消耗系数矩阵;X为总产出列向量;Y为最终产品列向量;p^*为第p部门的直接用水系数;$p(t)$为可实际使用的水量;$v_1(p)$为第p部门用水总量;$v_2(p)$为总产出下界列向量;X^{upper}为总产

---

[1] 刘秀丽、陈锡康、张红霞等:《水资源影子价格计算和预测模型研究》,《中国人口·资源与环境》2009年第2期。

出上界列向量；Y^{lower}为最终产品下界列向量。

(二) 转让方影子价格模型的求解

首先,参考中国投入产出学会课题组研究成果,编制转让方用水投入产出表,用水投入产出表的主要特点是单列了各部门的用水情况、水的分配情况、供水和用水的水资源比例等,使水资源在用水部门投入产出中全面反映,用水投入产出表的具体概念如图 4.2 所示。

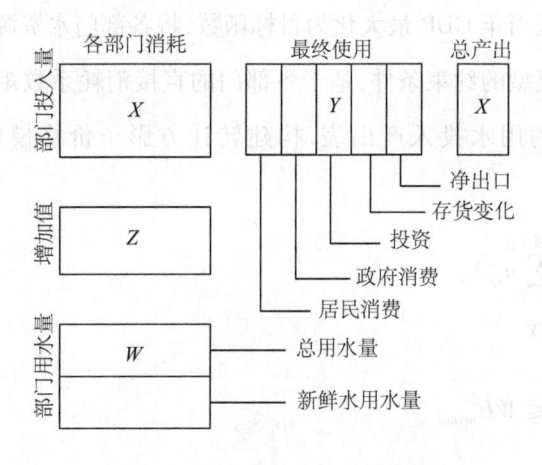

图 4.2 用水投入产出表概念图

其次,通过将用水投入产出表与各部门水资源优化配置模型相结合,分析不同部门的用水影子价格,须对投入产出表进行合理的归纳分类,对主要的用水部门进行测算。参考中国投入产出学会课题组对国民经济各部门水资源消耗及用水系数的投入产出分析,按经济社会关联性将 42 个部门合并为农业、工业、生活和生态 4 类用水部门。农业用水部门包括:林牧渔畜用水、农田灌溉等;工业用水部门包括煤炭石油燃气开采、生产供应业、交通运输邮政业、加工制造业以及建筑产业等;生活用水部门包括服务餐饮业、批发零售业、金融租赁业、商业、文化体育业、教育卫生、居民和其他服务等;生态用水部门包括水利环境和城市用水管理以及河湖、湿地的人工补水。

第四章 基于影子价格法的水权交易基础价格测算模型研究

最后,将投入产出表数据代入公式(4.1),考虑线性规划求解的复杂性,利用数学软件 Lingo 求解,得到转让方影子价格,记为 $sp_{转让方} = f_1(A_1, B_1, C_1, D_1, \tau_{11}, \tau_{21}, \tau_{31}, \tau_{41})$,其中,$A_1$ 为转让方单位水的农业影子价格,B_1 为转让方单位水的工业影子价格,C_1 为转让方单位水的生活影子价格,D_1 为转让方单位水的生态影子价格;τ_{11} 为转让方农业用水比例,τ_{21} 为转让方工业用水比例,τ_{31} 为转让方生活用水比例,τ_{41} 为转让方生态用水比例。

三、受让方影子价格模型构建与求解

(一) 基于用水约束的线性规划模型构建

线性规划模型已经被广泛应用于影子价格的求解之中。线性规划与水资源分配结合主要解决的是水资源在线性约束有效条件下优化问题,一般是将可供水量和各用水部门用水的需求范围作为约束性条件,并将效益最大化作为最终的求解目标,从而计算出各用水部门用水量和用水净效益之间的关系,得出各部门用水的影子价格。

本章研究的市场导向下水权交易是在初始水权分配的基础上进行的水权二次分配,其产生的前提是水资源对各用水方的边际净效益不同。以社会各部门总用水净效益最大化作为优化目标,构建受让方影子价格模型:

$$\text{Max} VD = \sum_{p=1}^{4} bc_p w_p^{opt}$$

$$\begin{cases} w_p^{lower} \leqslant w_p^{opt} \leqslant w_p^{upper} \\ bc_p = \dfrac{NBS_p \times TNBS_p}{WDU_p} \\ \sum_{p=1}^{4} w_p^{opt} \leqslant WS_{Total} \\ w_p^{opt} \geqslant 0 \end{cases} \quad (4.2)$$

其中,$p = 1, 2, 3, 4$ 分别代表农业、工业、生活、生态四大用水部门;bc_p 为各用水部门每立方米用水的净效益系数；$v_1(p)$ 为最优配置时的水量，$v_2(p)$ 为区域水资源可供水总量；w_p^{lower} 和 w_p^{upper} 分别表示各用水部门最低和最高水权限值；WDU_p 为各部门用水量；NBS_p 为各用水部门净效益分摊系数，$Q_1^*(t) = Q_2^*(t)$ 为各用水部门的净效益总值。

（二）受让方影子价格模型求解

对于基于用水约束，各部门用水净效益最大化计算的受让方各部门的用水影子价格，测算的结果含义可以描述为对于受让方来说，每单位水资源投入带给各用水部门的净效益。依据官方统计数据和相关参考资料确定用水参数（总供水量、各部门用水量、净效益系数等），将用水参数代入公式（4.2），同理用 Lingo 求解受让方影子价格，记为 $sp_{受让方} = f_2(A_2, B_2, C_2, D_2, \tau_{12}, \tau_{22}, \tau_{32}, \tau_{42})$，其中，$A_2$ 为受让方单位水的农业影子价格，B_2 为受让方单位水的工业影子价格，C_2 为受让方单位水的生活影子价格，D_2 为受让方单位水的生态影子价格；τ_{12} 为受让方农业用水比例，τ_{22} 为受让方工业用水比例，τ_{32} 为受让方生活用水比例，τ_{42} 为受让方生态用水比例。

四、回归模型参数求解

根据投入产出表建立线性规划模型求解影子价格，虽然理论上可行，但是由于投入产出表每五年编制一次，可能导致结果的测量存在偏误。利用高斯—牛顿非线性回归模型建立各行业用水影子价格与用水量占水资源量比例之间的非线性回归模型，则可以快速准确地测算区域各行业的用水影子价格，并获取最新年份的各行业影子价格测算值。选择高斯—牛顿法的理由在于其快速的收敛速度、对非线性问题的良好适应性、高效的大规模数据处理能力、较低的计算成本以及对局部极值的精确定位，这些特性使其成为解决水资源影子价格测算问题的理想工具。

本书参考刘秀丽等（2009）对全国及九大流域分类用水影子价格的预测，

第四章 基于影子价格法的水权交易基础价格测算模型研究

用水影子价格与各用水部门的用水相关指标之间相关性较高。[1] 具体而言,各部门用水影子价格均与用水量占水资源总量的比例(ζ)相关,此外,农业用水影子价格 $sp_{农业}$(单位:元/立方米)还与每亩灌溉用水量 $wx_{农业}$(单位:亿立方米)相关;工业用水影子价格 $sp_{工业}$(单位:元/立方米)还与区域万元工业增加值用水量 $wx_{工业}$(单位:亿立方米)相关,生活用水影子价格 $sp_{生活}$(单位:元/立方米)还与城镇综合生活用水量 $wx_{生活}$(单位:亿立方米)相关,生态用水影子价格 $sp_{生态}$(单位:元/立方米)还与生态耗水量 $wx_{生态}$(单位:亿立方米)相关。为了使回归拟合优度更高,根据《中国统计年鉴》《内蒙古水资源公报》《甘肃水资源公报》及相关参考文献,本书整理了 2012 年内蒙古、甘肃及其相关流域的各部门用水影子价格、用水相关指标的具体数据,如表 4.1 所示。

表 4.1 2012 年区域各部门用水影子价格与用水相关指标数值

地区	$sp_{农业}$	$sp_{工业}$	$sp_{生活}$	$sp_{生态}$	$wx_{农业}$	$wx_{工业}$	$wx_{生活}$	$wx_{生态}$	ζ
内陆河	1.55	7.31	6.74	4.47	676	57	126.9	1.19	1.18
黄河	1.6	7.76	0.88	4.71	402	86	104.7	0.74	0.329
长江	1.32	6.16	0.59	3.36	256	20	99.3	0.019	0.032
内蒙古	0.93	6.29	1.42	3.07	551	74	131.5	1.933	0.409
甘肃	1.07	10.4	1.44	3.78	336	30	81	14.22	0.361

利用表 4.1 区域各部门用水影子价格和用水相关指标,直接进行高斯—牛顿非线性回归计算,计算量很大,而 SPSS20.0 中非线性回归模型中是用高斯—牛顿法进行参数估计,是对期望函数做泰勒级数展开,再迭代求解模型,故本章利用 SPSS20.0 运行程序进行求解,具体如下:

$$sp_{农业} = 0.393 + 0.117\zeta \ln wx_{农业}(R^2 = 0.757, F = 22.51) \tag{4.3}$$

---

[1] 刘秀丽、陈锡康、张红霞等:《水资源影子价格计算和预测模型研究》,《中国人口·资源与环境》2009 年第 2 期。

$$sp_{工业} = 2.784 - 0.46\zeta + 0.01wx_{工业}^2 (R^2 = 0.984, F = 33.26) \quad (4.4)$$

$$sp_{生活} = 0.176 - 3.17\zeta + 0.32wx_{生活}^2 (R^2 = 0.954, F = 16.80) \quad (4.5)$$

$$sp_{生态} = 4.167 + 4.927\zeta \ln wx_{生态} (R^2 = 0.903, F = 33.09) \quad (4.6)$$

其中，$sp_{农业}$、$sp_{工业}$、$sp_{生活}$、$sp_{生态}$分别为农业用水影子价格、工业用水影子价格、生活用水影子价格、生态用水影子价格；$wx_{农业}$为每亩灌溉用水量，$wx_{工业}$为区域万元工业增加值用水量，$wx_{生活}$为城镇综合生活用水量，$wx_{生态}$为生态耗水量；ζ为区域用水量占该地区水资源总量的比重。

本书在梳理水权价格、影子价格相关理论研究后，基于市场导向下转让方、受让方的不同维度，考虑双方的利益诉求，构建了单边影子价格测算模型。具体分为两点：一是基于投入产出角度，分析转让方的水资源状况，包括转让方各行业的用水状况、水资源投入产出均衡关系，构建转让方的影子价格模型；二是基于用水效益最大化角度，在社会福利最大化、用水总量约束下，分析行业用水效益等，构建受让方的影子价格。由于投入产出分析虽然能较为准确地分析各行业用水的状况，但是编制时间间隔较长，依据高斯—牛顿非线性回归测算出最新年份的水资源影子价格，更有利于反映不同区域的水资源的内在价值，进而优化水资源整体配置。

第二节 双边耦合博弈均衡测算模型构建

一、模型假设

针对区域水权交易双方博弈均衡问题，为了突出考虑交易双方博弈的时间性和达成交易的均衡有效性，简化微分动态博弈的构建工作，作出以下假设：

（1）区域水权交易双方在博弈过程中以社会总福利最大化为目标，总目标一致且双方均是基于现实情况进行的理性决策。

第四章　基于影子价格法的水权交易基础价格测算模型研究

（2）在连续的时间内 $t \in [0, t^{end}]$（0 为交易起始时间，t^{end} 为交易结束的时间），水权价格具有时间、空间的动态性。

（3）进行区域水权交易的双方政府以水资源整体配置最优作为水权交易的最终目标，双方之间可以进行合作协商，交易不涉及个人情感。

（4）交易双方在市场经济条件下考虑地区经济发展，且水权交易的价格与交易的水量和水资源需求系数的变化紧密相关。

二、模型建立

从市场角度看，影子价格表现为供求价格，水权交易的价格位于供求价格区间交易过程才得以实现。由于交易双方经济发展规划和产业结构的不同，以及水资源需求弹性、供给弹性的存在，买卖双方从各自利益出发进行价格博弈，在对水资源内在价值进行合理核算基础上，结合微分均衡理论，确定最终水权交易的均衡价格。微分均衡模型可以考虑市场的交互影响，更准确地评估和预测市场行为，特别是在资源分配和定价方面。

考虑双方水权交易时间、空间的动态性，建立水权价格动态表达式：

$$\begin{cases} p^*(t) = p(t) - \ell \Delta sp \\ \Delta sp = sp_{受让方} - sp_{转让方} \end{cases} \quad (4.7)$$

其中，$p^*(t)$ 为 t 时刻双方可接受的均衡水价，$p(t)$ 为 t 时刻受让方的水权交易影子价格，Δsp 为受让方与转让方影子价格的差价，ℓ 为双方协调系数。

水价对水量的需求反应函数：

$$p(t) = \alpha - \beta Q(t) \quad (4.8)$$

其中，α 为受让方政府根据国民需求定的初始最高水价，水价单位为元/立方米；β 为水资源需求系数（$0 \leq \beta \leq 1$）；$Q(t)$ 为 t 时刻交易水量，单位为立方米。

(一) 转让方微分函数表达

转让方基于影子价格模型得到的转让方各部门用水的影子价格,考虑交易过程的动态性,交易水量对水价、水资源需求系数的影响,及交易过程中存在误差等因素,建立转让方微分函数表达式,如式(4.9)所示:

$$\begin{cases} f(t,1) = \int_0^{t_1} [p(t)Q(t) - Q^2(t)sp_{转让方} + \varepsilon] e^{-rt} \mathrm{d}tp(t) - \eta \Delta sp \\ sp_{转让方} = A_1 \tau_{11} + B_1 \tau_{21} + C_1 \tau_{31} + D_1 \tau_{41} \end{cases} \quad (4.9)$$

其中,$f(t,1)$为转让方的目标函数,ε为交易中产生的误差,$sp_{转让方}$为转让方的影子价格,A_1为转让方地区单位水的农业影子价格,τ_{11}为农业用水比例;B_1为转让方地区单位水的工业影子价格,τ_{21}为工业用水比例;C_1为转让方地区单位水的生活影子价格,τ_{21}为生活用水比例;D_1为转让方地区单位水的生态影子价格,τ_{41}为生态用水比例。

(二) 受让方微分函数表达

受让方基于影子价格模型得到的受让方各部门用水的影子价格,考虑交易过程的动态性,交易水量对水价、水资源需求系数的影响,及交易过程中存在误差等因素,建立受让方微分函数表达式,如式(4.10)所示:

$$\begin{cases} f(t,2) = \int_0^{t_1} [Q^2(t)sp_{受让方} - p(t)Q(t) + \varepsilon] e^{-rt} \mathrm{d}tp(t) - \ell \Delta sp \\ sp_{受让方} = A_2 \tau_{12} + B_2 \tau_{22} + C_2 \tau_{32} + D_2 \tau_{42} \end{cases} \quad (4.10)$$

其中,$f(t,2)$为受让方的目标函数,$sp_{受让方}$为受让方的影子价格,A_2为受让方地区单位水的农业影子价格,τ_{12}为农业用水比例;B_2为受让方地区单位水的工业影子价格,τ_{22}为工业用水比例;C_2为受让方地区单位水的生活影子价格,τ_{32}为生活用水比例;D_2为受让方地区单位水的生态影子价格,τ_{42}为生态用水比例。当买卖双方对水资源价值认知达成一致时即交易达成,则得到

水权交易均衡解 p^*。

三、模型求解

为使水价动态方程存在唯一连续解 $p(t)$，建立一组价值函数 $v_1(p)$ 和 $v_2(p)$，为使价值函数连续、有界、可微，假设买卖双方的价值函数符合二次形式，因此构造 HJB 方程式：

$$s.t.\begin{cases} rv_1(p) = \text{Max}\{p(t)Q(t) - Q^2(t)sp_{\text{转让方}} + \varepsilon + v_1'(p) \\ \qquad\qquad [(1-\eta)p(t) + \ell\Delta sp]\} \\ rv_2(p) = \text{Max}\{Q^2(t)sp_{\text{受让方}} - p(t)Q(t) + \varepsilon + v_2'(p) \\ \qquad\qquad [(1-\eta)p(t) + \ell\Delta sp]\} \\ v_1(p) = a_{11}p^2(t) + a_{12}p(t) + a_{13} \\ v_2(p) = a_{21}p^2(t) + a_{22}p(t) + a_{23} \\ \begin{cases} p(t) \geqslant 0 \\ r \geqslant 0 \\ sp_{\text{转让方}} \geqslant 0 \\ sp_{\text{受让方}} \geqslant 0 \end{cases} \end{cases} \quad (4.11)$$

对上式右边关于 $Q(t)$ 最大化进行求解得到：

$$\begin{cases} Q_1(t) = \dfrac{\eta\beta v_1'(p) - p(t)}{2sp_{\text{转让方}}} \\ Q_2(t) = \dfrac{\eta\beta v_2'(p) + p(t)}{2sp_{\text{受让方}}} \end{cases} \quad (4.12)$$

上式中受让方最大水量为 $Q_1(t)$，转让方最大水量为 $Q_2(t)$。此时，假设买卖双方的价值函数符合二次形式，则：

$$\begin{cases} v_1(p) = a_{11}p^2(t) + a_{12}p(t) + a_{13} \\ v_2(p) = a_{21}p^2(t) + a_{22}p(t) + a_{23} \end{cases} \quad (4.13)$$

119

上式中 a_{11}、a_{12}、a_{13}、a_{21}、a_{22}、a_{23} 均为价值函数系数，$v_1(p)$ 为买方价值函数，$v_2(p)$ 为卖方价值函数，将式(4.13)代入公式(4.12)，由待定系数法求得：

$$\begin{cases} a_{11} = \dfrac{sp_{\text{转让方}} \pm \sqrt{sp_{\text{转让方}}^2 + 48\ell^2\beta^2}}{24\ell^2\beta^2} \\ a_{12} = \dfrac{4\ell\alpha a_{11} sp_{\text{转让方}}}{6\ell^2\beta^2 a_{11} - \ell\beta + 2sp_{\text{转让方}}(r - \eta - 1)} \\ \phi = 8sp_{\text{受让方}}(1 - \ell) - 8\ell\beta - 4sp_{\text{受让方}} r \\ a_{21} = \dfrac{-\phi \pm \sqrt{\phi^2 - 16\ell^2\beta^2}}{-8\ell^2\beta^2} \\ a_{22} = \dfrac{8\ell\alpha a_{21} sp_{\text{受让方}}}{8\ell^2\alpha^2 a_{21} + 2\ell\beta + 4sp_{\text{受让方}}(r + \ell - 1)} \end{cases} \quad (4.14)$$

将 a_{11}、a_{12}、a_{21}、a_{22} 代入公式(4.12)可得：

$$\begin{cases} Q_1^*(t) = \dfrac{2\ell\beta a_{11} - 1}{2sp_{\text{转让方}}} p(t) + \dfrac{\ell\beta a_{12}}{2sp_{\text{转让方}}} \\ Q_2^*(t) = \dfrac{2\ell\beta a_{21} + 1}{2sp_{\text{受让方}}} p(t) + \dfrac{\ell\beta a_{22}}{2sp_{\text{受让方}}} \end{cases} \quad (4.15)$$

当买卖双方对水资源价值认知达成一致时即交易达成，此时有 $a_{11} = a_{22}$，$a_{12} = a_{23}$，$Q_1^*(t) = Q_2^*(t)$，则最终交易均衡解为：

$$p^*(t) = \dfrac{a_{12}\ell\beta(sp_{\text{转让方}} - sp_{\text{受让方}})}{2sp_{\text{受让方}} - (sp_{\text{受让方}} - sp_{\text{转让方}})(2a_{11}\ell\beta + 1)} \quad (4.16)$$

本章构建了市场导向下基于影子价格法的两阶段水权交易基础价格测算模型。第一阶段，基于用水投入产出、用水净效益构建单边影子价格测算模型；第二阶段，以国民经济整体效益最大化为目标，并基于单边影子价格，构建双边耦合博弈均衡测算模型。选用 HJB 方程确定出双方水权交易的均衡水价，兼顾交易双方的区域独特性，时间、空间的动态性，以及博弈的均衡。

第五章　水权交易基础价格综合测算模型研究

本章从转让方、受让方和上级政府在水权交易基础定价中的合作关系与利益诉求出发，通过引入多目标决策方法刻画水权交易各方的合作路径。根据多目标决策方法，在遵循水权交易基础定价原则的基础上，结合具体的水权交易形式，构建水权交易基础定价多目标决策模型，以获得优化的水权交易基础定价方案，为保障水权交易的公平性、效率性和可持续性提供依据。

综合利用水权交易完全成本基础定价模型和影子价格定价模型建立水权交易基础价格综合模型，既考虑了水权交易中的显性成本（如资源成本、工程成本、环境成本以及签约成本等）、隐性成本（如水权交易过程中衍生的发展机会损失、缺水风险损失以及生态效益损失等）等多种成本因素，又考虑了水资源的稀缺性价值、水权交易双方的利益诉求和市场供求情况，能够更全面地考虑水权交易价格的影响因素，既涵盖了实际发生的成本，又兼顾了水资源在宏观经济和资源配置中的价值，从而提高价格确定的准确性。

水资源具有公共产品特征，水权交易基础定价不仅要有利于提高水资源配置的效率和效益，也需要考虑社会公众的承受能力和福利水平。鉴于此，本章在深入剖析水权交易基础定价的决策主体（转让方、受让方和上级政府）及其利益诉求的基础上，考虑政策环境、上级政府、市场环境等多方面因素的影响,力求在定价机制中实现社会福利的最大化、转让方交易收益的优化以及受让方交易成本的最小化。各决策主体间的相互作用关系如图5.1所示。

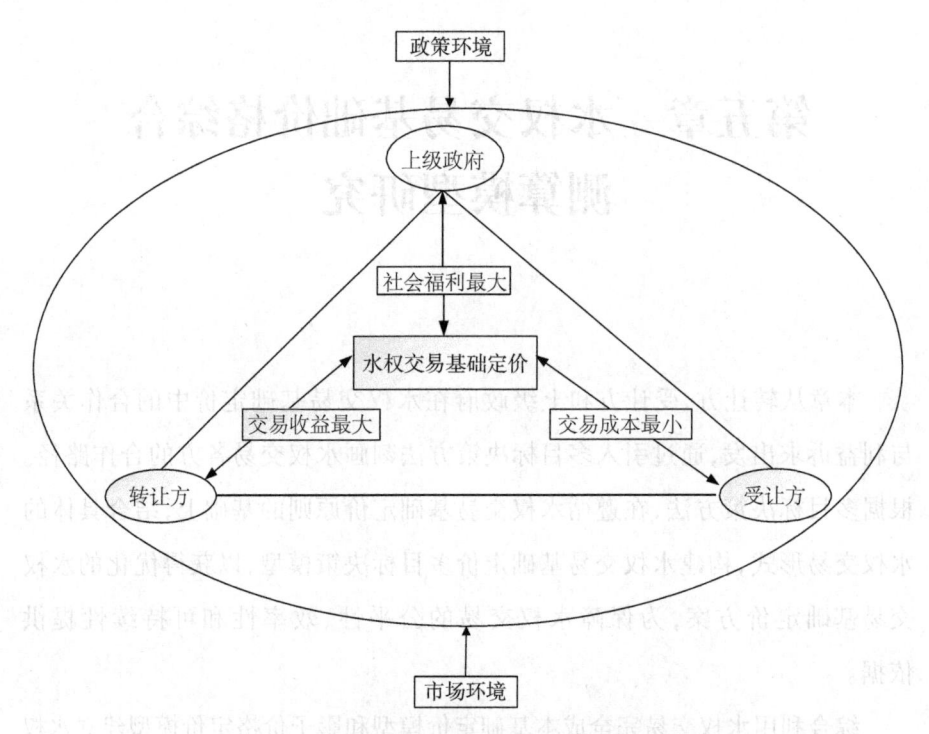

图 5.1 水权交易基础定价决策主体的作用关系

第一节 水权交易基础价格综合测算模型构建方法的适用性分析

在水权交易中,转让方和受让方作为市场主体,上级政府作为监管主体,受信息不对称和不确定性因素的影响,各决策主体都希望实现自身收益的最大化;同时,作为独立的个体,各决策主体都能独立自主地作出满足自身收益要求的决策,并影响水权交易基础定价,这符合多目标决策模型拥有多个不同层次的决策主体并追求不同目标的特征。在形成水权交易基础定价的过程中,决策主体间是相互独立又相互影响的关系:上级政府起着控制、协调交易双方收益的作用,同时其定价决策受到市场主体行为的调节;转让方和受让方根据上级政府给定的水权交易基础定价,采取保证自身水权交易收益最大化的行为,而这些行为又会影响政府对水权交易基础定价的调整。因此,水权交易基础定价是一个多目标、多准则和多约束问题,需要多方面的理论和技术支撑,主要包括多目标决策方法和遗传算法。

一、多目标决策方法的适用性分析

多目标决策是将优化目标作为约束条件下的极值问题。模型内决策主体均有对应的目标函数、决策变量和约束条件,各子目标间既相互独立,又因为约束条件而相互影响。决策变量的细微变动会同时影响各个决策主体的收益,进而影响决策的整体效果。通过这类机制的决策,各子目标的决策者在优化自己决策的同时需顾及其他决策者的收益,并决定所产生的影响。因此,多目标决策可以同时兼顾各个决策主体之间的利益,有利于获得一个各个决策主体都满意的结果,从而更好地解决在实际问题中所面临的多目标和多准则问题。在实际决策问题中存在大量的不确定信息,许多参数都具有不确定性,如果把它们概化成确定性参数,就会大大降低决策结果的科学性。区间参数可以通过上下界进行描述,故本章将区间参数引入多目标决策模型中。

多目标决策具有很好的应用前景,本章将多目标决策模型应用于水权交易基础定价中,构建水权交易基础定价多目标决策模型,模型中区间参数的上下限值分别对应不确定性变量的上下限值。通过多目标决策模型的思想,能够很好地刻画水权交易基础定价的确定路径,转让方的目标函数对应于转让方的利益诉求、受让方的目标函数对应于受让方的利益诉求、上级政府的目标函数对应于上级政府的利益诉求,通过模型相关约束条件使决策主体间进行方案交互,从而获得有效的水权交易基础定价方案。

二、遗传算法的适用性分析

遗传算法最早在20世纪70年代由霍兰德(Holland)教授提出,该方法模拟生物学中自然进化的过程,体现了"适者生存"这一特性,是一种可用于处理复杂目标函数和约束条件的搜索优化算法。对于具有非线性、多目标、约束条件复杂等特性的决策模型,利用传统优化算法求解最优化问题时获得全局最优解难度较大。遗传算法在求解最优化问题时,通常使用二进制编码对各个变量进行标记(类似于基因片段),构成了遗传算法的个体,并组成种群,再利用生物学适者生存的思想,对变量执行操作,最终经过一定次数遗传操作后产生最优种群,即全局最优解。本章以遗传算法技术为基础,利用对其改进的智能优化技术,实现水权交易基础定价模型的求解。

相比传统的优化算法而言,遗传算法在解决优化问题方面不仅具备良好的收敛性,且计算结果的精确度较高,能够较快地获得决策问题的帕累托最优解。因此,本章在求解水权交易基础定价多目标决策模型时,借助遗传算法对模型进行求解,根据被拆分的目标上下限子模型的求解结果,得到最终的水权交易基础定价方案,具有较强的实用性和良好的操作性。

第二节　水权交易基础价格综合测算模型构建

本章构建水权交易基础价格综合测算模型的目的是基于前文计算的水权交易显性成本和隐性成本,获得兼顾转让方、受让方和上级政府利益诉求的水权交易基础定价方案,为我国推进水权进场交易提供参考。水权交易基础价格综合测算模型构建包括三个步骤:第一步,提出模型构建的基本假设;第二步,根据转让方、受让方和上级政府的利益诉求,构建水权交易基础定价多目标决策模型;第三步,利用遗传算法对模型进行求解。

一、基本假设

结合我国水权交易实践,为提高水权交易基础价格综合测算模型的科学性和合理性,本书提出如下假设:

假设1:为提高水资源的利用效率和效益,上级政府根据不同的水权交易形式对转让方进行补贴。政府补贴是利用经济手段调节水权交易行为的有效方式,不仅有利于水资源的节约和保护,也有利于保护弱势产业的发展。本书假设上级政府根据不同的水权交易形式对转让方进行补贴,以提高水资源的利用效率和效益。

假设2:考虑我国水权交易期限最长为25年,如果转让方在交易期限内无法正常更换取水许可证造成水权变更,可能影响水权交易的持续性。为提高水权交易基础定价的准确性和适用性,本章假设水权归属清晰,在交易期限内不会因为水权变更登记终止交易行为。

假设3:在交易期限内,如果水质低于水权交易的要求,那么受让方的利益就会受到损害;如果交易水量回流影响了转让方的用水安全,那么转让方的交易成本就会增加。为降低交易水量和水质对交易双方用水安全的影响,本章假设水质符合水权交易要求,且不存在交易水量的回流问题(或暂时不考虑)。

二、水权交易基础价格综合测算模型构建

水权交易基础价格综合测算涉及交易区域的社会、经济、生态、人口和资源禀赋等多方面的因素,是一个具有多目标和多约束的复杂系统。在水权交易中,由于决策主体的有限理性和信息不对称的影响,转让方希望提高水权交易基础定价以实现交易收益的最大化,受让方希望降低水权交易基础定价以实现交易成本的最小化,上级政府希望制定合理的水权交易基础定价以实现社会福利的最大化,故本章以水权交易基础定价 $P_i^{\pm}(i=1,2,3)$ 作为模型的

决策变量(其中,$i=1$代表灌溉用水户水权交易基础定价,$i=2$代表取水权交易基础定价,$i=3$代表区域水权交易基础定价)。为兼顾水权交易的公平性和效率性,本章在遵循水权交易基础定价基本假设的前提下,基于水权交易基础定价决策主体的利益诉求,分别以转让方的交易收益最大化、受让方的交易成本最小化和上级政府的社会福利最大化作为目标,构建水权交易基础价格综合测算多目标决策模型的目标函数;基于水权交易基础价格综合测算的基本原则,构建模型的约束条件。

(一) 水权交易基础价格综合测算模型的目标函数

在水权交易基础价格综合测算的形成过程中,为满足不同决策主体的水权交易利益诉求,本书分别从转让方、受让方和上级政府的角度构建水权交易基础价格综合测算多目标决策模型的目标函数。

1. 转让方目标函数

在水权交易成本明晰的前提下,转让方希望提高水权交易基础定价以增加交易收益,故本书以交易收益最大化作为转让方的目标。根据前文的分析可知,转让方的交易收益主要受水权交易基础定价、水权交易的显性成本、水权交易的隐性成本和政府补贴标准等因素的调节。其中,水权交易基础定价是水权在市场中流转时的基础价格,也是交易双方开展协商议价或进行拍卖的参考价格;水权交易的显性成本是转让方在水权交易过程中直接产生的成本,属于水权交易的"可见"成本;隐性成本是转让方在交易水量原有利用方式下可能带来的收益或可能避免的损失,属于水权交易的"隐藏"成本;政府补贴标准是上级政府对单位交易水量的经济补偿(田贵良等,2017[①];吴凤平

---

① 田贵良、顾少卫、韦丁等:《农业水价综合改革对水权交易价格形成的影响研究》,《价格理论与实践》2017年第2期。

第五章 水权交易基础价格综合测算模型研究

等,2017①),属于转让方在水权交易中所获得的额外收入。政府补贴不仅有利于水资源的节约保护和高效利用,也有利于提高水权交易的公平性。当水权交易基础定价较低时,上级政府可以提高补贴标准以保障转让方的收益;反之,政府可以降低补贴标准让市场机制发挥调控作用。同时,考虑交易双方用水效率和效益的差异,不同交易形式下政府补贴也存在差异,故本章设置政府补贴系数以体现上级政府对转让方水权交易收益的调控需求。

基于水权交易基础定价、水权交易的显性成本、水权交易的隐性成本,以及政府补贴标准与转让方交易收益的关系,本章构建转让方在水权交易基础价格综合测算中的目标函数,如式(5.1)所示。

$$\mathrm{Max} f_{\text{转让方}}(TP_l^{\pm}) = \sum_{l=1}^{3} TP_l^{\pm} \times TQ_l - \sum_{l=1}^{3} (VC_l^{\pm} + INC_l^{\pm}) \times TQ_l +$$
$$\sum_{l=1}^{3} GSS_l \times (1 + GSC_l^{\pm}) \times TQ_l \tag{5.1}$$

其中,$l=1、2、3$ 分别代表灌溉用水户水权交易、取水权交易、区域水权交易;$f_{\text{转让方}}(TP_l^{\pm})$ 是转让方的交易收益;$\mathrm{Max} f_{\text{转让方}}(TP_l^{\pm})$ 是转让方的交易收益最大化;$TP_l^{\pm}$ 是第 l 种水权交易基础定价(Transaction-Based Pricing,TP);TQ_l 是第 l 种水权交易形式的交易水量(Trade Quantity,TQ);$VC_l^{\pm}$ 是第 l 种水权交易形式单位水量的显性成本(Visible Costs,VC);$INC_l^{\pm}$ 是第 l 种水权交易形式单位水量的隐性成本(Invisible Costs,INC);$GSC_l^{\pm}$ 是第 l 种水权交易形式的政府补贴系数(Government Subsidy Coefficient,GSC);GSS_l 是第 l 种水权交易形式单位交易水量的政府补贴标准(Government Subsidy Standards,GSS)。

2. 受让方目标函数

在交易水量已经确定的情况下,受让方希望通过降低水权交易的基础定价来减少其交易成本。因此,本章将实现受让方交易成本的最小化作为目标。

---

① 吴凤平、王丰凯、金姗姗:《关于我国水权交易定价研究——基于双层规划模型的分析》,《价格理论与实践》2017 年第 2 期。

根据之前章节的分析可知,影响受让方交易成本的主要因素有两个:一是水权交易的基础定价;二是适用于此类交易的具体税种及其税率。首先,水权交易的基础定价是指受让方为获取特定量的水资源使用权所需支付的基本金额。这一价格不仅直接决定了受让方在此次交易中的实际支出水平,而且对于整个项目的经济效益有着至关重要的作用。通过优化这一定价机制,可以有效地控制甚至降低受让方的成本负担。其次,涉及水权转让过程中需要缴纳的各种税费,这些税费是根据政府规定针对不同类型的水权转让活动所设定的比例或固定数额。具体来说,这包括但不限于增值税、企业所得税等多种形式,它们共同构成了最终由受让方承担的总费用的一部分。合理规划并利用好相关政策支持措施,有助于进一步减轻企业的财务压力。

综上所述,为了达到降低整体交易成本的目的,本章基于水权交易基础定价、水权交易适用的税种税率与受让方交易成本的关系,构建受让方在水权交易基础价格综合测算中的目标函数,如式(5.2)所示。

$$\text{Max} f_{受让方}(TP_l^{\pm}) = \sum_{l=1}^{3} TP_l^{\pm} \times TQ_l + TTR_l^{\pm} \times \sum_{l=1}^{3} TP_l^{\pm} \times TQ_l \quad (5.2)$$

其中,$f_{受让方}(TP_l^{\pm})$ 是受让方的交易成本;$\text{Max} f_{受让方}(TP_l^{\pm})$ 是受让方的交易成本最小化;$TP_l^{\pm}$ 是第 l 种水权交易基础定价;TQ_l 是第 l 种水权交易形式的交易水量;$TTR_l^{\pm}$ 是第 l 种水权交易形式适用的税种和税率。

3. 上级政府目标函数

在转让方的水权交易成本和受让方的愿意支付成本已经确定的情况下,上级政府希望通过协调双方的交易来最大化水权交易的社会福利。为了实现这一目标,政府计划通过降低水权交易的基础定价来提高整体福利水平。本章将探讨如何以社会福利最大化为目标进行水权交易的设计。根据前文分析,水权交易中的生产者剩余是指转让方从交易中获得的收益,这部分收益主要受到以下几个因素的影响:首先是水权交易的基础定价,这是决定转让方能够获得多少收益的关键因素之一;其次是转让方自身的交易成本,包括了为达成交易而付出的各种费用;最后是政府提供的补贴标准,这直接关系到最终实际到手的利益大小。消费者剩余代表了受让方在购买水权时所获得的好处。它主要由两部分组成:一是受让方愿意支付的单位水量使用价格,反映了他们对该资源的需求强度及价值评估;二是当前市场上的水权交易基础定价,这个价格越低,意味着受让方可以更优惠的价格获取所需水资源,从而增加其获得的消费者剩余。此外,还需要考虑水权交易可能带来的负外部性问题,即此类活动对第三方或整个社会造成的不利影响。这些负面影响通常包括但不限于生态环境破坏、水资源过度开发等后果,它们会导致额外的社会成本产生。

综上所述,本章基于水权交易基础定价、水权交易的生产者剩余、水权交易的消费者剩余和水权交易的负外部性与水权交易社会福利的关系,构建上级政府在水权交易基础价格综合测算中的目标函数,如式(5.3)所示。

$$f_{社会福利}(TP_l^\pm) = V_p + V_c + V_n$$

$$V_p = f_{转让方}(TP_l^\pm) = \sum_{l=1}^{3} TP_l^\pm \times TQ_l - \sum_{l=1}^{3}(VC_l^\pm + INC_l^\pm) \times TQ_l + \sum_{l=1}^{3} GSS_l \times (1 + GSC_l^\pm) \times TQ_i$$

$$V_c = \sum_{l=1}^{3} P_{vl}^\pm \times TQ_l - f_{受让方}(TP_l^\pm)$$

$$= \sum_{l=1}^{3} TP_l^\pm \times TQ_l - \left(\sum_{l=1}^{3} TP_l^\pm \times TQ_l + TTR_l^\pm \times \sum_{l=1}^{3} TP_l^\pm \times TQ_l\right)$$

$$V_n = -\sum_{l=1}^{3} GSS_l \times (1 + GSC_l^\pm) \times TQ_i$$

$$\text{Max} f_{社会福利}(TP_l^\pm) = \sum_{l=1}^{3} TP_l^\pm \times TQ_l - \sum_{l=1}^{3}(VC_l^\pm + INC_l^\pm) \times TQ_l + \sum_{l=1}^{3} GSS_l \times (1 + GSC_l^\pm) \times TQ_i + \sum_{l=1}^{3} TP_l^\pm \times TQ_l - \left(\sum_{l=1}^{3} TP_l^\pm \times TQ_l + TTR_l^\pm \times \sum_{l=1}^{3} TP_l^\pm \times TQ_l\right) - \sum_{l=1}^{3} GSS_l \times (1 + GSC_l^\pm) \times TQ_i$$

$$= \sum_{l=1}^{3} P_{vl}^{\pm} \times TQ_l - \sum_{l=1}^{3}(VC_l^{\pm} + INC_l^{\pm}) \times$$

$$TQ_l - TTR_l^{\pm} \times \sum_{i=1}^{3} TP_l^{\pm} \times TQ_l \tag{5.3}$$

其中,$f_{社会福利}(TP_l^{\pm})$是上级政府获得的水权交易社会福利;$\text{Max}f_{社会福利}(P_l^{\pm})$是上级政府获得的水权交易社会福利最大化;$V_p$是水权交易的生产者剩余;$V_c$是水权交易的消费者剩余;$V_n$是水权交易的负外部性;$P_{vl}^{\pm}$是受让方愿意支付的第$i$种水权交易形式的用水价格;其他变量与前文表述一致。

综上所述,水权交易基础定价模型的目标函数如式(5.4)所示。

$$F_{opt}(TP_l^{\pm}) = \{f_{转让方}(TP_l^{\pm}),\ f_{受让方}(TP_l^{\pm}),\ f_{社会福利}(TP_l^{\pm})\}$$

$$f(TP_l^{\pm}) = \begin{cases} \text{Max}f_{转让方}(TP_l^{\pm}) = \sum_{l=1}^{3} TP_l^{\pm} \times TQ_l - \sum_{l=1}^{3}(VC_l^{\pm} + INC_l^{\pm}) \times TQ_l \\ \qquad\qquad + \sum_{l=1}^{3} GSS_l \times (1 + GSC_l^{\pm}) \times TQ_i \\ \text{Min}f_{受让方}(TP_l^{\pm}) = \sum_{l=1}^{3} TP_l^{\pm} \times TQ_l + TTR_l^{\pm} \times \sum_{l=1}^{3} TP_l^{\pm} \times TQ_l \\ \text{Max}f_{社会福利}(TP_l^{\pm}) = \sum_{l=1}^{3} P_{vl}^{\pm} \times TQ_l - \sum_{l=1}^{3}(VC_l^{\pm} + INC_l^{\pm}) \times TQ_l \\ \qquad\qquad - TTR_l^{\pm} \times \sum_{i=1}^{3} TP_l^{\pm} \times TQ_l \end{cases}$$

$$\tag{5.4}$$

其中,$F_{opt}(TP_l^{\pm})$是综合考虑"转让方、受让方和上级政府"水权交易利益诉求的目标函数,表示水权交易基础定价是平衡转让方收益、受让方成本和上级政府收益的优化结果。

(二)约束条件

水权交易受交易区域政策环境和市场环境的综合制约,故水权交易基础

第五章 水权交易基础价格综合测算模型研究

价格综合测算多目标决策模型应满足价格管制约束、效率性约束、合理性收益约束、长期适用性约束和一般性约束。主要理由如下：一是价格管制约束是不可或缺的，它确保了水权交易的价格在合理范围内波动，防止了价格的过度波动和市场无序竞争。二是效率性约束强调了水权交易应该促进水资源的有效配置和利用，避免资源的浪费和低效使用。三是合理性收益约束关注水权交易各方的利益平衡，确保每一方都能从中获得合理的收益，从而维护市场的稳定和公平。四是长期适用性约束要求我们的定价机制能够适应未来的市场变化和政策调整，保持其长期的有效性和适应性。五是一般性约束是一个基本的经济原则，它确保了水权交易的价格不会低于零，从而避免了市场的扭曲和不公平现象。

1. 价格管制约束

在确定水权交易基础价格综合测算的过程中需要充分考虑交易双方的价格承受能力和交易意愿。如果水权交易基础定价过高，超过受让方的价格承受能力，容易降低受让方的交易意愿，使水市场出现有价无市的现象。如果水权交易基础定价过低，不符合转让方的心理预期价格，可能抑制转让方的交易意愿，降低水市场活力。因此，政府需要管制水权交易基础定价，使其在不超过交易双方价格承受能力的前提下，满足交易双方的获利要求，如式(5.5)所示。

$$TP_l^{lower} \leqslant TP_l^{\pm} \leqslant TP_l^{upper} \tag{5.5}$$

其中，TP_l^{lower} 是政府管制的最低水权交易基础定价，TP_l^{upper} 是政府管制的最高水权交易基础定价。

2. 效率性约束

如果水权交易基础定价高于转让方所属行业的用水价格，那么水权交易就会刺激转让方采用节水行为或提高用水效率，以获得额外的收益。如果水权交易基础定价低于受让方所属行业的用水价格，那么水市场就会促使受让方通过水权交易降低用水成本。因此，从提高水权交易效率的角度出发，水权交易基础定价应满足效率性约束,如式(5.6)所示。

$$TP_{zrl} \leqslant TP_l^{\pm} \leqslant TP_{srl} \tag{5.6}$$

其中,TP_{zrl}是转让方所属行业的用水价格,TP_{srl}是受让方所属行业的用水价格。

3. 合理性收益约束

在市场机制下,交易双方都希望提高自身的水权交易收益,并降低交易成本。然而,转让方的收益提高是以受让方的成本增加为前提,他们之间的收益变动属于零和博弈,故水权交易基础定价应满足合理性收益约束,使交易双方的收益保持在合理的区间内。因此,为保障水权交易的公平性,水权交易基础定价和政府管制价格的比值应保持在合理的区间内,如式(5.7)所示。

$$\frac{TP_l^{\pm} - TP_l^{lower}}{TP_l^{lower}} \geqslant \theta_l^{\pm}, \frac{TP_l^{upper} - TP_l^{\pm}}{TP_l^{upper}} \geqslant \theta_l^{\pm} \tag{5.7}$$

其中,$\theta_l^{\pm}$是区间[0,1]的比例参数,其值越接近于1,交易双方的收益越大。$\theta_l^{\pm}$的取值视具体的交易形式和交易区域而定。

4. 长期适用性约束

水权交易与区域经济发展之间是一种良性的促进作用:一方面,水权交易会提高水资源利用效率,促进区域经济的高质量发展;另一方面,区域经济发展会带动水权交易规模和范围的扩大,提高水市场的活力。考虑交易水量增加所带来的经济增长会出现规模递减效应,以及水资源的准公共产品特征,在交易期限较长的情况下水权交易基础定价应满足长期适用性约束,以保障水权交易的可持续性。为促使水权交易协议的达成,水权交易基础定价与受让方愿意支付用水价格的比值应保持在合理的区间内,如式(5.8)所示。

$$\frac{P_{vl}^{\pm} - TP_l^{\pm}}{P_{vl}^{\pm}} \leqslant \eta_l^{\pm} \tag{5.8}$$

其中，$\eta_l^{\pm}$是区间[0,1]的比例参数，其值越接近于1，交易双方越容易达成水权交易协议。$\eta_l^{\pm}$的取值视具体的交易形式和交易区域而定。

根据资源优化配置理论，受让方愿意支付的用水价格不应超出受让方所属区域水资源最优配置下相关行业的用水价格。结合我国水权交易实践，本章认为受让方愿意支付的用水价格的上限是受让方所属区域工业用水影子价格，其下限是受让方所属区域农业用水影子价格，如式(5.9)所示。

$$A_2 \leqslant P_{vi}^{\pm} \leqslant B_2 \tag{5.9}$$

其中，A_2是受让方所属区域农业用水影子价格，B_2是受让方所属区域工业用水影子价格。

5. 一般性约束

一般性约束是指水权交易基础定价模型的相关变量和参数应满足非负约束，如式(5.10)所示。

$$0 < TQ_l, TP_l^{\pm}, VC_l^{\pm}, INC_l^{\pm}, TP_l^{lower}, TP_l^{upper}, TTR_l^{\pm}, P_{vl}^{\pm}, A_2, B_2, GSC_l^{\pm}, \theta_l^{\pm}, \eta_l^{\pm} \tag{5.10}$$

综上所述，水权交易基础定价多目标决策模型的约束条件，如式(5.11)所示。

$$s.t. \begin{cases} TP_l^{lower} \leqslant TP_l^{\pm} \leqslant TP_l^{upper} \\ TP_{zrl} \leqslant TP_l^{\pm} \leqslant TP_{srl} \\ \dfrac{TP_i^{\pm} - TP_l^{lower}}{TP_l^{lower}} \geqslant \theta_l^{\pm}, \dfrac{TP_l^{upper} - TP_i^{\pm}}{TP_l^{upper}} \geqslant \theta_l^{\pm} \\ \dfrac{P_{vl}^{\pm} - TP_l^{\pm}}{P_{vl}^{\pm}} \leqslant \eta_l^{\pm} \\ A_2 \leqslant P_{vi}^{\pm} \leqslant B_2 \\ 0 < TQ_l, TP_l^{\pm}, VC_l^{\pm}, INC_l^{\pm}, TP_l^{lower}, TP_l^{upper}, TTR_l^{\pm}, P_{vl}^{\pm}, A_2, B_2, GSC_l^{\pm}, \theta_l^{\pm}, \eta_l^{\pm} \end{cases} \tag{5.11}$$

三、模型中相关参数的率定

(一) 目标函数中相关参数的率定

1. 政府补贴标准 GSS_l 的率定

政府补贴标准应反映转让方所属区域的社会经济发展水平和水资源禀赋条件,故本章从用水效率、水费承受能力和水资源禀赋三个方面确定水权交易隐性成本的调整标准。借鉴学者们关于价格调整标准的研究,本章选取万元GDP 用水量、农田灌溉水有效利用系数和万元工业增加值用水量代表用水效率,转让方所属区域的用水效率越高,水权交易政府补贴越小;选取人均可支配收入、水价承受指数和居民消费价格指数代表水费承受能力,转让方所属区域的水费承受能力越大,水权交易政府补贴越大;选取人均用水量、人均水资源量和生态用水量代表水资源禀赋,转让的水资源禀赋越好,水权交易政府补贴越小。因为水权交易政府补贴标准指标具有不确定性和复杂性的特点,所以本书基于模糊综合评价法计算水权交易政府补贴标准,即:

$$GSS_l = GSS_l' \times VGSS_l$$

$$GSS_l' = (GSS_l^{upper}, 0.75GSS_l^{upper}, 0.5GSS_l^{upper}, 0.25GSS_l^{upper}, 0)^T$$

$$VGSS_l = AGSS_l \circ RGSS_l$$

$$AGSS_l = (AGSS_{we}, AGSS_{wa}, AGSS_{wt})^T$$

$$RGSS_l = (RGSS_{we}, RGSS_{wa}, RGSS_{wt}) = (rgss_{we}, rgss_{wa}, rgss_{wt}) \times z$$

$$rgss_{we} = rgss_{we}^1 \times z_{we} = (r_{\text{万元GDP用水量}}, r_{\text{灌溉有效利用系数}}, r_{\text{万元工业增加值用水量}})^T \times z_{we}$$

$$rgss_{wa} = rgss_{wa}^1 \times z_{wa} = (r_{\text{人均可支配收入}}, r_{\text{水价承受指数}}, r_{\text{居民消费价格指数}})^T \times z_{wa}$$

$$rgss_{wt} = rgss_{wt}^1 \times z_{wt} = (r_{\text{人均用水量}}, r_{\text{人均水资源量}}, r_{\text{生态用水量}})^T \times z_{wt} \quad (5.12)$$

其中,GSS_l' 是水权交易政府补贴标准的价格向量;GSS_l^{upper} 是水权交易政府补贴标准的最大值;$VGSS_l$ 是水权交易政府补贴标准影响因素的综合评价值;$AGSS_l$ 和 $RGSS_l$ 分别是影响因素的权重矩阵和评价矩阵;。是模糊算子;

$AGSS_{we}$、$AGSS_{wa}$ 和 $AGSS_{wt}$ 分别是用水效率、水费承受能力和水资源禀赋的权重矩阵；$RGSS_{we}$、$RGSS_{wa}$ 和 $RGSS_{wt}$ 分别是用水效率、水费承受能力和水资源禀赋的评价矩阵；z 是因素的规范化矩阵；z_{we}、z_{wa} 和 z_{wt} 分别是用水效率、水费承受能力和水资源禀赋决策矩阵的规范化矩阵。

2. 政府补贴系数 $GSC_l^{\pm}$ 的率定

政府补贴系数反映上级政府对水权交易的政策支持水平，其取值范围应结合专家意见，视水权交易形式和交易区域等具体情况而定。

3. 水权交易适用税种和税率 TQ_l 的率定

我国尚未明确水权交易适用的税种和税率，故本章以中国水权交易所规定的水权交易服务费率代替。

（二）约束条件中相关参数的率定

1. 政府管制的最低水权交易基础定价 TP_l^{lower} 的率定

政府管制最低水权交易基础定价的目的是保障转让方的成本回收，故最低水权交易基础定价应满足转让方的成本回收要求，即：$TP_l^{lower} = VC_l^{\pm} + INC_l^{\pm}$。

2. 政府管制的最高水权交易基础定价 TP_l^{upper} 的率定

政府管制最高水权交易基础定价的目的是维持水资源准公共产品的功能，保护受让方的权益，故最高水权交易基础定价应与受让方的水费承受能力相符，即：$TP_l^{upper} = \dfrac{(A_{受}^{\pm} \times \overline{E}_{受})}{\overline{W}_{受}}$。其中，$\overline{E}_{受}$ 是受让方所属区域多年人均可支配收入的均值，$A_{受}^{\pm}$ 是受让方所属区域居民水费承受指数，$\overline{W}_{受}$ 是受让方所属区域多年人均用水量的均值。

受让方所属区域居民水费承受指数的计算公式：$A_{受}^{\pm} = C_{受sf}^{\pm}/C_{受zc}^{\pm}$。其中，$C_{受sf}^{\pm}$ 是受让方所属区域居民水费支出，$C_{受zc}^{\pm}$ 是受让方所属区域人均生活支出。

3. 受让方所属区域相关行业用水影子价格 A_2、B_2 的率定

根据优化理论,资源配置线性规划问题的对偶解就是影子价格,故本章采用线性规划模型求解水资源的影子价格。借鉴亚龙和迪纳尔(Yaron 和 Dinar,1982)[1]、甘泓等(2012)[2]、李海红和王光谦(2005)[3]、沈和林(Shen 和 Lin,2017)[4]等学者们关于水资源影子价格的研究,本章分三步确定交易当年受让方所属区域相关行业用水的影子价格。首先,本章将受让方所属区域用水部门归纳为农业、工业、生活和生态共4个行业,并编制水资源投入占用产出表。其次,本章基于投入占用产出表的平衡关系,以区域增加值最大为目标构建线性规划模型,如式(5.13)所示。

$$\text{Max} Z = \sum_{j=1}^{4} a_{vj} \times X_j$$

$$s.t. = \begin{cases} AX + Y = X \\ \sum_{j=1}^{4} a_{wj} X_j \leqslant W \\ a_{wj} = \dfrac{w_j}{X_j} \\ X_l \leqslant X \leqslant X_h \\ Y_l \leqslant Y \end{cases} \quad (5.13)$$

其中,Z 是各用水行业的增加值总量;a_{vj} 是行业 j 的增加值系数;X_j 是行业 j 的总产出;A 是各行业的直接消耗系数矩阵;X 是各行业总产出的列向

---

[1] Yaron D., Dinar A., "Optimal Allocation of Farm Irrigation Water During Peak Seasons", *American Journal of Agricultural Economics*, Vol. 64, No. 4, 1982, pp. 681-689.

[2] 甘泓、秦长海、汪林等:《水资源定价方法与实践研究Ⅰ:水资源价值内涵浅析》,《水利学报》2012年第3期。

[3] 李海红、王光谦:《水权交易中的水价估算》,《清华大学学报(自然科学版)》2005年第6期。

[4] Shen X.B., Lin B.Q., "The Shadow Prices and Demand Elasticities of Agricultural Water in China: A StoNED-based Analysis", *Resources Conservation & Recycling*, Vol. 127, 2017, pp. 21-28.

量；Y 是各行业最终产品的列向量；a_{wj} 是行业 j 的直接用水系数；W 是区域可用水资源总量；w_j 是行业 j 的用水总量；X_l 和 X_h 是总产出列向量的下限和上限。

将水资源投入占用产出表的相关数据代入公式(5.13)，即可获得受让方所属区域各行业用水影子价格。考虑线性规划模型求解的复杂性，本章采用数学软件 Lingo 求解。

此外,考虑国家制定水资源投入占用产出表的间隔较长,难以及时反映交易当年受让方所属区域相关行业用水影子价格的变化,本章拟构建影子价格预测模型予以解决。借鉴学者们关于行业用水影子价格预测模型的研究,本章根据受让方所属区域用水量占区域水资源总量的比例、行业用水量和行业用水影子价格之间的关系,利用高斯—牛顿法进行非线性模拟,构建交易当年受让方所属区域相关行业用水影子价格的预测模型。

四、模型求解

根据前文的分析,本书求解的水权交易基础价格综合测算多目标决策模型如式(5.14)所示。

$$F_{opt}(TP_l^{\pm}) = \{f_{转让方}(TP_l^{\pm}), f_{受让方}(TP_l^{\pm}), f_{社会福利}(TP_l^{\pm})\}$$

$$f(TP_l^{\pm}) = \begin{cases} \text{Max} f_{转让方}(TP_l^{\pm}) = \sum_{l=1}^{3} TP_l^{\pm} \times TQ_l - \sum_{l=1}^{3}(VC_l^{\pm} + INC_l^{\pm}) \times TQ_l \\ \qquad + \sum_{l=1}^{3} GSS_l \times (1 + GSC_l^{\pm}) \times TQ_i \\ \text{Min} f_{受让方}(TP_l^{\pm}) = \sum_{l=1}^{3} TP_l^{\pm} \times TQ_l + TTR_l^{\pm} \times \sum_{l=1}^{3} TP_l^{\pm} \times TQ_l \\ \text{Max} f_{社会福利}(TP_l^{\pm}) = \sum_{l=1}^{3} P_{vl}^{\pm} \times TQ_l - \sum_{l=1}^{3}(VC_l^{\pm} + INC_l^{\pm}) \times TQ_l \\ \qquad - TTR_l^{\pm} \times \sum_{i=1}^{3} TP_l^{\pm} \times TQ_l \end{cases}$$

$$s.t.\begin{cases} TP_l^{lower} \leqslant TP_l^{\pm} \leqslant TP_l^{upper} \\ TP_{zrl} \leqslant TP_l^{\pm} \leqslant TP_{srl} \\ \dfrac{TP_i^{\pm} - TP_l^{lower}}{TP_l^{lower}} \geqslant \theta_l^{\pm}, \dfrac{TP_l^{upper} - TP_i^{\pm}}{TP_l^{upper}} \geqslant \theta_l^{\pm} \\ \dfrac{P_{vl}^{\pm} - TP_l^{\pm}}{P_{vl}^{\pm}} \leqslant \eta_l^{\pm} \\ A_2 \leqslant P_{vi}^{\pm} \leqslant B_2 \\ 0 < TQ_l, TP_l^{\pm}, VC_l^{\pm}, INC_l^{\pm}, TP_l^{lower}, TP_l^{upper}, TTR_l^{\pm}, P_{vl}^{\pm}, A_2, B_2, GSC_l^{\pm}, \theta_l^{\pm}, \eta_l^{\pm} \end{cases}$$

(5.14)

决策变量 $TP_l^{\pm}$ 是以区间数的形式表示的不确定数,很难判断其取何值时,转让方、受让方和上级政府的水权交易收益能达到最大。为解决该问题,本章基于区间优化的思想,将多目标决策模型转化为确定性模型,将公式(5.14)转化为目标上限值子模型和目标下限值子模型,利用 matlab2014a 软件的遗传算法求解器予以求解。

(一) 目标上限值子模型及其求解

因为模型构建的目的是最大化水权交易的整体收益,故本书将目标函数 $F_{opt}(TP_l^+)$ 定义为目标上限值子模型,将其变形为式(5.15)。

$$F_{opt}(TP_l^+) = \{f_{转让方}(TP_l^+), f_{受让方}(TP_l^+), f_{社会福利}(TP_l^+)\}$$

第五章 水权交易基础价格综合测算模型研究

$$f(TP_l^+) = \begin{cases} \text{Max} f_{\text{转让方}}(TP_l^+) = \sum_{l=1}^{3} TP_l^+ \times TQ_l - \sum_{l=1}^{3} (VC_l^- + INC_l^-) \times TQ_l \\ \qquad\qquad\qquad + \sum_{l=1}^{3} GSS_l \times (1 + GSC_l^+) \times TQ_i \\ \text{Min} f_{\text{受让方}}(TP_l^+) = \sum_{l=1}^{3} TP_l^+ \times TQ_l + TTR_l^+ \times \sum_{l=1}^{3} TP_l^+ \times TQ_l \\ \text{Max} f_{\text{社会福利}}(TP_l^+) = \sum_{l=1}^{3} P_{vl}^+ \times TQ_l - \sum_{l=1}^{3} (VC_l^- + INC_l^-) \times TQ_l \\ \qquad\qquad\qquad - TTR_l^- \times \sum_{i=1}^{3} TP_l^+ \times TQ_l \end{cases}$$

$$s.t. \begin{cases} TP_l^{lower} \leqslant TP_l^+ \leqslant TP_l^{upper} \\ TP_{zrl} \leqslant TP_l^+ \leqslant TP_{srl} \\ \dfrac{TP_l^+ - TP_l^{lower}}{TP_l^{lower}} \geqslant \theta_l^+, \dfrac{TP_l^{upper} - TP_l^+}{TP_l^{upper}} \geqslant \theta_l^+ \\ \dfrac{P_{vl}^+ - TP_l^-}{P_{vl}^{\pm}} \leqslant \eta_l^+ \\ A_2 \leqslant P_{vi}^+ \leqslant B_2 \\ 0 < TQ_l, TP_l^+, VC_l^-, INC_l^-, TP_l^{lower}, TP_l^{upper}, TTR_l^+, P_{vl}^+, A_2, B_2, GSC_l^+, \theta_l^+, \eta_l^+ \end{cases}$$

(5.15)

在确定水权交易基础价格综合测算的过程中既要考虑转让方和受让方的市场主体地位,又要兼顾上级政府的监管作用,故本章采用线性加权法将目标上限值子模型转化为单目标决策模型进行求解:首先,通过对我国水权交易实践的调研,结合专家意见,将子目标函数的权重设置为 ω_1、ω_2、ω_3;其次,将目标上限值子模型转化为单目标决策问题;最后,将模型的相关参数输入 matlab2014a 软件的遗传算法求解器,求解水权交易基础价格综合测算的上限值子模型,获得 TP_l^+、P_{vl}^+,并据此计算 $F_{opt}(TP_l^+)$。

139

（二）目标下限值子模型及其求解

基于前文的分析,本书将目标函数 $F_{opt}(TP_l^-)$ 定义为目标下限值子模型,将其变形为式(5.16)。

$$F_{opt}(TP_l^-) = \{f_{转让方}(TP_l^-), f_{受让方}(TP_l^-), f_{社会福利}(TP_l^-)\}$$

$$f(TP_l^-) = \begin{cases} \text{Max}f_{转让方}(TP_l^-) = \sum_{l=1}^{3} TP_l^- \times TQ_l - \sum_{l=1}^{3}(VC_l^+ + INC_l^+) \times TQ_l \\ \qquad\qquad\qquad + \sum_{l=1}^{3} GSS_l \times (1+GSC_l^-) \times TQ_l \\ \text{Min}f_{受让方}(TP_l^-) = \sum_{l=1}^{3} TP_l^- \times TQ_l + TTR_l^- \times \sum_{l=1}^{3} TP_l^- \times TQ_l \\ \text{Max}f_{社会福利}(TP_l^-) = \sum_{l=1}^{3} P_{vl}^- \times TQ_l - \sum_{l=1}^{3}(VC_l^+ + INC_l^+) \times TQ_l \\ \qquad\qquad\qquad - TTR_l^+ \times \sum_{i=1}^{3} TP_l^- \times TQ_l \end{cases}$$

$$s.t. \begin{cases} TP_l^{lower} \leqslant TP_l^- \leqslant TP_l^{upper} \\ TP_{zrl} \leqslant TP_l^- \leqslant TP_{srl} \\ \dfrac{TP_l^- - TP_l^{lower}}{TP_l^{lower}} \geqslant \theta_l^-, \dfrac{TP_l^{upper} - TP_l^-}{TP_l^{upper}} \geqslant \theta_l^- \\ \dfrac{P_{vl}^- - TP_l^-}{P_{vl}^-} \leqslant \eta_l^- \\ A_2 \leqslant P_{vl}^- \leqslant B_2 \\ 0 < TQ_l, TP_l^-, VC_l^+, INC_l^+, TP_l^{lower}, TP_l^{upper}, TTR_l^+, P_{vl}^-, A_2, B_2, GSC_l^-, \theta_l^-, \eta_l^- \end{cases}$$

(5.16)

同理,本章采用线性加权法将目标下限值子模型转化为单目标决策模型进行求解:首先,通过对我国水权交易实践的调研,结合专家意见,将子目标函

数的权重设置为 ω_1、ω_2、ω_3;其次,将目标下限值子模型转化为单目标决策问题;最后,将模型的相关参数输入 matlab2014a 软件的遗传算法求解器,求解水权交易基础价格综合测算的下限值子模型,获得 TP_l^-、P_{vl}^-,并据此计算 $F_{opt}(TP_l^-)$。

结合两个子模型的解,获得水权交易基础价格综合测算多目标决策模型的解为:$TP_l^\pm = [TP_l^-, TP_l^+]$,$P_{vl}^\pm = [P_{vl}^-, P_{vl}^+]$,以及 $F_{opt}(TP_l^\pm) = [F_{opt}(TP_l^-), F_{opt}(TP_l^+)]$。

本章在系统分析水权交易基础价格综合测算多目标决策模型相关要素的基础上,构建了水权交易基础价格综合测算多目标决策模型。结合我国水权交易实践,提出模型构建的基本假设,并根据转让方、受让方和上级政府在水权交易中的利益诉求构建各自的目标函数及约束条件;最后,通过模型求解获得满足多目标、多准则的水权交易基础定价方案。

第三部分　　场内定价

　　价格机制是培育和活跃水权交易市场的核心要素之一。本部分基于不同的交易情境,研究水权交易差别化定价过程,在交易基准价格完全成本法测算的基础上,构建"一对一"情境下的水权交易"基准+协商"市场定价模型和"一对多"情境下的大宗水权交易"基准+拍卖"市场定价模型,为丰富中国水权交易价格形成理论和方法体系提供参考,为完善中国水权交易价格市场实现模式提供依据。

第六章 "一对一"情境下水权交易"基础+协商"市场定价研究

在水权交易市场中,当水权转让方和受让方处于"一对一"情境时,单个转让方和单个受让方通过交易平台进行水权交易,两者在平台通过相互报价,最终达成或取消交易。在这种情况下,"协商"的本质是连续动态的讨价还价博弈,双方可以通过自身在交易过程中所掌握的信息,不断调整报价策略,从而达到均衡点,并实现期望交易价格。但由于谈判过程中水权交易双方彼此无法完全获得对手的成本或收益信息,在不完全信息条件下,需要建立合理的报价决策支持模型,以避免"一对一"情境下交易双方采取过于直观和主观的方法来处理水权交易的定价问题。本章以基础价格作为价格协商起点,考虑价格协商谈判过程中的不确定性,引入模糊概率思想,构建基于博弈论和模糊贝叶斯学习模型的水权交易讨价还价决策支持模型,从而帮助决策者科学、合理地评估议价情况和选择定价策略,促进"一对一"情境下水权交易双方达成合理的协议价格。

利用模糊贝叶斯学习模型,结合已获得的基础价格,构建"基础+协商"市场定价讨价还价博弈模型,一方面可以使交易双方能够不断修正其报价区间,减少因交易双方在报价时受自身能力和外部环境的限制导致报价不合理的情况;另一方面可以更好地刻画交易双方在不完全信息下对谈判环境的自适应情况,减少报价轮次,节约交易的时间和成本。

根据中国水权交易所制定的交易规则,在某笔水权交易的交易主体在交易所只产生一个满足条件的交易对象,或交易主体达成交易意向在交易所平台交易,即水权转让方和受让方为"一对一"交易情境时,可以运用协议定价法确定水权交易价格。参与交易的转让方和受让方在水权交易市场进行交易,水权转让方出让自身水权,水权受让方则进行水权购买,通过市场交易中正常的供求关系完成交易,并对水权交易价格进行协商,展开多轮谈判。但无数次的谈判显然不符合交易双方的现实需求,双方在谈判时无法精确计算对方的收益/成本。参考(沈俊源,2021)①的研究成果,本章考虑"一对一"讨价还价过程中交易主体的信息不对称性,以基础价格作为价格协商起点,基于讨价还价博弈理论,引入模糊概率和模糊贝叶斯学习模型,对水权交易讨价还价问题进行建模,控制报价轮次,以确定双方最终可接受的报价,为设计"一对一"情景下的水权交易定价机制提供决策支持。

"一对一"情景下的水权交易"基础+协商"市场定价模型构建的具体思路,如图 6.1 所示。

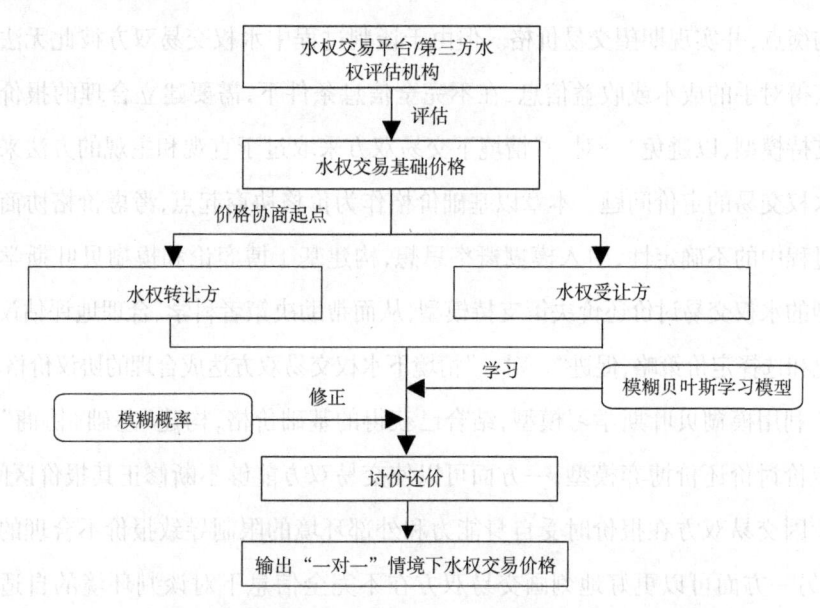

图 6.1 "一对一"情景下的水权交易"基础+协商"市场定价模型构建思路

---

① 沈俊源:《不同情境下大宗水权交易差别化定价模型研究》,河海大学博士学位论文,2021 年。

第六章 "一对一"情境下水权交易"基础+协商"市场定价研究

第一节　水权交易"基础+协商"市场定价模型构建方法的适用性分析

一、讨价还价博弈法

（一）讨价还价博弈法的基本要点

讨价还价（Bargaining）也称作议价或谈判,主要指交易双方通过协商的方式来解决利益分配的问题。在协商过程中,"讨价"代表交易谈判中一方不满意对方的出价,而要求改变价格;"还价"则代表交易谈判中某方根据对方的报价情况和自己的实际需求重新进行报价。讨价还价强调一个动态过程,而谈判则强调静态状态或结果。

根据博弈相关理论,参与讨价还价的双方需要解决的问题核心在于就可能结果的集合（大于等于两个元素）中的一个结果达成协议。一方面,该结果对自己来讲是所有选择中最有利的（即最优决策）,且对于另一方来说同样也是最优的;另一方面,若参与人通过第三方协助达成相应的博弈结果,则该协议达成的方式不是讨价还价。20世纪30年代,讨价还价的具体过程在经济学家F.泽尤森（F. Zeuthen）所著的《垄断问题与经济战争》中被首次探讨,而后现代经济理论中讨价还价相关理论逐渐兴起。到了50年代,美国数学家约翰·纳什（John Nash）首次运用公理化法对讨价还价问题进行求解,拓展了讨价还价理论的研究领域。1982年,以色列学者阿里尔·鲁宾斯基（Ariel Rubinstein）通过"分蛋糕"的事例,阐述了两人轮流出价的讨价还价模型机制,即鲁宾斯基分蛋糕模型,该模型是经典的讨价还价博弈模型。

经典讨价还价博弈模型基于完全信息,存在三个基本假设:

假设1:全部博弈参与方了解本身及其他参与者全部策略和信息,同时可以根据相关信息采取对应策略;

假设2：全部博弈参与方都是理性的，均以追求个人利益最大化为目标；

假设3：全部博弈参与方均希望最终能形成一致的意见，并做到谈判成本最低。

在这种情况下，首先将博弈参与者分为1号和2号，由1号参与者率先出价，那么2号参与者拥有两种选择策略，即接受或者拒绝，若2号参与者选择接受，则双方达成一致意见，博弈过程结束；若2号参与者选择拒绝，则由其提出新的价格，此时1号参与者也可在接受或是拒绝间作出选择，如果1号参与者选择接受，双方达成一致意见，博弈过程结束；若1号参与者选择拒绝，则由1号参与者进行新的一轮出价。在一方接受另一方的报价前，博弈过程将继续。针对完全信息的无期限讨价还价博弈，沙克德和萨顿（Shaked和Sutton）通过假设该模型存在反求推倒的基点，所有基于第一回合或者第三回合以及后面全部奇数轮的博弈，都拥有相同结果。因此，反求推倒法可应用于求解讨价还价模型。

（二）讨价还价的适用性分析

本章将不完全信息下讨价还价理论应用于"一对一"情境下的水权定价机制的研究。当水权交易的转让方和受让方为"一对一"情形时，由于交易主体较少且相对明确，表现为双边垄断市场，招投标或者拍卖等方式往往无法采用，而基于讨价还价的协商定价模型则具有良好的适用性。且水权交易由于交易体量大、交易范围广及交易信息不对称等特征，较灌溉用水户类型的水权交易相比，交易成本更高，交易双方应通过充分协商，依靠讨价还价的方式形成"一对一"情境下的交易协商价格。因此，考虑到该情境下水权交易主体的单一性、明确性、交易信息不对称和较高的交易成本，本章在水权交易基础价格的基础上，通过使用不完全信息情况下的讨价还价博弈方法，构建"一对一"情境下水权"基础+协商"市场定价模型。

二、贝叶斯学习法

贝叶斯学习(Bayesian Learning)法是指利用参数的先验分布,由样本信息求得的后验分布,然后获得总体分布。贝叶斯学习法基于概率规则展开,在利用概率来描述所有形式的不确定性的基础上,利用概率规则进行学习和推理。换言之,贝叶斯学习法的实质是学习者利用贝叶斯公式,根据他人行动过程中释放的信息不断修正学习目标的先验知识。

(一) 贝叶斯学习法的基本要点

贝叶斯学习法的基础是贝叶斯理论和贝叶斯假设。贝叶斯理论(Bayesian Theory)最早由托马斯·贝叶斯(Thomas Bayes)提出,随后在此理论基础上,普拉斯进行进一步研究,推导出"相继律"。20世纪50年代,罗宾等人通过与经典经验方法的结合,使贝叶斯理论受到统计领域学者的重视;进入60年代后,贝叶斯学习法的优势在数据挖掘等领域不断显现,被不断应用到人工智能、模式识别等工程领域中。贝叶斯理论的本质特征是依据贝叶斯公式与总体、样本和先验信息相结合,从而获得对应的后验信息。根据贝叶斯公式,存在与事件 M 相关的一组事件 $S = \{s_1, s_2, \cdots, s_n\}$,若满足:$P(s_i) > 0$;$s_i \cap s_j = \varphi, i, j \in N^*, i \neq j$;$\cup s_i = \Omega$,则有:

$$P(s_i|M) = \frac{P(M|s_i) \, P(s_i)}{\sum_{i=1}^{k} P(M|s_j) \, P(s_j)} = \frac{P(M|s_i) \, P(s_i)}{P(M)} \tag{6.1}$$

式(6.1)中,$P(s)$ 代表事件 s 的先验概率;$P(M)$ 为训练数据 M 的先验概率;$P(M|s_i)$ 为条件概率,即事件 S 发生条件下事件 M 发生的概率;$P(s_i|M)$ 为 s_i 的后验概率,是经过贝叶斯学习修正后对学习对象的认知。

(二) 贝叶斯学习法的适用性分析

水权交易市场价格的确定是水权交易过程中的重要环节,在"一对一"交易情境下,讨价还价的协商定价模式能够有效节省交易双方的交易成本,促进双方形成协商一致的交易价格。而由于交易过程中,水权转让方和受让方在报价时容易受自身能力和外部环境的限制出现报价不合理的现象,需要引入一定的学习机制帮助交易双方修正其报价区间和控制报价轮次。而贝叶斯学习模型能够在双方信息不完全的情况下,基于对方的报价序列,通过贝叶斯公式不断修正先验知识以更准确地掌握对方交易的价格底线,帮助交易双方作出合理的报价决策,有利于保证最终谈判价格的合理性,对于提升交易效率具有良好的适用性。

三、模糊概率率定法

（一）模糊概率的基本要点

模糊概率(Fuzzy Probability)是指模糊事件发生的概率。传统概率可以精确地用 $[0,1]$ 对随机事件发生的可能性进行描述,而模糊事件的结果则受某些因素干扰,具有不确定性。自扎德提出模糊集理论后,通过大量学者的不断完善和优化,形成了较为成熟的模糊概率理论,在水资源管理和水利工程领域广泛应用。一般而言,"模糊"与"概率"包括三种组合,分别是:

1. 模糊事件的概率

在这种情况下,事件本身是模糊的,但其发生概率可以用 $[0,1]$ 的精确数值表示。根据定义,若对于模糊事件 M,定义映射 $\mu_M(x):\Omega \to [0,1]$,即有 $\forall m \in [0,1] \Rightarrow \{x \in \Omega \mid \mu_M(x) \in m\} \in M$,且设样本空间 Ω 下所诱导出的一切模糊事件总体为 F,p 是 F 中各模糊子集的概率,则称 (Ω, F, p) 为一个模糊概率空间,模糊事件 M 的概率定义为:

$$p(M) \int_\Omega \mu_M(x) \, \mathrm{d}p \tag{6.2}$$

式(6.2)中,积分为勒贝格积分,$\mu_M(x)$ 为模糊事件 M 的模糊隶属度函数。

2. 精确事件的模糊概率

在这种情况下,事件本身明确,但其发生概率是模糊的,一般用一定的描述性模糊语言来表示事件的发生概率。根据精确事件的模糊概率的定义,如果 (U,F,ε,p) 是一个模糊概率空间,p 为模糊概率(或称为语言概率),在获取了语言概率一定的原始单词后,可通过逻辑运算和语言算子获得其他一系列概率语言值。

模糊概率的原始单词包括:

(1)"p"的隶属函数

$$p(x) = \begin{cases} 1, & x = p \\ 0, & x \neq p \end{cases} \tag{6.3}$$

其中,$p \in [0,1]$,是$[0,1]$上的实数。

(2)"很可能"的隶属函数

$$\pi_1(p) = \begin{cases} 0, & 0 \leq p \leq \theta \\ 2\left(\dfrac{p-\theta}{1-\theta}\right)^2, & \theta < p \leq \dfrac{\theta+1}{2} \\ 1 - 2\left(\dfrac{p-\theta}{1-\theta}\right)^2, & \dfrac{\theta+1}{2} < p \leq 1 \end{cases} \tag{6.4}$$

(3)"很不可能"的隶属函数

$$\pi_2(p) = \begin{cases} 1 - 2\left(\dfrac{p}{1-\theta}\right)^2, & 0 \leq p \leq \dfrac{1-\theta}{2} \\ 2\left(\dfrac{1-p-\theta}{1-\theta}\right)^2, & \dfrac{1-\theta}{2} < p \leq 1-\theta \\ 0, & 1-\theta < p \leq 1 \end{cases} \tag{6.5}$$

其中,θ 是大于 0.5 小于 1 的一个参数。

除此以外,其他模糊概率还包括运用常用的逻辑运算和语言算子获得其他一系列概率语言值。语气算子是语言概率中常用的语言算子,它是为形容由"很""稍许""非常""比较"和"特别"等这类表示肯定程度的语义所形成的单词。

3. 模糊事件的模糊概率

在这种情况下,代表事件和概率都具有模糊性,故而也称模糊语言概率。它可以视作值域为 [0,1] 的非数值性模糊子集。根据定义,如果 U 是有限集,那么在模糊概率空间 (U,F,ε,p) 上,设 M 为模糊事件,$P(u_i) = \pi_i$,$i \in N^*$,可定义为:

$$P(M) \stackrel{\Delta}{=} M(u_1)\pi_1 + M(u_2)\pi_2 + \cdots + M(u_n)\pi_n \qquad (6.6)$$

式(6.6)中,$P(M)$ 为模糊事件 M 的模糊概率。由于模糊事件的模糊概率可以看作多个精确事件的模糊概率的现象组合,因此,也可以用精确事件的模糊概率的表达式来表达。

(二) 模糊概率的适用性分析

模糊概率是对不确定事件的模糊语言表征,能够有效处理事件中的不确定性因素。在水权交易中,当交易双方进行"一对一"讨价还价时,受到客观条件限制,不可能完全了解对方的全部信息,谈判过程中存在着信息的不确定性,这些信息无法采用精确的条件概率表征,可以通过模糊概率中的逻辑运算和语言算子进行量化处理,从而对不合理的报价行为进行修正,保障讨价还价过程中双方谈判的合理性,最终实现交易双方的效益最大化,同时能够促进水资源的优化配置。

第二节 基于模糊贝叶斯学习的"基础+协商"市场定价模型构建

一、"一对一"情境下的水权交易市场结构

在"一对一"情境下的水权交易中,存在买方垄断和卖方垄断的情况。根

第六章 "一对一"情境下水权交易"基础+协商"市场定价研究

据大宗水权交易两种交易类型的内涵,在该种情境下,区域水权交易中达成初步交易意向的转让方和受让方为两个单独的地方政府(或其授权部门),水资源匮乏的地方政府(或其授权部门)既是市场中的区域水权受让方也是买方市场的垄断方,水资源富余的地方政府(或其授权部门)既是市场中的区域水权转让方也是卖方市场的垄断方。而取水权交易中达成初步交易意向的买卖双方通常为两个获得取水权的单位(或个人),节水后拥有结余水权的单位(或个人)既是市场中的取水权受让方也是买方市场的垄断方,用水需求不足的单位(或个人)既是市场中的取水权转让方也是卖方市场的垄断方。

根据微观经济学原理,"一对一"情境下的两种水权交易符合双边垄断市场结构。图 6.2 中,MRP 表示水权的边际收益产值曲线,MLC 为边际水权成本曲线,D 为水权的需求曲线,S 为水权的供给曲线。水权受让方作为垄断买方,其利益最大化的条件是水权的边际收益产值等于边际水权成本,即 $MRP = MLC$,两条曲线相交于图中的 A 点,由 A 点确定的水权量 Q_A 对应的曲线 S 上的水权交易价格 e_A,即为受让方期望的最优交易价格。反之,水权转让方作为垄断卖方,其利益最大化的条件是水权的边际收益产值等于供给价格,即 $MRP = S$,两条曲线相交于图中的 B 点,由 B 点确定的水权量 Q_B 对应的曲线 D 上的水权交易价格 e_B,即为转让方期望的最优交易价格。由于双边垄断市场中,水权转让方想以 e_B 的价格出售水权,受让方想以 e_A 的价格受让水权,双方以追求自身利益最大化为目标,最后水权交易价格会落在区间 (e_A, e_B) 中。最终的交易价格需要交易双方经过协商予以确定,一般采用纳什议价博弈理论对其进行分析。

综上,在"一对一"交易情境下,单个水权转让方和单个水权受让方是一种"卖方垄断"和"买方垄断"的综合,市场价格和产量由买卖双方讨价还价决定,是一种协商的过程,最终交易价格落在水权交易双方的最大利润点之间。本书根据"一对一"交易情境下的市场结构,采用协商定价的方式研究水权单个转让方和受让方的交易价格。由于目前我国水权市场仍不完善,是一个

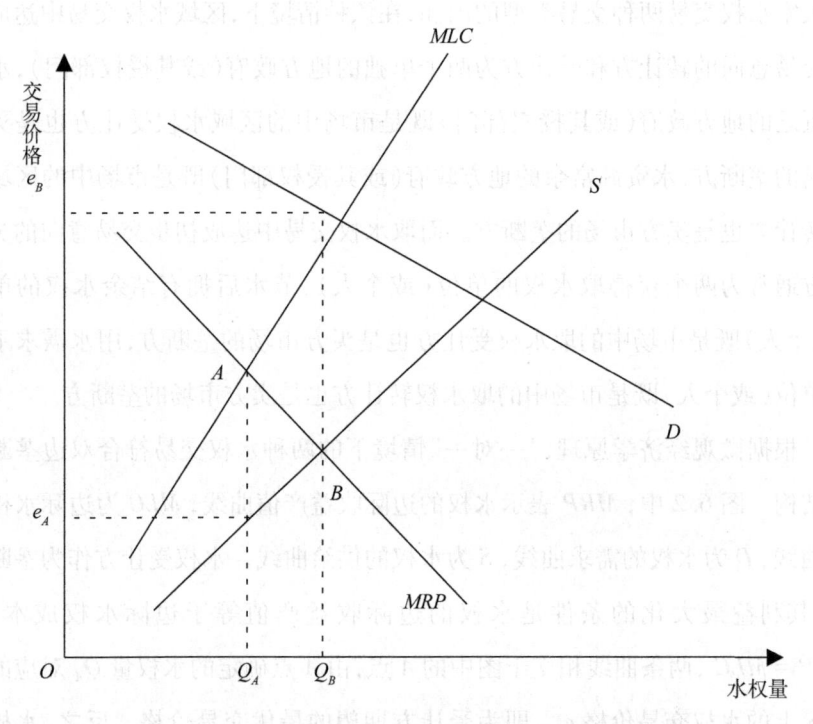

图 6.2 "一对一"情境下大宗水权交易市场双边垄断结构

"准市场",需要发挥政府和市场的双重作用,在这种条件下,更需要从成本角度测算水权交易基准价格,作为政府的指导价格,为后续的水权市场交易提供价格参考。因此,综合基准定价和协商定价方法,本书最终形成"一对一"情境下水权交易的"基准+协商"市场定价模式。

二、"一对一"交易中的讨价还价博弈模型

水权交易价格的确定是水权交易中必不可少的环节。在水权交易过程中,若水权交易主体出现水资源短缺或水资源剩余,可以向水权交易所提出交易申请,交易所对其交易资格进行审查且资质达标后,交易主体可以在交易系统中发布水权交易的供需信息,并寻求相匹配的交易对象。当水权交易双方均为单个主体时,水权交易属于"一对一"情境,通常采用讨价还价的方式进

第六章 "一对一"情境下水权交易"基础+协商"市场定价研究

行定价。

(一) 模型的基本假设

在现实生活中,不同的因素对于水权交易的讨价还价可能会产生不同的影响,本章在普适性的基础上对讨价还价模型进行简化,并对基本假设说明如下:

假设1:讨价还价博弈模型中只有两个参与者,即水权交易的转让方和受让方。转让方通过出售水资源使用权获得经济利益,受让方通过购入的水资源使用权缓解水资源稀缺,转让方和受让方的交易行为受水权交易平台约束。

假设2:水权交易的转让方和受让方均是理性经济人,均追求自身利益最大化,在每一轮的谈判中均能够根据自身利益作出正确的报价选择,并期望达成转让协议,避免博弈结果破裂。

假设3:水权交易的转让方和受让方均是风险中性的。风险中性的决策者对风险的偏好不明确,仅根据期望效用最大化来决策。根据冯·诺依曼—摩根斯坦(Von Neumann-Morgenstern, VNM)效用函数,若决策者对于风险呈中性态度,其效用函数是线性的。

假设4:水权交易的转让方和受让方彼此无法完全获得对手的成本或收益信息。在实际的水权交易讨价还价中,由于交易双方信息不完全,他们只能基于自身利益来进行策略性报价,那么双方的策略选择需要同时满足自己成本能够回收基础上实现利益最大化、对方对于自己的报价能够接受这两个条件。

假设5:水权交易转让方和受让方在提交《水权交易申请书》后,在追求自身利益最大化的同时,均致力于达成水权交易,在水权交易平台的监管下杜绝出现无故退出交易的现象,因此,不考虑因交易耐心、交易目的、谈判实力等因素出现的破裂风险。

假设6:由于水权具有稀缺性特征,水权交易的转让方拥有富余的水权,在交易中具有先动优势,因此,在该动态讨价还价博弈中,由水权交易的转让方先出价,受让方再根据对方的报价进行还价。

(二) 讨价还价博弈模型

在水权交易的"一对一"讨价还价博弈过程中,参与交易的双方就交易量为 Q 的水权的交易价格 e 展开多轮谈判。在讨价还价博弈中,转让方和受让方基于自身利益出发,在整个协商过程中追求尽可能的获利。就水权的转让方而言,其获利的前提就是转让方卖给受让方的单位水权价格,必须高于转让方所售出的单位水权耗费成本之和。此外,水权转让方参与交易时均会希望水权能够增值,因此会有一个获利期望,即存在一个最低期望价格 $e_{\min(s)}$,也是水权转让方的最低保留价格,最终的协商谈判价格必须高于 $e_{\min(s)}$,且转让方在讨价还价的伊始必然会给出高于 $e_{\min(s)}$ 的报价,但同时也需要考虑受让方的价格承受限度。同理,就水权的受让方而言,由于其获得的初始水权无法满足自身的用水需求,必须进行节水改造,但是当节水改造成本和损失的用水效益过高,远大于其通过市场交易获得水权的成本时,受让方会积极寻求市场交易,其获利的前提是市场交易购买的单位水权价格,要小于其扣除交易成本后单位交易水权所产生的最大收益 $e_{\max(b)}$,$e_{\max(b)}$ 也是受让方的最大保留价格。为尽可能地获利,水权受让方在讨价还价伊始给出的报价必然远小于 $e_{\max(b)}$,但也需要考虑转让方的价格承受限度。$e_{\min(s)}$ 和 $e_{\max(b)}$ 属于交易双方的私有信息,对于最终的水权交易讨价还价博弈结果具有决定性作用。

"一对一"情境下水权交易讨价还价内容如下:

1. 报价区间的确定

尽管无论在哪一轮的谈判中,水权交易转让方和受让方的交易原则都是自身利益的最大化,均期望以对己方有利的价格达成水权交易,如转让方期望以受让方可接受的最高水权价格 $e_{\max(b)}$ 转让水权,受让方则期望以转让方可接受的最低水权价格 $e_{\min(s)}$ 获得水权。但在实际的交易讨价还价过程中,双

第六章 "一对一"情境下水权交易"基础+协商"市场定价研究

方的报价必须在保障己方"有利可图"的基础上,保证对手能够接受这个价格。每一轮谈判只有当水权受让方的报价较转让方的保留价格 $e_{\min(s)}$ 高,或者转让方的报价较受让方的保留价格 $e_{\max(b)}$ 低时,交易才能达成。且只有当受让方的保留价格 $e_{\max(b)}$ 高于转让方的保留价格 $e_{\min(s)}$,即 $e_{\max(b)} > e_{\min(s)}$ 时,交易才能顺利实施。因此,"一对一"情境下水权交易双方的有效报价区间如图 6.3 所示。

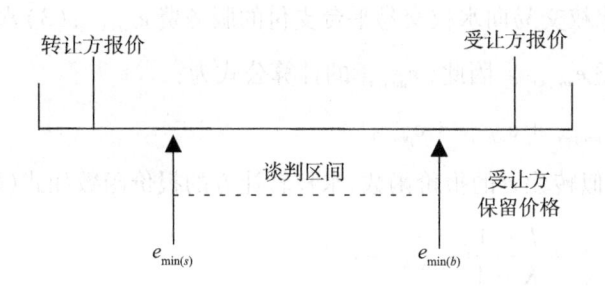

图 6.3 "一对一"情境下交易双方的有效报价区间

2. 报价函数的确定

水权转让方和受让方多轮谈判的过程,实际上是不完全信息下讨价还价的过程。由于转让方和受让方双方信息的非对称,以及对讨价还价所处情境的认知具有差异,博弈的双方存在所受激励不对称的情况。例如,转让方和受让方存在掌握信息情况、讨价还价次数、成交价格区间等内容的不同,以及谈判者行为或双方所处环境的不同,都可能对最终谈判均衡结果产生影响。水权转让方的偏好不同,结果也可能不同,谈判的报价策略可以根据水权转让方的偏好选择耐心坚持型、常规型和急于成交型等不同的报价策略。本章采用常规的线性报价策略。假设水权交易讨价还价过程中的最大谈判次数为 K,转让方每一轮的报价函数如式(6.7)所示:

$$e_{(s)} = e_{(s)}^{(b)\max} - \frac{k-1}{K-1}\left[e_{(s)}^{(b)\max} - e_{\min(s)}\right] \tag{6.7}$$

其中,k 表示讨价还价的次数,$k \geq 2$;$e_{(s)}^{(b)\max}$ 为水权转让方预估的受让方所能接受的最高价格;$e_{\min(s)}$为水权转让方所能接受的谈判最小值,即水权转让方讨价还价中的保留价格。为保障交易的合理性,交易前须经由第三方水权评估机构对于交易的水权的基础价格进行合理估计,作为交易过程中出价参考,水权转让方的保留价格$e_{\min(s)}$不能低于水权评估机构评估的基础价格e_{basic}。$e_{\min(s)}$主要由以下几个部分构成:(1)水权转让方的节水改造成本$e_{wco(s)}$,可参考第三方水权评估机构给予的水权基础价格予以确定;(2)水权转让方参与水权交易向水权交易平台支付的服务费$e_{sch(s)}$;(3)水权转让方的最低期望收益$e_{pro(s)}$。因此,$e_{\min(s)}$的计算公式为:

$$e_{\min(s)} = e_{wco(s)} + e_{sch(s)} + e_{pro(s)} \tag{6.8}$$

同理,类似转让方的报价函数,水权转让方的报价函数如式(6.9)所示:

$$e_{(b)} = e_{(b)}^{(s)\min} + \frac{k-1}{K-1}[e_{\max(b)} - e_{(b)}^{(s)\min}] \tag{6.9}$$

式(6.9)中,$e_{(b)}^{(s)\min}$为水权受让方预估的转让方所能接受的最低价格,$e_{\max(b)}$为水权受让方所能接受的谈判最大值,即水权受让方讨价还价中的保留价格。由于水资源作为一种公共商品,不能脱离水权的基础价格,基础价格可以为引导市场交易价格提供前期依据。因此,水权受让方预估的$e_{(b)}^{(s)\min}$也不会低于交易水权的基础价格e_{basic}。

$e_{(b)}^{(s)\min}$主要由以下几个部分构成:(1)交易水权的基础价格e_{basic};(2)水权转让方参与水权交易向水权交易平台支付的服务费$e_{sch(s)}$;(3)受让方对水权转让方的预期收益的预估$e_{pro(s)}'$。因此,$e_{(b)}^{(s)\min}$的计算公式为:

$$e_{(b)}^{(s)\min} = e_{basic} + e_{sch(s)} + e_{pro(s)}' \tag{6.10}$$

3. 讨价还价策略

根据报价函数可知,水权交易过程中的转让方和受让方均应给出两个报价参数,分别为转让方的$e_{(s)}^{(b)\max}$和$e_{\min(s)}$,以及受让方的$e_{(b)}^{(s)\min}$和$e_{\max(b)}$。这四个参数又可分为确定性和不确定性参数。其中,不确定性参数是交易一方根据获得的信息对另一方的预估计,从而计算出初始值。

第六章 "一对一"情境下水权交易"基础+协商"市场定价研究

就水权转让方而言,其保留价格 $e_{\min(s)}$ 为确定性参数,$e_{(s)}^{(b)\max}$ 为不确定性参数,$e_{(s)}^{(b)\max}$ 的值会随着讨价还价过程中谈判次数的增加不断减小。但若 $e_{(s)}^{(b)\max}$ 初始值过大,很可能造成多轮谈判之后仍然高于水权受让方可接受范围,最终导致谈判失败。因此,水权转让方根据获得的信息而预估的初始值应尽可能接近水权受让方能够承受的价格上限。

就水权受让方而言,其保留价格 $e_{max(b)}$ 为确定性参数,$e_{(s)}^{(b)\max}$ 为不确定性参数,$e_{(s)}^{(b)\max}$ 的值会随着讨价还价过程中谈判次数的增加不断变大,水权受让方根据获得的信息而预估的 $e_{(s)}^{(b)\max}$ 的初始值,应尽可能接近水权转让方可接受的价格下限。在双方给出预估的初值之后,根据对方的报价并结合己方的报价函数不断更新报价,直至协商成功。

由于讨价还价的次数 k 只能取整数,而报价函数的交点未必在 k 取整数。假设当 k 取某整数值时,一方给出的报价策略大于(对转让方而言)或小于(对受让方而言)己方的保留价格,且和己方的报价策略差值不大,在双方可接受的范围内,则本次讨价还价亦可视为成功,并且最终报价可取双方较大值以增加转让方参与市场的活跃度。为此,本书设定转让方或受让方接受报价的成功条件如式(6.11)和式(6.12)所示:

转让方接受报价的条件:

$$e_{(b)} \geq e_{\min(s)} \text{ 且 } \frac{|e_{(sk)} - e_{(bk)}|}{\frac{1}{2}|e_{(sk)} + e_{(bk)}|} \leq \eta\% \qquad (6.11)$$

受让方接受报价的条件:

$$e_{(s)} \leq e_{\max(b)} \text{ 且 } \frac{|e_{(sk)} - e_{(bk)}|}{\frac{1}{2}|e_{(sk)} + e_{(bk)}|} \leq \eta\% \qquad (6.12)$$

式(6.11)和式(6.12)中,η 为双方报价的价差阈值,可根据交易市场的实际情况进行调整,η 越小,双方报价的价差就越小。

4. 讨价还价流程

在实际的水权交易讨价还价过程中,转让方和受让方按照己方的最优报价策略,展开不完全信息下的"一对一"讨价还价。在首轮谈判中,谈判双方根据各自获得的信息确定自身限值并估计对方限值,一方开始出价,另一方收到对手报价后,将其与自己的真实成本收益及掌握的对手成本收益的信息进行对比,来决定是否接受该报价。只要有一方接受对手的报价,整个报价过程就结束,谈判的均衡价格就为此轮报价中他所接受的这个价格,否则,继续进行新一轮的谈判。

三、讨价还价中的模糊贝叶斯学习模型

(一) 模糊贝叶斯学习模型内容

"一对一"情境下水权交易讨价还价的模糊贝叶斯学习模型的基本框架如下:

1. 学习者

在"一对一"情境下水权交易讨价还价的模糊贝叶斯学习模型中,学习者为水权交易的转让方和受让方。

2. 学习对象

在转让方和受让方对水权交易价格进行讨价还价的过程中,双方各自设定的保留价格为私人信息,彼此之间无法获取对手的保留价格信息,因此,转让方和受让方可以将对手的保留价格作为己方学习对象,根据前文分析,即假设转让方的学习对象为受让方的保留价格 $e_{\max(b)}$,受让方的学习对象为转让方的保留价格 $e_{\min(s)}$。

3. 先验知识

确定学习对象后,水权交易的转让方和受让方均对对手保留价格的概率分布有一个估计值,即为双方的先验知识。本章中转让方的先验知识是关于

$e_{\max(b)}$ 的样本空间及其分布概率的估计,受让方的先验知识是关于 $e_{\max(b)}$ 的样本空间及其分布概率的估计。

4. 信息

信息是水权交易主体在讨价还价中获得的关于学习对象的谈判信息,在本章中分别指转让方和受让方收到的对手报价。

5. 贝叶斯信念

贝叶斯信念是指水权交易的转让方和受让方对对手报价策略的学习判断,是计算条件概率的依据,假设转让方的信念是,受让方将以低于保留价格的百分之 θ_1 进行报价;受让方的信念是,转让方将以高于保留价格的百分之 θ_2 进行报价。

6. 条件概率

条件概率指转让方和受让方根据获得的信息和贝叶斯信念,基于对手的保留价格预期所给出的相应报价的可能性,也是转让方和受让方更新对对方保留价格认知的依据。

7. 后验知识

后验知识指交易双方在获得条件概率和先验知识的基础上,根据贝叶斯公式所测算的后验概率。在水权交易讨价还价的每一轮谈判中,后验知识既是本轮交易谈判学习的结果,也是下一轮交易谈判学习的先验知识,因而转让方和受让方可以通过贝叶斯学习不断更新对学习对象的认识。

以上是水权交易中传统的模糊贝叶斯学习模型框架内容,该模型通常假设 $e_{\min(s)}$ 和 $e_{\max(b)}$ 的样本空间都是已知的,对分布概率的估计也是用精确概率表示的,另外也假设一旦获得信息后就能根据贝叶斯信念得到精确的条件概率,这可能与实际的谈判情况不符,实际数据的缺乏及其他一些原因常常导致人们只能获得一些模糊的样本点,对他们的可能性用一定的语言值如"很可能""不是很可能"和"非常可能"等来表示,在这种情况下,交易主体就需要具有能运用模糊理论处理这类模糊概念的能力。

因此,本章在"一对一"情境下的水权讨价还价过程中,引入模糊贝叶斯学习模型,在不完全信息的情况下对于不合理的报价行为进行修正,使得对于对方的报价回归在合理区间内,从而保证水权交易的正常进行,在实现交易双方效益最大化的同时,优化水资源的配置,最终达到节约水资源的目的。

(二) 模糊贝叶斯学习模型构建

根据模糊贝叶斯学习模型内容可知,水权交易双方的先验知识影响着交易报价策略的形成,若转让方和受让方对互相的保留价格的先验估计不够准确,容易造成讨价还价次数过多或最终无法达成交易的状况。因此,本章借鉴模糊数学理论,构建了"一对一"情境下水权交易的模糊贝叶斯学习模型,从而使交易双方能够在不完全信息下通过模糊概率思想估算对手的交易价格底线。根据假设,由水权交易的转让方先行报价,而受让方在收到转让方的报价后,采用模糊贝叶斯学习模型更新对转让方保留价格的认识,再进行反报价。整个讨价还价过程如下:

1. 获取先验知识

水权交易转让方首先根据经验给出对受让方的保留价格 $e_{\max(b)}$ 概率分布的估计。转让方对 $e_{\max(b)}$ 的估计有 n 种可能取值,根据模糊事件的模糊概率的定义,设有限空间 $H_b = \{e_{\max(bi)}\}$ 为 $e_{\max(b)}$ 的取值空间,$i = 1, 2, \cdots, n$,A_{bi} 为定义在有限空间 H_b 上的模糊事件,表示 $e_{\max(b)}$ 的可能取值,每个可能取值的发生概率用语言概率 π_{bi} 表示。根据公式(6.6),事件 A_{bi} 发生的概率计算如下:

$$P(A_{bi}) = \sum_{i=1}^{n} A_{bi}[u_{\max(bi)}]\pi_{bi} \qquad (6.13)$$

式(6.13)中,$P(A_{bi})$ 为水权交易转让方的先验知识,$u_{\max(bi)}$ 为 A_{bi} 的语气算子。同理可得受让方对转让方的保留价格概率分布的先验估计为:

$$P(A_{sj}) = \sum_{i=1}^{m} A_{sj}[u_{\min(sj)}]\pi_{sj} \qquad (6.14)$$

第六章 "一对一"情境下水权交易"基础+协商"市场定价研究

式(6.14)中，A_{sj} 为定义在有限空间 H_s 上的模糊事件，表示 $e_{\min(s)}$ 的可能取值。π_{si} 为语言概率，表示每个 $e_{\min(s)}$ 可能取值的发生概率，$u_{\min(sj)}$ 为 A_{sj} 的语气算子。

水权转让方预估的受让方所能接受的最高价格 $e_{(s)}^{(b)\max}$ 可表示为：

$$e_{(s)}^{(b)\max} = \mathrm{E}[e_{\max(b)}] = \sum_{i=1}^{n} A_{bi} P(A_{bi}) \tag{6.15}$$

式(6.15)中，$\mathrm{E}[e_{\max(b)}]$ 为水权转让方预估的受让方保留价格的期望值，对 $\mathrm{E}[e_{\max(b)}]$ 的求解即为对模糊事件的模糊概率的期望值进行求解。因 A_{bi} 及 $P(A_{bi})$ 均为模糊集合，所以，基于扩张原理和语言概率的计算可获得 $\mathrm{E}[e_{\max(b)}]$ 的隶属度函数。但由于这种方法存在计算量等问题，可先使用二次重心法将 $P(A_{bi})$ 清晰化，再运用扩张原理求得 $\mathrm{E}[e_{\max(b)}]$ 的隶属度函数。

2. 水权转让方的报价策略

据此，水权交易转让方可根据实际情况采取的报价策略为：

(1) 运用二次重心法求解 $P(A_{bi})$ 的重心 $c[P(A_{bi})]$：

$$c[P(A_{bi})] = \frac{\sum_{i=1}^{n} P(A_{bi}) \times P(A_{bi})(u)}{\sum_{i=1}^{n} P(A_{bi})(u)} \tag{6.16}$$

式(6.16)中，u 为 $\mathrm{E}[e_{\max(b)}]$ 的语气算子。

(2) 对 $P(A_{bi})$ 的重心 $c[P(A_{bi})]$ 求解归一化后的概率 P_{bi}：

$$P_{bi} = \frac{c[P(A_{bi})]}{\sum_{i=1}^{n} c[P(A_{bi})]} \tag{6.17}$$

(3) 运用扩张原理求 $\mathrm{E}[e_{\max(b)}]$ 的隶属度函数 $\mathrm{E}_{e_{\max(b)}}(u)$；

(4) 求 $\mathrm{E}_{e_{\max(b)}}(u)$ 的重心得到清晰化的期望值：

$$c[\mathrm{E}_{e_{\max(b)}}(u)] = \frac{\sum_{i=1}^{n} \mathrm{E}[e_{\max(b)}] \mathrm{E}_{e_{\max(b)}}(u)}{\sum_{i=1}^{n} \mathrm{E}_{e_{\max(b)}}(u)} \tag{6.18}$$

(5)获得水权转让方的初始报价为：

$$e_{(s1)} = c[\mathrm{E}_{e_{\max(b)}}(u)] \tag{6.19}$$

式(6.19)中，$c[\mathrm{E}_{e_{\max(b)}}(u)]$为$\mathrm{E}_{e_{\max(b)}}(u)$的期望值。

3. 水权受让方的模糊贝叶斯学习

在收到转让方的报价$e_{(s1)}$后，受让方首先根据转让方的报价进行知识更新，根据先验估计的公式对每种A_{sj}情况下给出要价为$e_{(s1)}$的模糊概率进行估算，然后运用贝叶斯公式进行知识的更新如下：

$$P(A_{sj}|e_{(s1)}) = \frac{P(e_{(s1)}|A_{sj})P(A_{sj})}{\sum_{j=1}^{m} P(e_{(s1)}|A_{sj})P(A_{sj})} \tag{6.20}$$

在计算$P(A_{sj}|e_{(s1)})$时仍需结合扩张原理和语言概率的四则运算法则。但当$P(e_{(s1)}|A_{sj})$和$P(A_{sj})$隶属函数比较复杂时，可先将其清晰化后再计算。此时受让方可计算出对$e_{\min(s)}$的新预期$\mathrm{E}[e_{\min(s)}]$，从而与$e_{(s1)}$进行对比决策。然后利用报价函数开始下一轮谈判，若$e_{(sk)} \leq e_{\max(b)}$且$\dfrac{|e_{(sk)}-e_{(bk)}|}{\frac{1}{2}|e_{(sk)}+e_{(bk)}|} \leq \eta\%$，则接受转让方的要价，讨价还价结束；否则拒绝，并还价$e_{(b1)}$。然后转让方进行同样的学习和决策过程，如此往复，直到满足谈判条件，或谈判次数达到最大阈值K，则停止讨价还价，交易价格取最终两轮报价中的最大值作为谈判结果。

综上所述，"一对一"情境下基于模糊贝叶斯学习模型的讨价还价流程如下：(1)收集相应信息获取先验知识(先验知识是指报价前对对方的认知)；(2)交易双方各自计算自身确定限值并根据先验知识估计对方保留价格；(3)根据各自得到的保留价格得出各自初始报价；(4)判断是否满足谈判结束条件；(5)若满足则谈判结束，若不满足则根据报价策略更新报价；(6)在谈判次数阈值内，根据最终的水权报价获得"一对一"情境下的水权交易价格。

整个流程如图6.4所示。

第六章 "一对一"情境下水权交易"基础+协商"市场定价研究

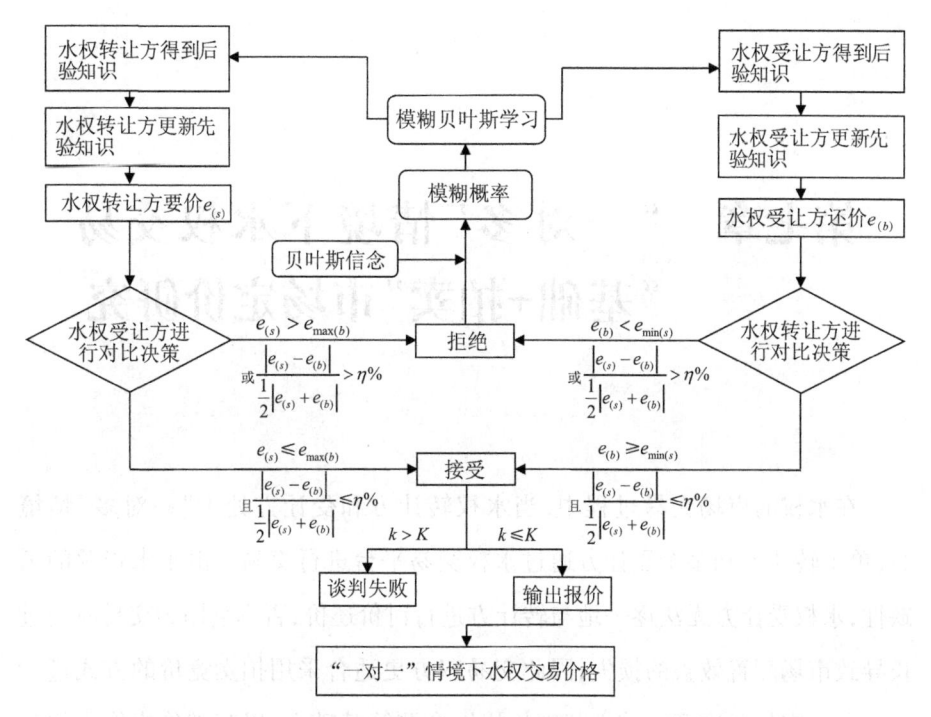

图 6.4 "一对一"情境下基于模糊贝叶斯学习模型的讨价还价流程

本章以基础价格作为价格协商起点,考虑价格协商谈判过程中的不确定性,引入模糊概率思想,构建基于博弈论和模糊贝叶斯学习模型的水权交易讨价还价决策支持模型。主要研究结论如下:一是在提出"一对一"讨价还价博弈模型的基本假设的基础上,分析了"一对一"情境下水权交易讨价还价内容,包括报价区间的确定、报价函数的确定、讨价还价策略、讨价还价流程的"一对一"交易中的讨价还价博弈模型。二是借鉴模糊数学理论,构建了"一对一"情境下水权交易的模糊贝叶斯学习模型,并提出"一对一"情境下基于模糊贝叶斯学习模型的讨价还价流程,从而使交易双方能够在不完全信息下通过模糊概率思想估算对手的交易价格,为交易双方的定价提供决策支持。

第七章 "一对多"情境下水权交易"基础+拍卖"市场定价研究

在水权的市场交易过程中,当水权转让方和受让方处于"一对多"情境时,单个转让方和多个受让方通过水权交易平台进行交易。由于水资源的稀缺性,水权受让方无法逐一地与转让方进行讨价还价,否则会因为交易时间过长导致市场配置效益的损失,因此交易双方更适合采用拍卖竞价的方式进行水权交易定价。本章在前文基础价格综合测算基础上,以基础价格作为拍卖的起拍价格,考虑交易过程中受让方参与拍卖竞价的模糊不确定性,基于水权受让方的模糊参数出价意愿,构建"一对多"情境下的基于独立私有价值的英式拍卖博弈模型,并进一步考虑现实拍卖过程中市场价格波动、受让方信息获取程度等条件对拍卖均衡价格的影响,将基于独立私有价值的英式拍卖博弈模型扩展为关联价值下的英式拍卖博弈模型,从而帮助拍卖中的决策者科学、合理地选择定价策略,促进"一对多"情境下水权交易价格的合理形成。

利用基于模糊参数的英式拍卖模型,结合基础价格,构建"基础+拍卖"市场定价博弈模型,既考虑了受让方估价受其水权需求程度、经济效益及需求紧迫程度等因素影响所导致的模糊不确定性,又考虑了"一对多"情境下市场环境和竞价现场信息波动等因素对受让方出价意愿和出价策略产生的影响,能够更好地刻画水权交易的实际情形,从而提高交易价格的合理性。

根据中国水权交易所制定的交易规则,当某笔水权交易的交易主体在交易

第七章 "一对多"情境下水权交易"基础+拍卖"市场定价研究

所产生两个及以上符合条件的交易对象,即水权转让方和受让方为"一对多"交易情境时,可以采取单向竞价方式确定水权交易价格。作为一种单向竞价交易,拍卖的过程即为信息不对称情况下进行的非合作动态博弈过程。在多方竞价的过程中,不断披露各方信息,从而使得交易价格向合理化趋近。鉴于此,本章采用模糊参数出价意愿代替概率参数估价作为英式拍卖模型的基础参数,更符合水权交易拍卖的现实条件,并据此构建独立私有价值下基于模糊参数出价意愿的英式拍卖模型,进而分析处于关联价值的信息结构下受让方的拍卖策略并作出动态决策,以更好地模拟"一对多"情境下真实的水权交易拍卖定价过程。

"一对多"情境下的"基础+拍卖"市场定价模型构建的具体思路,如图 7.1 所示。

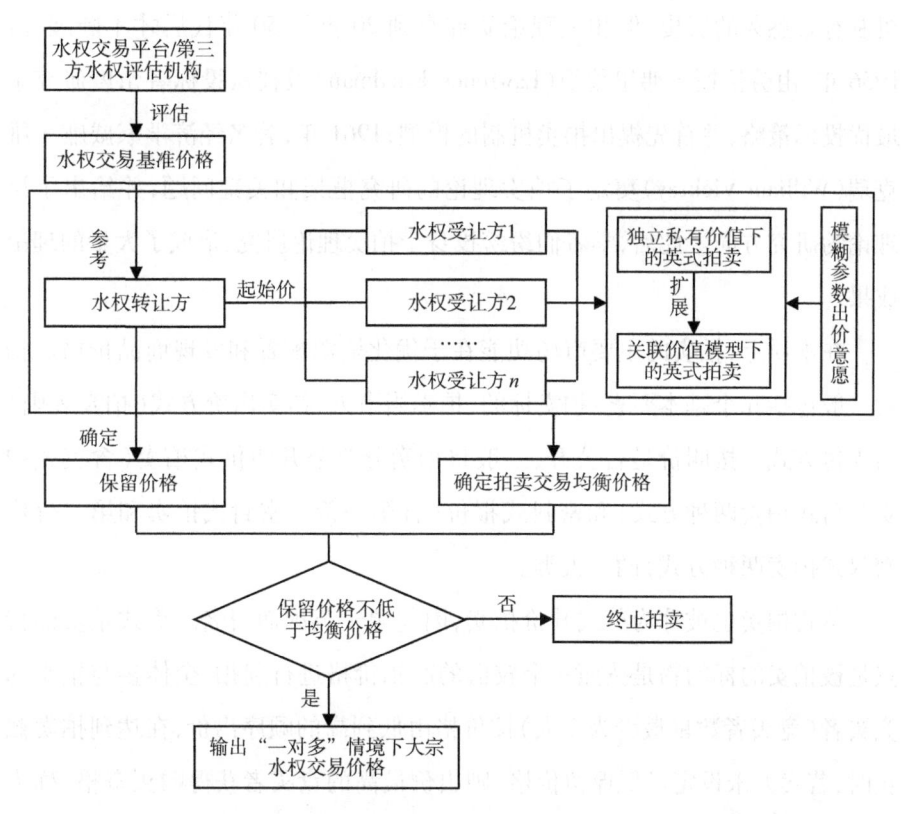

图 7.1 "一对多"情境下的水权交易"基础+拍卖"市场定价模型构建思路

第一节 水权交易"基础+拍卖"市场定价模型构建方法的适用性分析

一、英式拍卖法

（一）英式拍卖法的基本要点

根据《中华人民共和国拍卖法》的定义，拍卖是"以公开竞价的形式，将特定物品或者财产权利转让给最高应价者的买卖方式"。拍卖作为合法的市场交易机制之一，其特点在于标的物的最终价格通过拍卖现场竞争确立。拍卖机制有着悠久的历史，但相关理论研究直到 20 世纪 50 年代后才不断展开：1956 年，由劳伦斯·弗里德曼(Lawrence Friedman)教授从投标者角度研究了最优投标策略，并首先提出拍卖机制的模型；1961 年，著名经济学家威廉·维克瑞(William Vickrey)奠定了拍卖理论的研究框架和关键问题，并给出了该理论的研究方向。此后，学者们纷纷投身于拍卖理论研究，形成了大量的理论成果。

在本质上，拍卖的主要市场功能在于优化资源配置和发现商品价格。拍卖一般包括几个基本要素：拍卖标的、拍卖当事人、拍卖出价方式（拍卖规则）与支付方式。按叫价是否公开，一般将拍卖分为公开叫价式拍卖（含英式拍卖和荷式拍卖两种方式）和密封式报价（含第一价格密封式拍卖和第二价格密封式拍卖两种方式）两个大类。

英式拍卖也被称为英式升价拍卖，因起源于英国而得名。英式拍卖的特点是被拍卖的标的物是按照一个较低的起拍价格进行起拍，全体参与拍卖的竞买者（竞买者数量最少为 2 人）按价格由低到高的顺序出价，在达到拍卖截止时，若卖方未设定最低保留价格，则出价最高的竞买者获得购买资格，称为受买人，其报价也为最终成交价格。在英式拍卖中，卖方可以根据事先设定的保留价格来确定是否出售标的物品,如果最高竞价低于保留价格,则选择不出售标的物品。英式拍卖规则简单清晰,有助于拍卖标的物获得最大化的成交价格,并降低交易成本和交易时间。

(二) 英式拍卖法的适用性分析

在水权交易"一对多"情境下,同等水权对于不同受让方的价值并不相同,因此,不同受让方也有着不同的出价意愿,使用协商等定价方式在多个受让方参与的情况下将耗费大量的交易时间和成本。而通过使用英式拍卖,以公开竞价的方式确立水权"一对多"情境下交易价格,一方面,可以通过经济杠杆最大化提升市场配置水资源的效率,并使转让方获得最大化收益,提升转让方出让水资源使用权的积极性;另一方面,英式拍卖规则简单明确,操作高效便利,拥有极为成熟的使用经验,有助于降低水权所需耗费的交易时间和成本,并降低交易工作人员的准入门槛。

二、模糊参数法

(一) 模糊参数法的基本要点

模糊参数的研究是模糊理论及其应用中的重要内容之一,主要用以反映不确定参数的相关属性,更好地描述模糊语言,提升决策系统的准确性和适用性。由于系统存在不确定性因素,部分变量无法使用[0,1]区间内的数值予以精确反映,这些变量属于随机变量,参数具有一定模糊性。自扎德(Zadeh)的模糊集合理论提出以来,该理论及其衍生的思想被广泛应用于各类系统不确定问题的研究和分析中。贝尔曼(Bellman)和扎德于1970年提出了模糊数学规划的理论,开创了模糊环境下的数学规划研究。对于模糊系统可靠性的成果,可被归纳为以下几个类别:(1)使用可能性理论对概率论进行替代;(2)用模糊值概率描述系统的可靠性;(3)引入系统功能模糊性,使用

"较为可靠"等模糊性语言进行表述,并计算相应功能发生的概率;(4)在单元可靠度概率分布假设的基础上,使用模糊参数,并确定系统的可靠性隶属函数。

其中,通过使用模糊参数,确立系统的可靠性隶属函数,以此评估系统中的不确定因素,对于提升不确定问题决策的准确性与可靠性具有重要实用价值。

在具有不确定性的决策系统中引入模糊参数,首先需要明确系统中的不确定问题,然后使用模糊参数表述这些不确定性,最后确立模糊参数的精确隶属函数,通过对隶属函数进行分析,获得系统的均衡解。

(二)模糊参数的适用性分析

在"一对多"水权公开竞价拍卖中,每个参与竞拍的受让方的出价意愿是私人信息,彼此间互不知道竞争对手对于水权的估计值,仅明确对手估计的概率分布。受让方是否出价和出价意愿取决于对其他受让方的竞价行为和策略分析。因此,他们的出价意愿无法使用精确概率进行描述。将模糊参数引用"一对多"水权交易拍卖博弈模型中,可以更好地拟合拍卖的实际情况,协助受让方更好地作出最适合自身的决策。

第二节 基于模糊参数出价意愿的"基础+拍卖"市场定价模型构建

一、"一对多"情境下的大宗水权交易市场结构

在"一对多"情境下,交易双方存在卖方垄断的情况。在这种情况下,根据水权的定义,在区域水权交易中,转让方为单个水资源富余的地方政府(或其授权部门),受让方为多个水资源匮乏的地方政府(或其授权部门)。由于

第七章 "一对多"情境下水权交易"基础+拍卖"市场定价研究

受地理位置和水资源拥有量的影响,其他转让方难以通过相同的成本进入当地交易市场(若要进入交易市场,会带来高额的远距离输水等成本),因此水资源富余的地方政府(或其授权部门)为市场中的垄断方。而对于取水权交易而言,在水权交易市场需要通过大型节水设施的建设方可满足交易水量的需求,第三方要以相近的成本进入市场同样存在极大难度。因此,在"一对多"的情境下,节水后拥有结余水权的单位(或个人)是市场中的垄断方。与完全竞争市场或者双边垄断市场不同,当水权转让方处于垄断时,不适用于图6.2的情形。根据微观经济学的基本知识,在转让方垄断的水权市场,交易价格由转让方主导。

因此,在"一对多"情境下,拍卖竞价将可以帮助转让方以最快的方式获得满意的售价;而对于受让方而言,拍卖竞价同样可以减少交易时间。由于需要兼顾受让方的用水需求,在"准市场"条件下政府应当予以一定的管控,使交易价格落在一个合理的区间内。在这种情况下,政府设立的完全成本下的基准价格可以有效地为交易市场提供一个合理的起拍价格,使市场行为得到规范和引导。故本书以"基准+拍卖"的定价模式确定"一对多"情境下水权交易价格。

二、"一对多"交易中的英式拍卖博弈模型

相比"一对一"情境下的"基础+协商"定价,水权"一对多"情境下的"基础+拍卖"机制中由于水权受让方的参与数量更多,逐一的讨价还价模式不适用于该种情境,容易造成交易时间过长或者交易成本过高。因此,本章采用英式拍卖的竞价方法进行该情境下的水权交易定价研究,在英式拍卖过程中,拍卖的起拍价以水权交易平台或第三方水权评估机构评估的基础价格为标准,有利于水权的保值和价值增值。

(一) 模型的基本假设

根据传统的英式拍卖规制,结合水权交易的特点,对"一对多"交易中的英式拍卖模型基本假设说明如下:

假设 1:由于水资源的稀缺性,英式拍卖博弈模型中存在单个水权交易转让方和多个受让方,属于"一对多"的模式。转让方通过出售水资源使用权获得经济利益,受让方通过购入水资源使用权缓解水资源稀缺,转让方和受让方的交易行为受水权交易所约束。

假设 2:英式拍卖中的水权转让方和受让方均是理性经济人,偏好风险中性,转让方以收益最大化为准则拍水权;受让方基于其取得水权后期望利润最大化的目标决定其竞拍策略。

假设 3:在水权交易英式拍卖过程中,多个受让方参与水权的拍卖,受让方的成本均服从 $[0,1]$ 上的均匀分布。

假设 4:每个受让方事先对水权会有一个估价,属于独立私人信息,即每个受让方都仅知道自己的估价,而不了解其他受让方的估价,但彼此知道对方的估价服从一定的分布概率。

假设 5:水权转让方有不公开的底价(保留价)和公开的起拍价(以基础价格为标准),底价对竞买人是保密的。当最高出价低于水权转让方的底价时,拍卖不成交,从而终止拍卖。起拍价应低于底价,否则,底价无意义。

假设 6:水权交易转让方和受让方提交《水权交易申请书》后在水权交易平台的监管下组织拍卖,杜绝出现受让方之间合谋交易和私下交易的现象,不考虑交易中双方的道德风险问题。

(二) 英式拍卖模型

在传统的英式拍卖模型中,拍卖方通常以低价(或零价)起拍,竞拍人在起拍价的基础上不断加价。当两个竞拍人中的一个觉得在某一价格下难以承

第七章 "一对多"情境下水权交易"基础+拍卖"市场定价研究

受时,放弃拍卖。一旦有竞拍人放弃竞拍,则拍卖结束,另一个竞拍人赢得拍卖。在水权"一对多"交易情境下,市场上存在一个转让方进行水权的拍卖,多个受让方竞拍该转让方的水权。当市场上仅有两个受让方参与水权的竞拍时,水权交易的成交价格即为其中一个受让方放弃竞拍时的价格。因此,假设在传统的英式拍卖模型中,"一对多"交易情境下市场中存在两个受让方 b_1 和 b_2 希望购买水权,受让方 b_1 对水权的估价为 $v_{(b_1)}$,受让方 b_2 对水权的估价为 $v_{(b_2)}$,服从 $[0, v]$ 的均匀分布,且 $v_{(b_1)}$ 和 $v_{(b_2)}$ 相互独立。设 $F_{v_{(b_i)}}$ 和 $f_{v_{(b_i)}}$ 分别为受让方 $i(i=1,2)$ 对水权估价的分布函数和密度函数,则 $F_{v_{(b_i)}}$ 和 $f_{v_{(b_i)}}$ 可以表示为:

$$F_{v_{(b_i)}}(x) = P[v_{(b_i)} \leqslant x] \tag{7.1}$$

$$f_{v_{(b_i)}} = F'_{v_{(b_i)}} \tag{7.2}$$

假设在水权拍卖中,受让方 b_i 的出价为 $e_{(b_i)}$,于是受让方的利润函数可以表示为:

$$R_{(b_i)} = (v_{(b_i)} - e_{(b_i)}) \times P(b_i \, win) \tag{7.3}$$

式(7.3)中,$P(b_i \, win)$ 为受让方赢得拍卖的概率,受让方 b_i 在水权拍卖中的目标是选择最优的竞拍价格 $e^*_{(b_i)}$,从而实现自身期望收益最大化。以受让方 b_1 为例,在英式拍卖中的受让方 b_1 获胜的条件是其对水权的估值超过受让方 b_2,因此,受让方 b_1 赢得拍卖的概率可以表示为:

$$P(b_1 \, win) = P(e_{b_1} > e_{b_2}) = P[v_{(b_1)} > v_{(b_2)}] \tag{7.4}$$

由于受让方 b_i 对于水权的估计具有相同的分布函数,因此受让方 b_1 赢得拍卖的概率可以简记为 $\pi[v_{(b_1)}]$:

$$\pi[v_{(b_1)}] = F_{v_{(b_2)}}(v_{(b_1)}) = P[v_{(b_1)} > v_{(b_2)}] = P[v_{(b_2)} < v_{(b_1)}] \tag{7.5}$$

当 $v_{(b_1)} > v_{(b_2)}$ 时,根据两个受让方的均衡竞拍策略,英式拍卖过程为:水权的转让方从基础价格起拍,不断加价,当水权的价格刚好超过 $v_{(b_2)}$ 时,受让方 b_2 将退出此次水权拍卖,拍卖结束,受让方 b_1 获胜。根据英式拍卖的拍卖规则,受让方 b_1 对水权转让方的支付就是受让方 b_2 退出时的水权价格,而这一价格正好等于受让方 b_2 对水权的估价。因此,受让方 b_1 赢得拍卖后的支付函数 $Payment_{(b_1)}$ 可以表示为:

$$Payment_{(b_1)} = E(v_{(b_2)} | v_{(b_2)} < v_{(b_1)}) \tag{7.6}$$

因此,水权转让方 s 在传统的英式拍卖中可获得的期望收益为:

$$ER_s^E = 2 \times P(b_1\ win) \times Payment_{(b_1)} = 2 \times \pi[v_{(b_1)}] \times E[v_{(b_2)} | v_{(b_2)} < v_{(b_1)}] \tag{7.7}$$

综上所述,在传统的英式拍卖中,受让方的最优出价策略是以己方对水权的真实估价为限,接受任何可能的价格。水权交易的平均成交价格是两个受让方中出价相对较低者的竞拍价,英式拍卖的结果能够实现水权市场中水权的合理高效配置。

三、基于模糊参数出价意愿的英式拍卖博弈模型

（一）独立私有价值下的拍卖博弈模型构建

在水权市场中,对于不同的水权受让方而言,购买水权后所产生的经济效益都是不一样的,拍卖过程中受让方会依据个人的信息对其进行估值。根据传统的英式拍卖模型如上文设定模型符合独立私有价值规范假设,即拍卖过程中即使受让方观察到其他竞拍受让方对水权的估价信息,也不会改变自己的报价。因此,本节是在传统的英式拍卖模型独立私有价值假设下对模型作进一步分析。

根据上述"一对多"交易中的英式拍卖博弈模型分析,传统的英式拍卖理论是基于概率的博弈理论,在设定的基本假设下,引入拍卖过程中受让方的估价参数,受让方对水权的估价是一个清晰值,并且属于私人信息,受让方仅知道对手的估价分布概率,分析不同受让方的拍卖竞价行为和策略,计算其博弈均衡点。若水权受让方竞拍到水权时支付的价格超过其估价,受让方会停止竞价;若水权受让方竞拍到水权时支付的价格低于其估价,受让方受利益驱使

第七章 "一对多"情境下水权交易"基础+拍卖"市场定价研究

会积极竞拍。

而本章考虑水权受让方的估价是一个模糊的参数,即受让方的出价不会在某个价格上出现绝对的变化,低于某个价格就绝对出价,高于某个价格就绝不出价,即使两个受让方在拍卖中对水权的估价一致,其竞价表现也不尽相同。这主要是由于受让方的出价受到其水权需求程度、经济效益、价格灵敏度等因素影响,将这些因素综合于受让方的模糊出价意愿中,通过模糊出价意愿随着竞价不断升高的变化来反映受让方的出价策略,更能够反映受让方在拍卖中的出价心理。

因此,根据传统英式拍卖独立私有价值的规范假设,在基于模糊参数出价意愿的英式拍卖中,受让方竞相以逐步攀升的价格出价,直到最高价为止,出价最高的受让方以其出价赢得水权的购买权,出价意愿属于受让方的独立私人信息,受让方是否出价取决于其出价意愿。对于 b_i($i=1,2,\cdots,n$),当价格低于某个值[设为 $e^L_{(b_i)}$],其出价意愿为 1,也就是说,在此价格上,受让方积极出价;随着交易价格 e 的增加,其出价意愿逐步降低;当 e 大于 $e^H_{(b_i)}$ 后,受让方拒绝出价,出价意愿为 0,设受让方 b_i 对水权的出价意愿为 $\widetilde{W}_{(b_i)}$,其隶属函数 $\mu_{\widetilde{W}_{b_i}}(e)$ 为:

$$\mu_{\widetilde{W}_{b_i}}(e)=\begin{cases}1, & e\in(0,e^L_{(b_i)})\\ f_{(b_i)}(e), & e\in[e^L_{(b_i)},e^H_{(b_i)}]\\ 0, & e\in(e^H_{(b_i)},+\infty)\end{cases} \quad (7.8)$$

式(7.8)中,$f_{(b_i)}(e)$ 为受让方 b_i 关于水权交易价格 e 的函数,若 $f_{(b_i)}(e)$ 在 $[e^L_{(b_i)},e^H_{(b_i)}]$ 上连续且单调递减,即针对任意价格对 $(e_{(b_i)1},e_{(b_i)2})$ 符合 $e^L_{(b_i)}\leqslant e_{(b_i)1}<e_{(b_i)2}\leqslant e^H_{(b_i)}$,存在 $f_{(b_i)}[e_{(b_i)1}]>f_{(b_i)}[e_{(b_i)2}]$,则认为受让方 b_i 是规范的。当全部拍卖的参与方都是规范的时,英式拍卖才具有研究意义。

此外,受让方 b_i 对水权交易价格的价格灵敏度可以用 $f_{(b_i)}(e)$ 表示。若

$f_{(b_i)}(e)$ 为凹函数,则当价格从 $e^L_{(b_i)}$ 上升[或从 $e^H_{(b_i)}$ 下降]时,受让方出价意愿降低为不明显,认为 b_i 为价格迟钝型;若 $f_{(b_i)}(e)$ 为凸函数,则当价格从 $e^L_{(b_i)}$ 上升[或从 $e^H_{(b_i)}$ 下降]时,受让方出价意愿降低较为明显,认为 b_i 为价格灵敏型;若 $f_{(b_i)}(e)$ 为线性函数,当价格从 $e^L_{(b_i)}$ 上升[或从 $e^H_{(b_i)}$ 下降]时,受让方出价意愿降低,认为 b_i 为价格中性型。价格灵敏度 $f_{(b_i)}(e)$ 的表达公式为:

$$f_{(b_i)}(e) = 1 - \left[\frac{e - e^L_{(b_i)}}{e^H_{(b_i)} - e^L_{(b_i)}}\right]^{\varepsilon_{(b_i)}}, \begin{cases} \varepsilon_{(b_i)} > 1, \text{价格迟钝型} \\ \varepsilon_{(b_i)} = 1, \text{价格中性型} \\ \varepsilon_{(b_i)} < 1, \text{价格灵敏型} \end{cases} \quad (7.9)$$

其中,$\varepsilon_{(b_i)}$ 为受让方的价格灵敏度指标。

假设受让方 b_i 和 b_j 竞价购买一个转让方的水权,他们的出价意愿分别为 $e_{(b_i)} \in [e^L_{(b_i)}, e^H_{(b_i)}]$,$e_{(b_j)} \in [e^L_{(b_j)}, e^H_{(b_j)}]$。若使用模糊参数 $\tilde{V}_{b_i}$ 表示受让方 b_i 赢得拍卖的可能(此时 b_i 愿意出价而 b_j 不愿意出价),则有:

$$\tilde{V}_{b_i} = \tilde{W}_{b_i} \cap \tilde{W}^C_{b_j} \quad (7.10)$$

式(7.10)中,$\tilde{W}^C_{b_j}$ 为 $\tilde{W}_{b_j}$ 的补集,此时 $\tilde{V}_{b_i}$ 的隶属度函数为:

$$\mu_{\tilde{V}_{b_i}}(e) = \mu_{\tilde{W}_{b_i}}(e) \wedge \mu_{\tilde{W}^C_{b_j}}(e) = \mu_{\tilde{W}_{b_i}}(e) \wedge [1 - \mu_{\tilde{W}_{b_j}}(e)] \quad (7.11)$$

当由 n 个受让方参与规范英式拍卖时,这些受让方 b_i 竞价购买同一个转让方的水权,价高者得。当竞拍价格为 e 时,受让方 b_i 的赢得拍卖的条件是其出价但其他受让方 b_j 不出价,且出价较转让方预设的保留价 $e_{\min(s)}$ 高,保留价高于水权的基准价格 e_{basic}。若使用模糊参数 $\tilde{V}_{b_i}$ 表示受让方 b_i 赢得拍卖的可能,则有:

$$\tilde{V}_{b_i} = \tilde{W}_{b_i} \bigcap_{j \in N_{-i}} \tilde{W}^C_{b_j} \quad (7.12)$$

式(7.12)中,$\tilde{W}^C_{b_j}$ 为受让方 b_j 出价意愿 $\tilde{W}_{b_j}$ 的补集,此时 $\tilde{V}_{b_i}$ 的隶属度函数为:

$$\mu_{\tilde{V}_{b_i}}(e) = \mu_{\tilde{W}_{b_i}}(e) \bigwedge_{j \in N_{-i}} \mu_{\tilde{W}_{b_j}^c}(e) \tag{7.13}$$

式（7.13）中，N 为水权受让方的集合，$N_{-i} = \{j | j \in N, i \neq j\}$。$\mu_{\tilde{V}_{b_i}}(e)$ 的最大值为受让方 b_i 的最大赢标可能，其价格为 $E^*_{(b_i)}$，即 $\max\{\mu_{\tilde{V}_{b_i}}(e)\}$ 获得的 $(e^*_{(b_i)}, \mu^*_{\tilde{V}_{b_i}}(e))$ 为受让方 b_i 的竞价博弈均衡点。其中，对 $\max\{\mu_{\tilde{V}_{b_i}}(e)\}$ 的均衡点求解问题实际上是对优化问题的求解，建立模型 I 如下：

$$\max\{\mu_{\tilde{V}_{b_i}}(e)\}$$

$$s.t. \begin{cases} \mu_{\tilde{V}_{b_i}}(e) = \mu_{\tilde{W}_{b_i}}(e) \bigwedge_{j \in N_{-i}} \mu_{\tilde{W}_{b_j}^c}(e) \\ \mu_{\tilde{W}_{b_i}}(e) = \begin{cases} 1, & e \in (0, e^L_{(b_i)}) \\ f_{(b_i)}(e), & e \in [e^L_{(b_i)}, e^H_{(b_i)}] \\ 0, & e \in (e^H_{(b_i)}, +\infty) \end{cases} \\ \mu_{\tilde{W}_{b_j}}(e) = \begin{cases} 0, & e \in (0, e^L_{(b_j)}) \\ f_{(b_j)}(e), & e \in [e^L_{(b_j)}, e^H_{(b_j)}] \\ 1, & e \in (e^H_{(b_j)}, +\infty) \end{cases} \\ e \geq e_{basic} \\ j \in N_{-i} \end{cases} \tag{7.14}$$

式（7.14）中，e_{basic} 为基础价格，即起拍价。求解模型时，由于仅当价格在 $[e^L_{(b_i)}, e^H_{(b_i)}]$ 时模型有意义，因此隶属度函数 $\mu_{\tilde{W}}(e)$ 仅需分析 $f(e) = 1 - \left[\dfrac{e - e^L}{e^H - e^L}\right]^\varepsilon$ 的部分。令 e 为 x_1，$\mu_{\tilde{V}_{b_i}}(e)$ 为 x_2，对于受让方 b_i，模型可转换为：

$$Z_{(b_i)} = \max\{x_{2(b_i)}\}$$

$$s.t. \begin{cases} x_{2(b_i)} - 1 + \left[\dfrac{x_{1(b_i)} - e_{(b_i)}^{L}}{e_{(b_i)}^{H} - e_{(b_i)}^{L}}\right]^{\varepsilon_{(b_i)}} \leqslant 0 \\[2mm] x_{2(b_i)} - \left[\dfrac{x_{1(b_j)} - e_{(b_j)}^{L}}{e_{(b_j)}^{H} - e_{(b_j)}^{L}}\right]^{\varepsilon_{(b_j)}} \leqslant 0 \\[2mm] x_{1(b_i)} \in [e_{(b_i)}^{L}, e_{(b_i)}^{H}] \\ x_{2(b_i)} \in [0,1] \\ x_{1(b_i)} \geqslant e_{basic} \\ j \in N_{-i} \end{cases} \quad (7.15)$$

求解式(7.15)，$Z_{(b_i)}$ 的最优值即为受让方 b_i 赢得拍卖的最大可能 $x_{2(b_i)}^{*}$，对应价格为 $x_{1(b_i)}^{*}$。

对于"一对多"情境下水权交易的所有受让方而言，$x_{2(b_i)}^{*}$ 最大的受让方将最有可能赢标，构建模型如下：

$$\max\{x_{2(b_i)}^{*}\}, i \in N \quad (7.16)$$

令 $\max\{x_{2(b_i)}^{*}\} = x_{2(b_n)}^{*}$，则 b_n 赢得了竞拍，式(7.16)中的最优解 $x_{2(b_n)}^{*}$ 为整个拍卖系统的均衡点 $(e_{(b_n)}^{*}, \mu_{\tilde{V}_{b_n}}^{*}(e))$，即水权交易拍卖最可能的成交价及其对应的隶属度。模型(7.14)和模型(7.15)构成一个二次规划问题，当 $\varepsilon_{(b_i)} = 1$ 时，模型是线性规划问题，可用线性规划求解法进行求解。当 $\varepsilon_{(b_i)}$ 不全为1时，模型是非线性规划问题，二维变量是实数，可采用遗传算法对模型进行求解。

（二）关联价值下的拍卖博弈模型构建

根据上述水权交易独立私有价值下的英式拍卖博弈模型，可求得该假设下拍卖模型的均衡点 e^{*}，即受让方最有可能赢得水权拍卖的交易价格。然而，独立私有价值下基于模糊参数出价意愿的英式拍卖模型是在传统英式拍卖的基础上，基于严格的假设构建的，即参与拍卖的受让方是基于其出价意愿属于受让方的独立私人信息，且不会受到市场中其他人出价信息的影响。但

第七章 "一对多"情境下水权交易"基础+拍卖"市场定价研究

现实的水权拍卖实际上是一个多人动态博弈的过程。特别是在竞拍时,水权受让方一旦获知市场内其他信息,如参与水权拍卖的其他受让方的数量及其出价意愿、水权有关的信息、水权的价格波动趋势、对形势的判断和竞价策略等,很有可能会改变已方的估值。此时,独立私有价值下的英式拍卖模型往往难以处理现实拍卖中出现的这些不确定性问题对拍卖均衡点的影响,而这些不确定性问题均可能导致拍卖的均衡点脱离独立私有价值下的均衡点,走向新的均衡点。这主要源于受让方在现实拍卖过程中能够接收不同的信息,进而根据获得的信息随时调整己方的出价意愿。

参与水权交易的受让方实际上处于关联价值的信息结构下,出价意愿和出价策略会受到市场环境和竞价现场信息波动等因素的影响。参与水权拍卖的受让方获得的信息越多,在竞拍过程中就越占优势。而上述的独立私有价值下的拍卖博弈模型更适用于拍卖开始之前受让方对于拍卖过程的分析,受让方预先对拍卖的水权进行估价,估价会受到受让方对于风险的偏好、价格的灵敏度、对标的物的需求度、受让方的财务状况等因素影响,决定了受让方的初始出价意愿,这种出价意愿是静态的,是通过在参加竞价前对获取的各类信息更新分析后得出的结果。随着水权拍卖的不断进行,其出价意愿将受拍卖过程中的各种现实因素的影响,受让方可以根据竞拍过程中获得的更多信息,对原始的出价意愿和出价策略进行调整。因而,本章在模型中引入了现实拍卖过程中一些动态因素,将"一对多"交易情境下的水权定价模型扩展为关联价值下基于模糊参数出价意愿的英式拍卖模型。

假设 e^* 是独立私有价值下基于模糊参数出价意愿的英式拍卖模型的均衡点,即水权受让方在拍卖开始前通过分析已有信息得出的拍卖最可能停止的价格。在 e^* 上如果受让方出价意愿较小,但却想要赢得拍卖,则只能提高自己的出价意愿,这会导致拍卖停止价格高于 e^*。而在 e^* 上出价意愿较大的受让方为了获得更大利益,可能会考虑在竞价过程中隐瞒自己的信息,或者根据形势判断调整降低其出价意愿等,都可能使得拍卖的停止价格低于 e^*。

若第 k 次出价后,受让方 b_i 的出价意愿为 $\widetilde{W}_{b_i}^{(k)}$,则其隶属度函数为:

$$\mu_{\widetilde{W}_{b_i}^{(k)}}(e) = \begin{cases} 1, & e \in (0, e_{(b_i)}^{L(k)}) \\ 1 - \left[\dfrac{e - e_{(b_i)}^{L(k)}}{e_{(b_i)}^{H(k)} - e_{(b_i)}^{L(k)}}\right]^{l_{b_i}}, & e \in [e_{(b_i)}^{L(k)}, e_{(b_i)}^{H(k)}] \\ 0, & e \in (e_{(b_i)}^{H(k)}, +\infty) \end{cases} \quad (7.17)$$

式(7.17)中,$[e_{(b_i)}^{L(k)}, e_{(b_i)}^{H(k)}] = g_{(b_i)}[e_{(b_i)}^{L(k-1)}, e_{(b_i)}^{H(k-1)}, e^*, e_{(b_i)}^{(k)}, D_{(b_i)}^{(k)}]$,$k = 1, 2, \cdots, m$;上标 k 表示当前出价次数,当 $k = 0$ 时,表示拍卖前的初始状态,即拍卖轮次未开始,恢复到独立私有价值下的英式拍卖模型的参数和变量,也是模型的初始参数;$[e_{(b_i)}^{L(0)}, e_{(b_i)}^{H(0)}]$ 代表初始出价意愿参数,与独立私有价值下的英式拍卖模型中的 $[e_{(b_i)}^L, e_{(b_i)}^H]$ 一致;$e_{(b_i)}^{(k)}$ 为受让方 b_i 第 k 次的报价;$D_{(b_i)}^{(k)}$ 表示受让方 b_i 在第 k 次出价后对水权竞价现场的判断和决策,包括对其他所有参与竞拍的水权受让方的判断和应对策略。竞价前期,水权受让方对拍卖现场竞价情况进行分析的程度一般不会太高,因此,当 $e_{(b_i)}^{(k)} < (1 - o_{(b_i)}) e_{(b_i)}^*$ [$o_{(b_i)}$ 为受让方对拍卖现场竞价情况的关注系数] 或者当 $e_{(b_i)}^{(k)} < e_{(b_i)}^{L(0)}$ 时,$\widetilde{W}_{b_i}^{(k)} = \widetilde{W}_{b_i}^{(k-1)}$。需要注意的是,受让方的价格灵敏度 $\varepsilon_{(b_i)}$ 一般不会受市场信息影响(与 k 无关),因此受让方 b_i 的第 k 次出价意愿函数为:

$$e_{(b_i)}^{L(k)} = \begin{cases} e_{(b_i)}^{L(0)} + o_{(b_i)}[e_{(b_i)}^{(k)} - e_{(b_i)}^*] + D_{(b_i)}^{(k)}, & e_{(b_i)}^{(k)} \geqslant e_{(b_i)}^{L(0)} \\ e_{(b_i)}^{L(k-1)}, & e_{(b_i)}^{(k)} < e_{(b_i)}^{L(0)} \end{cases} \quad (7.18)$$

$$e_{(b_i)}^{H(k)} = \begin{cases} e_{(b_i)}^{H(0)} + o_{(b_i)}[e_{(b_i)}^{(k)} - e_{(b_i)}^*] + D_{(b_i)}^{(k)}, & e_{(b_i)}^{(k)} \geqslant e_{(b_i)}^{L(0)} \\ e_{(b_i)}^{H(k-1)}, & e_{(b_i)}^{(k)} < e_{(b_i)}^{L(0)} \end{cases} \quad (7.19)$$

式(7.18)和式(7.19)中,$D_{(b_i)}^{(k)}$ 表示受让方 b_i 在第 k 次出价后对拍卖现场的判断和决策,$o_{(b_i)}$ 表示受让方 b_i 对市场价格波动的灵敏度系数,若为 0,则意味着此时拍卖现场的水权竞拍价格不影响受让方 b_i 的估价,这是一个联合

第七章 "一对多"情境下水权交易"基础+拍卖"市场定价研究

估价模型,当 $o_{(b_i)}^{(k)} = 0$ 和 $D_{(b_i)}^{(k)} = 0$ 时,该模型为独立私人价值模型。

由于水权交易拍卖中,出价意愿 $\tilde{W}_{b_i}^{(k)}$ 是每个受让方的私人信息,竞拍现场的受让方只能根据其竞价行为对竞争对手的信息进行猜测。若竞争激烈,或者某个水权受让方表现出强烈的购买意愿,可能会带动其他受让方提高水权拍卖的出价意愿。同时,在水权拍卖过程中,由于受让方不知道水权转让方的真实保留价格,以及对水权掌握的信息程度不同,每个受让方对标的水权的估价会产生差异。虽然每个受让方都希望准确估计标的水权的真实保留价格,但若有一个受让方私下获知了其他受让方的估价很容易对己方的竞价策略作出调整。受让方主观估价和标的水权实际保留价格之间的误差,会导致部分赢得标的水权的受让方实际上发生亏损,即陷入"赢者诅咒"的境地,从而提前放弃竞价。因此,有效的判断和决策才能使得受让方既可以把握商机又可以及时避免陷入"赢者诅咒",动态决策过程显得尤为重要。

假设 $e^{(k)}$ 为当前轮次 k 标的水权的竞拍价格,此时关联价值下的受让方 b_i 的英式拍卖决策过程如下:

(1)由 $e^{(k)} - e^{(k-1)}$ 的价值推断处于 $e^{(k)}$ 竞拍价格的受让方的出价意愿,对高加价者保持关注,高加价竞价的受让方一般出价意愿较高或者出价意愿阈值 $\xi(0 < \xi < 1)$ 较高,但也可能是对方的策略性出价;

(2)统计其他受让方多少轮未出价,结合独立私有价值下的拍卖博弈结果,推断其是否放弃竞价;

(3)根据市场信息和其他受让方的行为,预测标的水权价格的走势以及本场竞价的走势;

(4)若 $e^{(k)} < e_{(b_i)}^{L(k)}$,$\tilde{W}_{b_i}^{(k)} = \tilde{W}_{b_i}^{(k-1)}$,否则,计算 $\tilde{W}_{b_i}^{(k)}$,重新建立优化模型计算出价意愿 $\tilde{W}_{b_i}^{(k)}$ 的隶属度函数 $\mu_{\tilde{W}_{b_i}^{(k)}}(e)$;

(5)若 $\mu_{\tilde{W}_{b_i}^{(k)}}(e^{(k)}) \leq \xi_{(b_i)}$,则该受让方放弃竞价,否则重新确定出价策略。需要说明的是,受让方在拍卖中并不是在出价意愿为 0 时,才会放弃竞价;而是当其出价意愿低于一定的出价意愿阈值 $\xi_{(b_i)}(0<\xi_{(b_i)}<1)$ 时,才会放弃水权竞价。受让方参与竞价的目标和需求的强度是不同的,对于部分受让方来说,水权的需求比较强烈,这类受让方的出价意愿阈值会比较高;而对于另一部分受让方而言,水权的需求迫切程度可能很低,那么这类受让方的出价意愿阈值会比较低;还有部分受让方对于时间成本比较重视,因此其出价意愿阈值也可能比较低。一般情况下,受让方的出价意愿阈值 $\xi_{(b_i)}$ 保持居中的水平。

整个流程如图 7.2 所示:

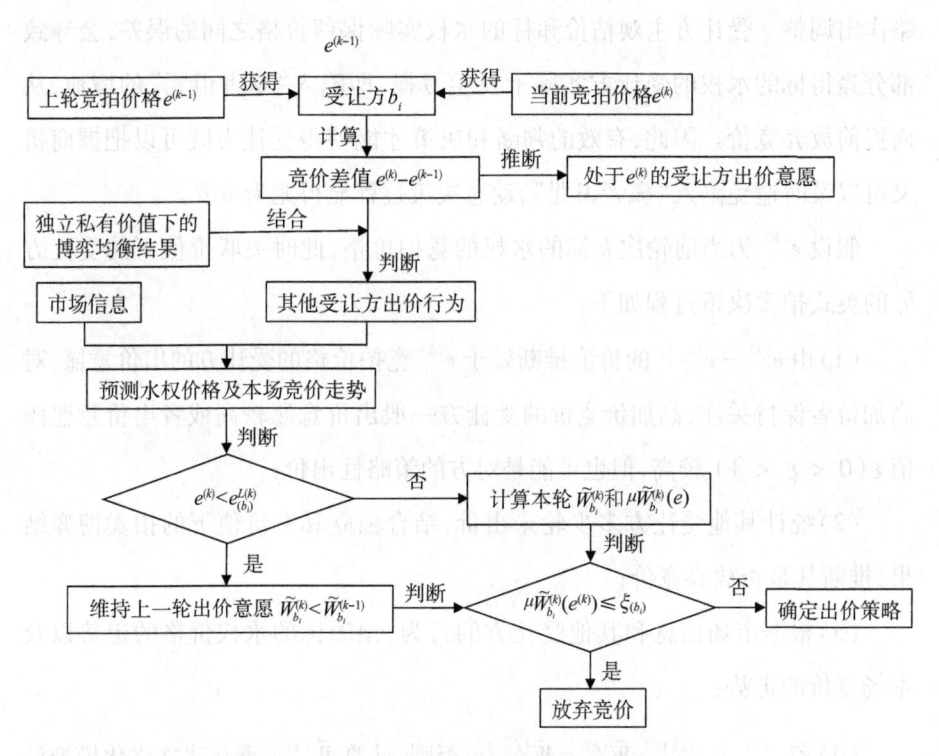

图 7.2 基于关联价值模型的受让方出价流程

当水权转让方和受让方处于"一对多"情境时,交易双方更适合采用拍卖竞价的方式进行水权交易定价。本章系统分析了"一对多"情境下水权交易

第七章 "一对多"情境下水权交易"基础+拍卖"市场定价研究

"基准+拍卖"市场定价模型构建的基本思路、相关方法及其适用性。构建了模糊参数出价意愿的"一对多"英式拍卖博弈模型,具体包括:构建"一对多"情境下的基于独立私有价值的英式拍卖博弈模型,并进一步考虑现实拍卖过程中市场价格波动、受让方信息获取程度等条件对拍卖均衡价格的影响,将基于独立私有价值的英式拍卖博弈模型扩展为关联价值下的英式拍卖博弈模型,并提出具体的决策流程供水权交易竞价市场参考。

第四部分　价格管制

　　通过明确水权价值内涵及价格构成,选取水资源价值模型作为价格管制下限模型;通过借鉴自然垄断行业的价格水平管制模型,建立符合我国水权交易的价格管制上限模型,进而构建水权交易价格管制综合模型,该研究有助于将水权交易价格保持在合理的阈值范围,有助于完善我国的水权交易价格管制体系,为水权交易价格管理提供理论依据。基于此,本部分从价格监测管理制度、管制价格调整体系、价格管制保障体系三个方面开展水权交易价格管理制度及保障体系研究,为完善我国水权交易价格管理制度体系提供新思路。

第八章 水权交易价格管制模型研究

水权制度是解决水资源短缺与空间分布不均问题的重要经济手段。但为防止市场失灵而导致资源配置不公与低效,政府必须充分发挥对水权交易价格的调控职能。为保障水权交易能够兼顾"公平"和"效率"原则,本章构建水权交易价格管制模型,以使水权交易价格更具合理性,保持在合理的阈值范围。

本章首先通过明确水权价值内涵及价格构成,选取水资源价值模型作为价格管制下限模型,旨在确保水权交易价格能够真实反映水资源的内在价值,同时保障水资源的有效利用和保护。其次,通过借鉴自然垄断行业的价格水平管制模型,旨在确保水权交易价格既考虑了水资源的稀缺性和不可替代性,还兼顾了水权交易市场的公平性和可持续性。最后,将上述两个模型进行融合,构建水权交易价格管制综合模型,既体现了水资源的真实价值,又有效避免了市场价格的过度波动,为我国水权交易市场的健康发展提供了有力的政策支持和理论指导。基于以上分析,确定水权交易价格管制模型构建思路如下:

第一,考虑到水权交易管制下限价格应由水资源价值确定,本章用其作为水权交易的最低标准价格。因此,考虑水权交易的方式与对象等问题,明确水权交易价格的组成,分析价格形成的影响因素,选取合适的水权交易价格下限管制模型,选取水资源价值模型作为水权交易价格管制下限模型。

第二,考虑到水权交易市场是一个"准市场",并非完全竞争市场,其交易价格的形成不完全由市场决定,还需要政府发挥管制职能,对价格上限进行必要的限制。因此,本章基于国家相关法律法规、制度政策的要求,选取改进的"$RPI-X$"价格上限模型作为水权交易价格管制上限模型。

第三,结合水权交易价格管制下限模型和水权交易价格管制上限模型,建立符合我国国情水情的水权交易的价格水平管制综合模型,并给出各因子的理论计算方法(倪津津,2019)。[①]

第一节　水权交易价格管制下限模型构建

水权交易下限阈值应体现水资源本身的价值,即水资源的资源成本。本部分将水资源的价值细化为功用价值与稀缺性价值。水权交易市场与一般商品交易市场存在显著差异,这主要体现在以下几个方面:一是水资源作为一种至关重要的自然战略资源,其分布和利用受到自然条件的限制,具有明显的地域性特征;二是水资源的开发利用往往涉及公共利益和生态平衡,因此受到政府的严格监管和计划调控,表现出较强的计划性;三是由于水资源的不可替代性和对经济社会发展的重要性,水权交易中往往存在一定的垄断性,市场价格难以完全通过自由竞争机制形成。鉴于上述特点,本书参考徐晓鹏和武春友(2004)在研究资源水价时提出的水资源价值模型,计算水权交易管制价格下限。[②]

设 P_{min} 为水权交易管制下限价格,也是水权交易的最低标准价格,体现水资源的基本价值,则水权交易价格管制下限模型为:

$$P_{min} = P_1 + P_2 \tag{8.1}$$

式(8.1)中,$P_i(i=1,2)$分别表示水资源的功用价值及稀缺性价值。

[①] 倪津津:《水权交易价格水平管制模型研究》,河海大学硕士学位论文,2019年。
[②] 徐晓鹏、武春友:《资源水价定价模型研究》,《中国水利》2004年第1期。

第八章 水权交易价格管制模型研究

一、水资源功用价值的确定

水资源的功用价值就是水资源所能满足其使用者需求的程度,这取决于所交易水资源的质量。一般而言,水质越好,则其所能满足使用者需求的程度越高,用途也更为广泛,价值越高;反之,质量越差,用途越有限,价值越低。有的水资源由于受到严重污染而完全丧失功用价值,甚至给人类带来危害,产生负价值,本书对负价值不做讨论,水权可交易的前提是被交易使用权的水资源应有正价值。

一般情况下,当水质下降或受到污染时,水的功用价值会加速减少;反之,当水质得以改善时,水的功用价值会减速增加,最终增长速度趋于零,达到最理想的水质。因此,可设某水权交易区域的水资源水质为 $WQ,WQ\in[0,1]$。如图8.1所示,当 $WQ=1$ 时,表示该水权交易区域的水资源水质能够满足使用者的一切需求。又设水质为 WQ 的单位水资源功用价值为 $y_1,y_1\in[0,1]$,$y_1=f(q)$,当 $q=0$ 时,$y_1=0$;$q=1$ 时,$y_1=1$。假设水质与水的功用性价值都是连续变化的,函数 $y_1=f(q)$ 的图形如图8.1所示,

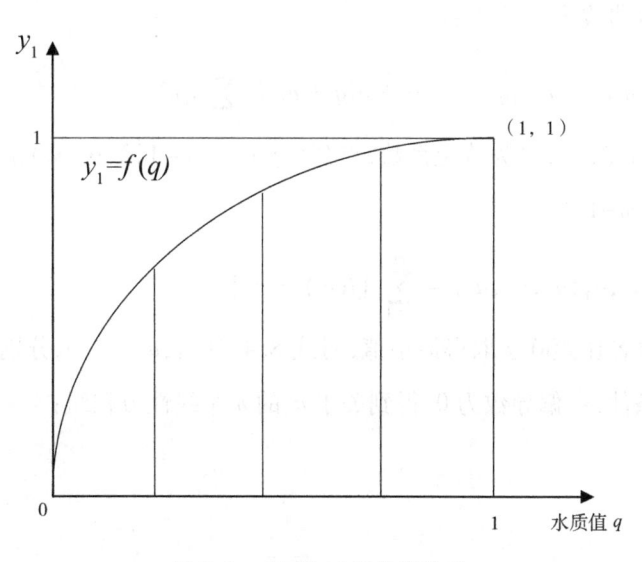

图8.1 水质与功用价值关系

得到水权交易区域平均单位水资源功用价值为：

$$P_1 = v \int_0^1 f(q)\,\mathrm{d}q \tag{8.2}$$

式(8.2)中，v 表示 I 级水质水资源的单位功用价值。由于假设水资源功用价值是连续的，可利用线性最小二乘法进行多项式函数拟合，得出 $y_1=f(q)$ 的表达式，求出交易区域平均单位水资源功用价值 P_1。

具体的计算步骤为：

(1)根据交易区域水质类型，确定不同的水质对应的功用价值。

设交易区域水质值为 q_i，交易区域水资源的功用价值为 y_{1i}，各个水质对应的水量为 w_{1i}。$i=(1,2,\cdots,m)$，依次表示 1 级，2 级，$\cdots$，m 级水质的水资源，其中 1 级最高，m 级最低，由高到低。根据《中华人民共和国地表水环境质量标准》现有的水质分类标准，对水质进行等级划分。

那么交易区域水资源的功用价值为 $y_{1i}=f(q_i)$，$(i=1,2,\cdots,m)$，$q_i \in [0,1]$，$y_{1i} \in [0,1]$。该交易区域的水资源总量 $W_0 = \sum_{i=1}^{m} w_i$。

(2)利用线性最小二乘法进行多项式函数拟合，得到 $y_1=f(q)$ 的表达式：

设拟合曲线为：

$$f(q) = a_n q^n + a_{n-1} q^{n-1} + \cdots + a_1 q + a_0 = \sum_{k=0}^{n} a_k q^k \tag{8.3}$$

$a_k(k=1,2,\cdots,n)$ 为待定系数，点列 (x_i,y_i)，$(i=1,2,\cdots,m)$ 由式(8.3)确定，满足 $n<m-1$。

$$J = J(a_0,a_1,a_2,\cdots,a_n) = \sum_{i=1}^{m} [f(q_i) - y_{1i}]^2 \tag{8.4}$$

为使雅各比矩阵 J 取得最小值，对式 8.4 中 $a_1,a_2,\cdots,a_k$ 分别求偏导数，利用极值条件，令偏导数为 0，得到关于 a_n 的 n 个线性方程组：

$$\begin{cases} \sum_{i=1}^{m} \left[\sum_{k=0}^{n} a_k q_i^k - y_{1i} \right] = 0 \\ \sum_{i=1}^{m} x_i \left[\sum_{k=0}^{n} a_k q_i^k - y_{1i} \right] = 0 \\ \cdots\cdots \\ \sum_{i=1}^{m} x_i^n \left[\sum_{k=0}^{n} a_k q_i^k - y_{1i} \right] = 0 \end{cases} \quad (8.5)$$

记

$$R = \begin{bmatrix} 1 & q_1 & \cdots & q_1^n \\ 1 & q_2 & \cdots & q_2^n \\ \vdots & \vdots & \vdots & \vdots \\ 1 & q_m & \cdots & q_m^n \end{bmatrix} \quad (8.6)$$

$A = (a_0, a_1, \cdots, a_n)^T$, $Y = (y_0, y_1, \cdots, y_n)^T$，则方程组(8.6)可表示为

$$R^T R A = R^T Y \quad (8.7)$$

R 列满秩，$R^T R$ 可逆，因此方程组有唯一解 $A = (R^T R)^{-1} R^T Y$，求得系数 a_0, $a_1, \cdots, a_n$，解出 $f(q)$。

二、水资源稀缺性价值的确定

稀缺性是水资源价值的基础。水资源价值与其水量存在密不可分的关系，水量就是水资源丰富度的重要指标，水量的多少体现了水资源的绝对稀缺性。在水权交易市场中，水资源与普通商品类似，都存在供需关系，水权交易双方将水资源使用权作为商品进行交易，即为交易区域的水资源。水资源越稀缺，则其价格也越高，稀缺性价值就越大；反之，水资源越丰富，稀缺性价值越小，此时交易区域水资源稀缺性是相对的。水资源价值应是绝对与相对稀缺性的统一，因此水资源的稀缺程度主要取决于交易区域四个主要因素：人口密度、生态环境、社会经济结构与社会发展状况。

(1) 人口密度因素。水资源作为人类生存、生活与生产的必要资源,单位区域的人口密度高,对水资源的需求大,会导致水资源供应紧张,水资源的稀缺程度相应就高。

(2) 生态环境因素。水资源与生态环境具有相互影响的作用。水资源充沛时,陆地与海洋的水能够不断被蒸发成水蒸气进入大气层,以降水的形式落到地面,形成地表径流。当交易区域降水充沛,环境污染程度低时,其水资源的稀缺程度相应较小。

(3) 社会经济结构因素。社会经济结构是多种生产关系的总和,不同的生产关系会对水资源产生不同的影响。例如,当大力发展第二产业以促进经济增长时,工业生产对水资源的需求大大增加,同时造成环境污染,破坏水资源供需平衡,导致水资源稀缺程度相应提高。

(4) 社会发展状况因素。生活垃圾、工业垃圾的随意丢弃,工厂废水的排放,都会对水资源造成难以挽回的破坏与污染,导致可用的水资源越来越少,相应的水资源稀缺程度也越来越高。

水权交易中应充分体现水资源的稀缺性价值,稀缺性是针对功用价值的水资源进行探讨的,因此稀缺性价值应以功用价值为基础,且 $P_2>0$。为方便讨论,一般假设全国水资源充足,则全国水资源平均稀缺性价值 $P_{稀}$ 与其功用价值 $P_{功}$ 相同,即用 P_0 表示全国水资源平均功用价值与稀缺性价值,有 $P_0 = P_{稀} = P_{功}$。同时,由于我国规定有水质划分的统一标准,因此无论是全国还是交易区域的单位平均水资源的功用价值函数均可用 $y = \int_0^1 f(q)\,\mathrm{d}q$ 表示,那么就有全国水资源单位平均功用价值及稀缺性价值为:

$$P_0 = P_{功} = P_{稀} = v\int_0^1 f(q)\,\mathrm{d}q \tag{8.8}$$

交易区域水资源丰富度必与全国平均水平存在差距,当交易区域水资源稀缺程度高于全国平均水平时, $\dfrac{P_2}{P_0} > 1$;当低于全国平均水平时, $\dfrac{P_2}{P_0} < 1$;只

有当与全国水平一致时,才有 $\frac{P_2}{P_0} = 1$。那么交易区域的水资源稀缺性价值可以表示为:

$$P_2 = \lambda^a P_0 (a > 1 \text{ 为常数}) \tag{8.9}$$

式(8.9)中,λ 作为区域修正系数,表示交易区域水资源相对全国的稀缺程度。

在交易区域内,若水资源十分充沛,则有 $0 < \lambda \leq 1$,水资源的稀缺性价值对交易价格几乎不再产生什么影响,稀缺性价值会随水资源的丰富程度增长,增长速度会愈发缓慢,并趋向于零;反之,若水资源稀缺程度逐渐提高,并大于全国平均水平时,则有 $\lambda > 1$,其稀缺性价值会呈幂函数增长,即加速增长,如图 8.2 所示。

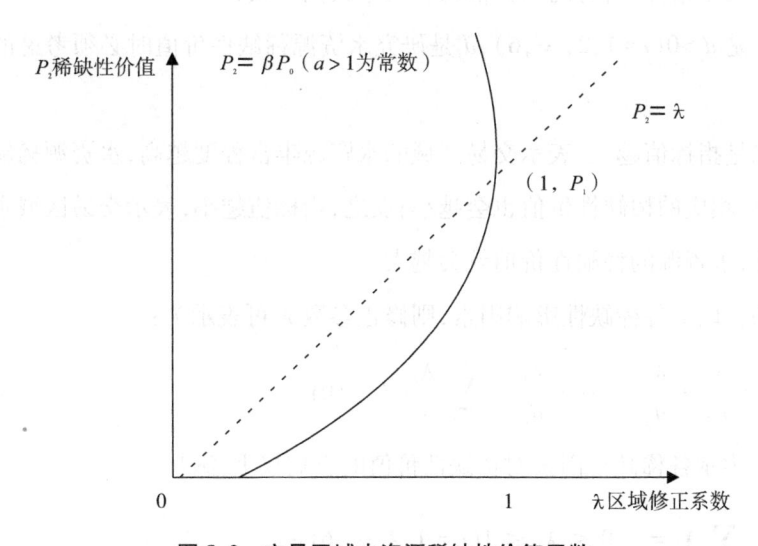

图 8.2 交易区域水资源稀缺性价值函数

由于交易区域水资源的稀缺程度主要是相较全国平均水平而言的,对于区域修正系数 λ,本书同样沿用徐晓鹏和武春友(2004)在水资源定价研究中的指标,根据交易区域相对全国的水量、人口数量、生态环境、社会经济结构与发展状况等因素来确定修正参数 λ。① 如表 8.1 所示。

表 8.1　影响修正参数的指标体系

序号	指标	影响因素
d_1	人口密度	人口数量
d_2	土地面积水资源占有量	社会经济结构
d_3	耕地面积水资源占有量	
d_4	万元 GDP 用水量	社会发展状况
d_5	预测降水量	生态环境
d_6	降水量加权平均	

该六项指标,所有的指标值均有两个共同性质:

一是 $d_j>0(i=1,2,\cdots,6)$,d_j 是研究水资源稀缺性价值时必须考虑的影响因素。

二是指标值越大,表示交易区域的水资源丰富程度越高,水资源稀缺程度就越小,相应的稀缺性价值也会越小;反之,指标值越小,表示交易区域水资源越匮乏,水资源的稀缺性价值就会越大。

综合以上各稀缺性影响因素,则修正参数 λ 可表示为:

$$\lambda = \frac{\lambda_1}{d_1} + \frac{\lambda_2}{d_2} + \cdots + \frac{\lambda_6}{d_6} = \sum_{j=1}^{6} \frac{\lambda_j}{d_j}(d_j > 0) \qquad (8.10)$$

λ_j 表示各稀缺性因素对稀缺性价值的影响权重,满足:

① $\sum_{j=1}^{6} \lambda_j = 1, 0 \leq \lambda_j \leq 1(j=1,2,\cdots,6)$;

② λ_j 与 d_j 呈负相关。一般而言,d_j 越小,表示交易区域水资源稀缺程度越大,对应要素对水资源稀缺性价值影响越大,对应的 λ_j 权值也应越大。

对于式(8.10)中的指标 d_j 的具体解释:

---

① 徐晓鹏、武春友:《资源水价定价模型研究》,《中国水利》2004 年第 1 期。

①d_1表示交易区域与全国年人均水资源占有量的比值,为人口密度指标;

②d_2表示交易区域与全国平均单位土地面积水资源占有量的比值;

③d_3表示交易区域与全国平均单位耕地面积水资源占有量的比值,d_2、d_3为社会经济结构指标;

④d_4交易区域与全国平均万元 GDP 用水量的比值,为社会发展状况指标;

⑤d_5表示交易区域与全国预测降水量的比值,可根据气象部门的预测结果或前几年(一般为 5—10 年)的降水量进行预测;

⑥d_6表示交易区域与全国降水量加权平均值的比值。

综上,

$$P_2 = P_0 \left[\sum_{j=1}^{6} \frac{\lambda_j}{d_j} \right]^a \quad (a > 1 \text{ 为常数}, d_j > 0) \tag{8.11}$$

三、水权交易价格管制下限模型

根据上述分析,水权交易管制下限价格 $P_{\min}$ 的表达式可表示为:

$$P_{\min} = P_1 + P_2 = P_1 + P_0 \lambda^a = v \int_0^1 f(q) \, dq \times \left[1 + \left(\sum_{j=1}^{6} \frac{\lambda_j}{d_j} \right)^a \right] \quad (a > 1 \text{ 为常数}, d_j > 0) \tag{8.12}$$

第二节 水权交易价格管制上限模型构建

在水权交易价格水平管制中,不仅需要一个交易价格下限,以保证水权出让方的基本利益不受损害,还需要一个价格上限,过高的价格导致水权交易成本过高而难以促成,仍然难以达到资源优化配置。

一、初始模型

本书对目前较成熟的价格水平管制方法进行了梳理与评析,证实了激励性的价格管制模型更利于生产企业提高生产效率,激励性的价格管制模型,同样适用于水权交易市场。

"RPI-X"价格管制上限模型作为一种激励性管制模型,现已广泛地应用于发达国家的相关自然资源垄断行业价格管制中,国内外学者也对其进行了大量研究及应用,证明该模型适用于供水行业。"RPI-X"价格管制模型的优点包括:一是能够实现管制与激励相容,在给出水权交易价格上限的同时,允许水权交易价格在一定范围内波动,最终在市场机制的作用下形成一个合理的交易价格。这种机制有助于防止由于信息不对称等导致的水权交易价格过高,从而使得水权交易难以实行的问题。二是价格上限管制简便易行,可以有效降低政府的管制成本。与传统的详细评估交易双方水相关行业的全部数据的方法相比,该模型不需要花费大量成本进行复杂的数据分析。此外,价格上限管制政策通常具有较长的延续性,周期一般为3—5年,这也有助于减少政府频繁调整政策的成本。

基于以上优点,本章选择"RPI-X"价格上限管制模型作为水权交易价格管制上限的初始模型。然而,为了更好地适应水权交易的特点,我们将对该模型进行改进。改进后的模型将更加贴近水权交易的实际情况,提高其适用性和有效性。具体来说,我们将考虑以下因素对价格上限管制模型进行调整:一是初始成本,这是制定价格上限的基础,确定一个合理的起始价格点,从而确保企业能够覆盖其基本运营成本并获得合理利润。二是零售价格指数(RPI),通过将RPI纳入水权交易价格管制上限模型,可以更公平地反映市场条件的变化,并保护消费者免受过度价格上涨的影响。三是生产效率增长或成本下降率(X):这一因素反映了企业在特定时期内的生产效率提升或成本降低的百分比。将该因素纳入水权交易价格管制上限模型中,可以激励企业持续改进效率和技术革新,同时确保价格上限不会过于严格,阻碍企业的健康发展。

综上所述,本章构建价格管制上限初始模型为:

$$P_{\max} = C_0(1 + RPI - X) \tag{8.13}$$

式 8.13 中，$P_{\max}$ 为价格管制上限价格，C_0 为初始成本；RPI 为零售价格指数，通常为通货膨胀率；X 为一定时期内生产效率增长或成本下降率的百分比，即生产效率调整因子。

二、构建模型的各要素分析

根据水权交易的特点对水权交易价格水平的 $RPI-X$ 模型要素进行分析。

(1)成本。在水权交易中，水资源成本体现在水资源本身的价值上，即为水权交易的最低标准价格 $P_{\min}$，也是管制上限价格构成中的主体部分。

(2)通货膨胀因子。$RPI-X$ 模型中选取零售价格指数衡量通货膨胀率，虽能较好地反映消费者物价变动水平，但水权交易涉及的水资源在后续使用与开发仅有部分发生在消费品领域，管制模型中的通货膨胀因子应能够综合反映水权交易后水资源在社会各行业价格后续使用中的价格变化。

(3)利润。在正常情况下，为了鼓励水权交易，促进水资源充分合理的配置，水权出让方应被允许取得合理利润，体现水资源分配的公平性，让交易双方认识到水资源潜在的经济价值，提高环保意识，积极改善水质，促进水资源的节约使用，提高污水处理能力。

(4)质量。在自然垄断行业中，交易主体主要为自然垄断企业，其提供的产品与服务质量和成本有关，因此管制价格中应体现质量指标。本模型运用于水权交易，水权出让方所提供的产品即为水资源使用权，该产品质量为水质，即为管制模型中的质量因素。

(5)生产效率调整因子。生产效率调整因子是由政府确定的一定时期内水权交易区域供水企业生产效率增长的百分比。生产效率增长率能够反映出水权交易区域供水企业的技术进步率，若生产效率因子为正，证明交易区域供水行业可能由于技术进步或管理效率提高，使得生产效率有所提高，交易区域供水、用水成本降低，其水权交易的上限价格也应进行相应调整，以体现公平性。

（6）价格调整周期。在价格管制上限模型中，由于经济环境始终在变化，X 值并非一成不变。管制价格调整周期过短或过长都会对水权交易产生一定的负面影响，也会削弱资源配置效率和激励作用。具体的管制周期可以根据行业的特点来决定，电信、电力等垄断行业一般为 4—5 年，自来水供应产业为 10 年(于良春,2003)。[①]

三、水权交易价格管制上限模型的构建

基于前文的分析，对初始的价格上限管制模型进行改进，得出水权交易价格管制上限模型：

$$P_{max} = P_{min}(1 + PF)(1 + IF - PAF)QC \tag{8.14}$$

式(8.14)中：P_{max} 为水权交易的管制价格上限阈值；P_{min} 为水权交易的管制价格下限阈值；IF 为通货膨胀因子，即通过调整价格以反映通货膨胀的影响；PAF 为管制周期内生产效率调整因子，即根据生产效率的变化调整价格；PF 为利润因子，即考虑利润对价格的影响；QC 为质量系数，根据产品或服务的质量调整价格。但价格下限阈值应为 P_{min}，即 $P \geq P_{min}$，若 $P < P_{min}$ 则没有交易的意义。

第三节　水权交易价格管制综合模型构建

一、水权交易价格管制综合模型

根据前文提出的水权交易价格管制上下限模型，可以得到水权交易价格管制综合模型：

---

① 于良春：《自然垄断与政府规制》，经济科学出版社 2003 年版。

$$P_{\min} \leqslant P \leqslant P_{\max} \tag{8.15}$$

其中，$P_{\min}$、$P_{\max}$ 分别表示水权交易市场的价格下限阈值与价格上限阈值。结合式(8.12)和式(8.14)，式(8.15)可转化为：

$$v\int_0^1 f(q)\mathrm{d}q(1+\lambda^a) \leqslant P \leqslant v\int_0^1 f(q)\mathrm{d}q(1+\lambda^a)(1+PF)(1+IF-PAF)QC \tag{8.16}$$

二、价格下限 $P_{\min}$ 各因子的确定

（一）不同水质 q 对应的功用价值

本章根据《中华人民共和国地表水环境质量标准》的水质分类标准对我国各个水质级别进行划分，由于水质本身就是不断变化的，不同水质的功用价值也并无明确的标准，因此本章运用德尔菲法，确定不同级别水质的价值，通过线性最小二乘法进行多项式函数拟合，得到连续的功用价值 y 的函数。同时，由于水质的不断变化，对相应的功用价值 y 的判断也应进行周期性的调整；若出现该级别水质的急速恶化或好转，对应的功用价值也应有所改变。

（二）Ⅰ级水质水资源单位功用价值

水资源价值是天然水原始功用价值的价格体现，本章中的 v 是在确定交易区域水资源功用价值函数后，对其进行积分，求得的平均单位可交易水资源的功用价值，由于设Ⅰ级水质功用价值为1，通过与Ⅰ级水质水资源单位功用价值的乘积，得到最终单位交易水资源功用价值的价格。由于功用价值是由水质确定的，其又可认为是水质价值，本章参考周广飞(2006)在水质定价及其有偿使用研究中测算出的基本水质价值表，确定Ⅰ级水质水资源单位功用价值。[①]

[①] 周广飞：《水质定价及其有偿使用研究》，中国环境科学研究院硕士学位论文，2006年。

（三）区域修正系数 λ

区域修正系数 λ 主要由交易区域相对全国的水量、人口数量、生态环境、社会经济结构与发展状况等因素决定。本章对交易区域与全国年人均水资源占有量、单位土地面积水资源占有量、单位耕地面积水资源占有量、平均万元 GDP 用水量、预测降水量、降水量加权平均值的比值六项稀缺性因素指标，通过德尔菲法赋予六项指标不同的权重，并以加权形式得到综合区域修正系数 λ。

三、价格上限 P_{max} 各因子的确定

（一）水权交易下限阈值 P_{min} 的确定

水权交易下限阈值是价格管制上限模型的主体部分，其根据本章的式（8.12）进行估算，不再过多赘述。

（二）通货膨胀因子 IF 的确定

水权交易价格管制模型中的通货膨胀因子应能够综合反映社会各行业价格变动对水权交易上限价格的影响。尽管国内生产总值价格指数或国民生产总值价格指数能够全面反映社会各个行业的价格变动情况，但我国目前并未对这两项重要的价格指数的年度或月度数据进行公开。水权交易的水资源用途一般可分为居民用水、农业用水及工业用水三个大类，因此，模型中选择现有统计年鉴中公布的居民消费价格指数 CPI、农产品生产者价格指数 PPI_a 与工业生产者出厂价格指数 PPI_i 来确定通货膨胀因子 IF。

居民消费价格指数，是反映一段时期内城乡居民所购买的消费品或服务的价格变动程度与趋势的相对数，该指标主要体现消费品或服务的零售价格对城乡居民生活费支出的影响程度。水资源成本是居民的消费商品或服务价

格的重要部分,因此居民消费价格指数可以很好反映居民用水部分的物价变动水平。

农产品生产者价格指数,是反映一定时期内农产品生产者出售农产品价格变动程度与趋势的相对数,该指标主要体现农产品生产价格水平与结构变动趋势。水资源是农业生产中必不可少的原料与基础,因此农产品生产者价格指数可以很好反映农业用水部分的物价变动水平。

工业生产者出厂价格指数,是反映一定时期内工业企业产品出厂价格变动程度与趋势的相对数,该指标主要体现工业生产者出售工业产品价格水平与结构变动趋势。水资源是工业生产中的基本生产要素,因此,工业生产者出厂价格指数可以很好反映工业用水部分的物价变动水平。

因此,模型中选择居民消费价格指数、农产品生产者价格指数与工业生产者出厂价格指数分别代表消费者、农业与工业的物价变动水平,并根据水资源在三个行业中的使用占比进行权重分配,最后得出价格管制上限模型的综合通货膨胀指数。通货膨胀因子 IF 的表达式为:

$$IF = \theta_1 \times CPF + \theta_2 \times PPI_a + \theta_3 \times PPI_i \tag{8.17}$$

式(8.17)中:CPI 为交易当期的居民消费价格指数;PPI_a 为交易当期的农产品生产者价格指数;PPI_i 为交易当期的工业生产者出厂价格指数;θ_1、θ_2、θ_3 分别表示消费者、农业生产、工业生产使用水权交易量的权重系数,且满足 $\theta_1 + \theta_2 + \theta_3 = 1$。

(三) 利润因子 PF 的确定

在确定初始 PF 值时,政府或水权交易管制机构可以参考供水行业以往的利润水平,结合水资源开发前期投入情况。一般由管制者确定水权出让方的最大允许利润因子 PF,管制者用利润因子对水权交易价格上限进行调节。合理的利润因子能够鼓励更多的闲置水资源在水权市场进行交易,优化资源配置。

（四）质量系数 QC 的确定

就目前而言，QC 值难以进行客观的评价赋值。通常认为在水权交易前期，会对交易区域的水质进行勘测并确定是否可进行交易。若水质达到可交易标准，则赋值 $QC=1$，不可交易则赋值 $QC=0$。

（五）生产效率调整因子 PAF 的确定

在模型中，生产效率调整因子 PAF 值的确定是一个难点。由于水权交易是水资源使用权的交易，其最终归宿是交易水资源在各个行业中进行配置，而供水行业以提供水资源为基本服务，在水资源实际配置中起重要作用。本书从供水企业角度出发确定 PAF 值，认为主要需要考虑的因素有：(1)供水企业现有生产效率与国外同行先进生产效率的差距。(2)供水行业的技术进步率。(3)供水行业的管理效率。本书参考洪雁在自然垄断行业价格管制模型研究中提出的建议，考虑到实际应用问题，选用全要素增长率（即技术进步率）确定 PAF 值，并用索洛余值法对全要素生产率进行测算。该方法可以将全要素生产率作为生产投入要素的独立因子分离出来，假设技术进步是希克斯中性的，模型可表示为：

$$Y_t = A_0 e^{\gamma t} K_t^\delta L_t^\eta \tag{8.18}$$

其中，Y_t 表示第 t 期供水行业实际总产出；K_t 表示第 t 期资本总投入；L_t 表示第 t 期劳动力总投入；A_0 表示基期技术初始水平；γ 为年平均技术进步率；δ 和 η 分别表示资本和劳动力的产出弹性系数，均为常数且 $0<\delta<1, 0<\eta<1$。假设规模效益不变，则 $\delta+\eta=1$；t 时间段跨度可根据价格调整周期确定。

对上式两边同时取对数，得：

$$\ln Y_t = \ln A_0 + \delta \ln K_t + \eta \ln L_t + \gamma t \tag{8.19}$$

两边同时对 t 求导，得：

第八章　水权交易价格管制模型研究

$$\frac{1}{Y_t} \times \frac{dY_t}{dt} = \delta \frac{1}{K_t} \times \frac{dK_t}{dt} + \eta \frac{1}{L_t} \times \frac{dL_t}{dt} + \gamma \tag{8.20}$$

由于使用年份数据进行计算，dY_t/dt、dK_t/dt、dL_t/dt 均可运用年产出增量 ΔY_t、年资本投入增量 ΔK_t 和年劳动力投入增量 ΔL_t 表示，则式（8.20）变为：

$$\frac{\Delta Y_t}{Y_t} = \delta \frac{\Delta K_t}{K_t} + \eta \frac{\Delta L_t}{L_t} + \gamma \tag{8.21}$$

令 $y_t = \Delta Y_t/Y_t$，$k_t = \Delta K_t/K_t$，$l_t = \Delta L_t/L_t$ 分别为第 t 期年平均产出增长率、年平均资本增长率及劳动力增长率，γ 为年平均技术进步率，则有：

$$y_t = \delta k_t + \eta l_t + \gamma \tag{8.22}$$

分别运用交易区域供水行业销售收入历史数据计算 y_t、永续盘存法计算资本存量测算 k_t、供水行业从业人数历史数据计算 l_t。求解技术进步率 γ 的关键是对参数 δ 及 η 的估算，由于 $\delta + \eta = 1$，式（8.22）为增长速度方程，利用线性最小二乘法求得 δ、η，进而得到年平均技术进步率，确定 PAF 值。

最终得到水权交易价格管制综合模型，即交易价格上下限阈值计算模型。$P \in [P_{\min}, P_{\max}]$，$P_{\min}$、$P_{\max}$ 分别作为水权交易市场的价格下限与价格上限。

通过明确水权价值内涵及价格构成，选取水资源价值模型作为价格管制下限模型；通过借鉴自然垄断行业的价格水平管制模型，建立符合我国水权交易的价格管制上限模型，最终构建水权交易价格管制综合模型。

第九章 水权交易价格管理制度及保障体系研究

为使水权交易价格管制模型能够得以有效落实与执行，需完善相关的价格管理制度和保障体系。本章将从价格监测管理制度、管制价格调整体系、价格管制保障体系三个方面，对水权交易价格管理制度及保障体系进行研究，从而为完善我国水权交易价格管理制度体系提供新思路。

第一节 水权交易价格监测管理制度研究

水权交易价格监测管理制度是对水权交易市场的场内价格形成及其波动状况进行监测，分析其变化规律与发展趋势。当出现价格异常波动或突破管制价格阈值时，证明成交价格并不合理，应及时采取应急措施，对市场价格进行调控使其恢复正常或终止交易，价格监测管理制度是政府对水权交易市场进行宏观调控管制的客观需要。具体可分为以下几个阶段：

一、明确监测管制对象

明确监测管制对象是实行价格监测管理制度的前提。水权交易价格监测的对象应包括水权交易市场价格，还应包括水权交易市场整体价格水平、水权交易价格的影响因素、宏观经济运行状况。

第九章 水权交易价格管理制度及保障体系研究

水权交易市场价格是最基本的监测管制对象。水权监测管制机构以政府提出的价格管制上下限为依据,对交易市场的场内价格形成与波动情况进行监测。

水权交易市场整体价格水平。市场整体价格水平同样是重要的监测对象,监测市场整体价格的目的是把握市场整体价格走势,判断价格走势是否符合国家的方针政策与国家的经济发展趋势,为价格管制阈值的调整更新提供理论依据。

水权交易价格的影响因素。水资源价值作为基础成本,是影响水权交易价格最基本的因素,对水资源价值的变化进行监测,能够很好把握交易价格的变化趋势;货币价值的变化会直接对水权交易价格产生影响,应对货币价值的变化进行监测;市场供求的变化会直接影响水权交易价格与水自身价值是否一致,通过对市场供求变化的监测,把握市场供求对价格的影响,从而为维持市场供需平衡提供依据。

宏观经济运行状况。国民经济的宏观经济结构、产业结构、消费结构等都会对水权交易市场价格的形成和波动产生直接或间接的影响,这些宏观经济因素会影响水权交易价格的调整与改革方向。对其进行监测,可以准确把握市场交易价格变化趋势,同时也能够协调市场价格与国家宏观经济运行的关系。

二、进行实时价格监测

实时的价格监测是价格监测管理制度有效运行的保障。实时关注一定周期内价格监测对象的波动变化与趋势,对相关数据信息进行收集整理,准确把握监测对象的价格变动趋势,对于价格异常波动情况能够快速作出反应。交易市场大厅可以实时公布交易价格变化动态,交易信息透明化。

三、分析交易价格走势

对交易价格走势的分析是价格监测管理制度的核心工作。对实时收集的一定周期内的价格数据进行动态与静态分析,并预测其未来的走势情况,与水权交易价格水平管制上下限阈值进行对比分析,计算差值,分析偏差原因。分析价格走势的实质是通过数据分析,正确把握交易价格波动的规律性,这就要求在以动态分析为主的同时,充分发挥静态分析的结构优势。具体措施为选择合适的价格管制指标与分析方法,定性与定量分析相结合来判明价格波动变化的规律,使得最终结果具有客观科学性的同时兼具实践性。

四、定期公布监测报告

制定价格监测周期性报告是价格监测管理制度的基本要求。对于收集到的交易市场价格变化数据,在对其进行变化与趋势分析以及整理后,结合水权交易主体经济体或政府对水权交易实际情况与价格调控的要求,制定相关的周期性价格监测报告。一般报告可分为日报、周报、月报及年报,不同的时间周期的报告,分析指标上也存在一定差异,其对水权交易价格整体管制的作用也不同。监测报告要及时制定并发布,确保水权交易市场的价格信息能够真实、及时、准确地传递给交易双方。及时性要求价格信息传递渠道的快捷畅通,除了传统的线下发表公告外,还要加快价格信息传递网络的建设,尽快实现全国线上实时信息共享,有效提高价格信息传递效率。

五、及时发布管制信息

及时发布价格管制信息是价格监测管理制度的重要环节。管制信息意味着目标水权在交易市场的交易价格存在问题,价格异常波动或偏离水权交易价格水平管制价格范围时,就会触发价格管制。

参考现有应急管制系统的研究成果,政府可以运用预警颜色信号的方式

第九章 水权交易价格管理制度及保障体系研究

来反映水权交易市场价格的动态。根据水权交易价格水平模型给出目标水权的交易价格上下限阈值,从而划分预警颜色信号区域,具体内容为:

当交易价格在价格管制界定范围内时,预警信号为绿色。此时无须发出预警信息,政府无须对交易采取相关应急措施进行干预。

当交易价格在价格管制界定范围外时,预警信号为红色。此时要发布预警信息,政府有关监管部门根据交易价格的偏离情况与偏离原因进行核实与分析,采取相关应急措施对交易价格进行适度干预,最终使得交易价格恢复正常。

当交易价格为价格管制界限临界值,或交易价格产生异常波动但未突破临界值时,预警信号为黄色。此时发布目标水权交易黄色预警信息,提醒政府有关监管部门要对交易市场价格进行密切关注,对价格异常波动原因进行深入调查与分析,准备应急预案,随时采取相关应急措施对市场进行适度适时的干预。

六、及时启动应急预案

及时启动价格应急预案是价格监测管理制度的具体措施。在水权交易市场中,一旦发布黄色或红色预警信息时,政府有关监管部门应立刻展开行动,对价格异常情况进行核实,深入调查并分析原因,依照法律法规启用相应的价格应急预案,根据预案的内容采取有关应急措施,解决价格异常问题,维护水权交易市场的稳定。应急预案中应包括的主要内容有:

明确应急预案中各级监管部门的职责,采取"统一领导,分级负责"的原则。

明确应急预案拟采用的应急措施,例如暂停交易、紧急调配、实现政府建议价等。

在非常时期,依据有关规定对应急预案进行调整,以便于实际操作。

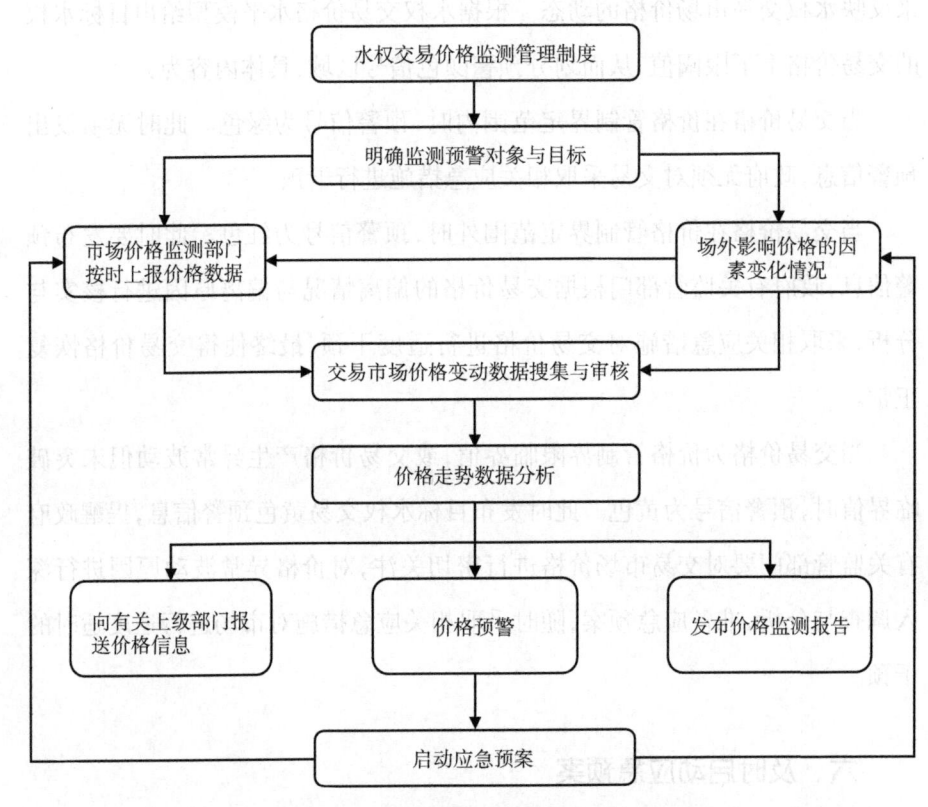

```
                    ┌─────────────────────────┐
                    │ 水权交易价格监测管理制度 │
                    └───────────┬─────────────┘
                                │
                    ┌───────────▼─────────────┐
           ┌────────┤ 明确监测预警对象与目标  ├────────┐
           │        └─────────────────────────┘        │
   ┌───────▼────────┐                          ┌───────▼────────┐
   │市场价格监测部门│◄─────────────────────────┤场外影响价格的因│
   │按时上报价格数据│                          │素变化情况      │
   └───────┬────────┘                          └───────▲────────┘
           │        ┌─────────────────────────┐        │
           └────────► 交易市场价格变动数据搜集与审核 ├───┘
                    └───────────┬─────────────┘
                                │
                    ┌───────────▼─────────────┐
                    │    价格走势数据分析     │
                    └───────────┬─────────────┘
                ┌───────────────┼───────────────┐
      ┌─────────▼──────┐ ┌──────▼─────┐ ┌───────▼────────┐
      │向有关上级部门报│ │  价格预警  │ │发布价格监测报告│
      │送价格信息      │ │            │ │                │
      └────────────────┘ └──────┬─────┘ └────────────────┘
                                │
                    ┌───────────▼─────────────┐
                    │      启动应急预案       │
                    └─────────────────────────┘
```

图 9.1　水权交易价格监测管理制度运行流程图

第二节　动态水权交易管制价格调整体系研究

完善动态管制价格调整体系的意义：一是在水权交易价格水平管制上限模型中，要求对 X 值进行周期性的调整。由于科学技术的进步与生产效率的不断提高，水权交易区域的供水行业平均成本水平会相应下降，行业的生产效率也会不断提高，因此政府需要对管制价格进行周期性调整。二是由于在调整周期内也要求政府有关价格管制部门对外部经济环境及水权交易市场运行进行全方面监管，防止因意外的通货膨胀、市场需求及利息激励波动等风险使得原有的管制上限价格不再适用。三是针对水权交易价格管制下限模型，由于水质变化、水资源水量变化以及法律法规对水资源价值价格的调整等,使得原有的价格管制下限不再适用。因此,应及时对价格管制上下限进行调整,设计动态管制价格调整体系,从而保障水权交易双方的利益均衡。具体的动态管制价格调整体系主要内容有:

一、管制价格调整的程序

价格管制调整并非一个单向的过程,而是一个自上而下与自下而上相结合的程序(见图9.2)。首先,由水权交易的价格管制机构发起,其依照法律法规,定期对现行的管制价格进行分析,并制定管制价格调整方案。其次,水权交易市场主管部门对该调整方案进行审核,并交由物价部门与价格听证机构进行审议;审议通过后,确定管制价格的调整方案并上报该交易层级的最高政府机构。最后,政府有关管制机构出台新的水权交易价格水平管制上下限,指导水权交易市场运作。其中,价格管制机构与主管部门之间,主管部门与物价部门、听证机构之间均可相互反馈。同时在听证审议阶段,会考虑交易受让方与转让方的承受能力和交易双方公众的反应与建议。

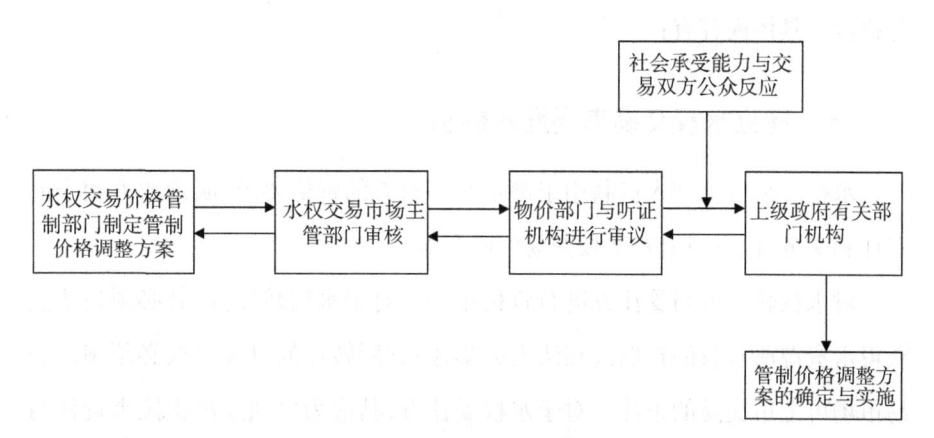

图 9.2 管制价格调整程序

二、管制价格调整周期的确定

水权交易的管制价格调整周期应根据水权交易市场与水资源相关行业的特点来确定,周期过短或过长均不利于水权交易市场的运作。对于 X 值的调整,一般供水行业的调整周期为 10 年,且目前我国水权交易属于长期水权交易,期限一般为 20—25 年,交易完成后,一般价格不再进行大幅变动,因此,X 值可以选择 10—15 年为调整周期进行调整。但由于水权交易市场的快速发展,水环境污染、水质恶化、水资源短缺现象的存在,其整体管制价格应根据整个水权交易市场发展与水环境的变化而调整,建议最好将调整周期制定为 2—3 年,使管制价格更具科学性与实用性。

第三节 水权交易价格管制保障体系研究

水权交易的"准市场"特征,使得水权交易市场存在着"市场"与"政府"两大调节机制,政府在规定管制价格区间的同时,要保障管理制度的有效落实与执行。具体内容有:

一、建立水权交易市场准入机制

水权交易市场准入机制用于确定交易双方的资格要求,明确双方相应的责任和义务,以及政府在水权交易中的职能。

对水权转让方与受让方进行资格审查。对于水权转让方,其必须是依法获得水资源所有权的自然人和法人或集体;其所转让的目标水权必须满足交易市场可上市交易的条件。对于水权受让方,其应为可独立承担民事责任与义务的,具有民事权利与民事行为能力的自然人和法人或集体;其应有获得目标水权后对其进行合理开发与使用的能力,承担起保护水资源,不造成资源浪费的责任和义务。

第九章　水权交易价格管理制度及保障体系研究

明确交易双方的责任义务与权利。对于水权转让方,其在交易完成后,应积极帮助受让方完成水权交接,推动引水工程的顺利开展与建设,以及后期取水行为的顺利进行;同时获得水权受让方按照约定价格支付的费用。对于水权受让方,其在交易完成后,获得水资源使用权及处置权(可能是全部水权或部分水权),应按时履行交易约定的义务,并承担起对交易水资源的合理开发与利用,以及保护水资源的责任。

二、完善水权交易平台的交易规则

按照水权交易市场的内部构成,将其分为一级市场、二级市场及多级市场,根据不同级别的市场,建立相应的水权交易平台,规定其交易规则与价格管制体系。

一级水权交易平台。一级市场为区域水权的初始分配市场,交易主体为国家或地区行政机构。一级水权交易平台的交易规则与管制规则应用于引导各大流域与行政区域开展水权交易,适用于我国水量级较大的水权交易。

二级水权交易平台。二级市场为一级市场剩余水权再分配市场及流域级的水权交易市场。交易主体为一般经济主体,不同的行政机构、流域机构或行业均可在二级市场交易水权。二级水权交易平台是目前国家大力建设的,针对其四种基本交易模式制定相应的交易规则:第一种是上游向下游转让水权,水流自然从上游流向下游,交易易于发生,仅受河道过流能力限制,一般允许永久水权交易;第二种是下游向上游转让水权,由于自然水流方向与交易水流方向相反,受到水库容量、河道生态流量以及最大输水能力的限制,为保护水资源的可持续发展,应仅允许临时交易;第三种是不同支流的水权交易,通过共同的下游过渡,转让方将水下泄至下游,下游再将水权转让给水权受让方,也应规定仅允许临时交易;第四种是不同流域间的水权交易,不同水系之间的水权交易,可引导通过转让方在自有流域减少用水而受让方在引水后自有流域增加用水或通过地下水体实现地表水交易,该交易一般允许长期交易。

211

三级水权交易平台。三级市场为用水户之间的水权交易市场。交易主体为各个企业与农业用水户。农业作为生产用水的大户，发展节水农业是节水型社会建设的必然选择。农民可以通过三级水权交易平台出让闲置水权，供给需水企业，增加非农业收入。三级水权交易平台有利于优化水资源配置，实现农业高效节水向高效用水的转变。

三、明确管制政府部门职责，把握价格管制尺度

水权交易价格的形成应以市场调节为主，政府管制为辅。政府相关部门要明确管制职能，对水权交易价格形成不应过度干预，把握价格管制的尺度，着力于后续监督与市场管理，最终形成一个"公平"与"效率"兼顾的水权交易市场。

四、建立各级水权交易监管平台，确保价格管理制度的有效落实

根据不同级别交易平台的交易主体，建立不同层面的水权交易监管平台，主要为国家层面、流域层面及地方层面的水权交易监管平台。监管平台对水权市场进行实时监督与管理，针对违反交易市场规则的交易方与行为，按照相关法律法规及时进行处理，确保价格管理制度的有效落实。

本章从水权交易价格监测管理制度、动态水权交易管制价格调整体系以及水权交易价格管制保障体系三个方面研究了市场导向下水权交易价格管理制度及保障体系。并对这三个制度体系的具体实施阶段进行了划分，详细解释了需遵守的交易规则，完善了水权交易市场的价格管理机制。

第五部分 实证研究

为了检验基础定价部分、场内定价部分、价格管制部分所提出的水权交易定价模型及管制模型的合理性，本部分以内蒙古跨盟市水权交易作为研究案例，对其水权交易基础价格、场内价格、管制价格等进行测算，并根据实证结果，提出服务于形成内蒙古跨盟市公平、有序的水权交易市场的政策建议。

第十章　内蒙古跨盟市水权交易价格测算

内蒙古是我国较早开展水资源管理制度改革试点的地区之一。2014年，水利部选取内蒙古重点开展跨盟市水权交易试点工作，包括开展巴彦淖尔与鄂尔多斯等盟市之间的水权交易，以及探索建立水权交易的定价机制。内蒙古在跨盟市水权交易试点中取得了较好的社会经济效益，为我国建立健全水权交易制度积累了经验。为进一步完善水权交易定价机制，以及验证前文模型构建的合理性，本书选取内蒙古巴彦淖尔与鄂尔多斯之间的跨盟市水权交易作为对象进行案例分析。

第一节　内蒙古跨盟市水权交易区域的概况

结合内蒙古跨盟市水权交易试点的经验，本书梳理了巴彦淖尔市和鄂尔多斯市的地理概况、社会经济概况和水资源概况，以为后文确定内蒙古跨盟市水权交易基础定价奠定基础。

一、内蒙古跨盟市水权交易区域的地理概况

内蒙古跨盟市水权交易的试点包括巴彦淖尔市、鄂尔多斯市和阿拉善盟等，其中，巴彦淖尔市与鄂尔多斯市隔黄河相望，分别处于黄河"几字湾"顶端

的北岸和南岸,具有开展水权交易的便利条件。

(一) 巴彦淖尔市地理概况

巴彦淖尔市位于内蒙古西部北纬40°—42°、东经105°—109°,东接包头市,西连阿拉善盟、乌海市,南隔黄河与鄂尔多斯市相望,北与蒙古国接壤,总面积约为6.4万平方千米,其南部为河套平原,分布着我国三个特大型灌区之一的河套灌区。

(二) 鄂尔多斯市地理概况

鄂尔多斯市位于内蒙古西南部北纬37°—40°、东经106°—111°,其西北东三面为黄河环绕,西连阿拉善盟以及宁夏回族自治区,北接包头市、巴彦淖尔市和乌海市,东接呼和浩特市以及山西省忻州市,南邻陕西省榆林市,东西长约400千米,南北宽约340千米,总面积约为8.7万平方千米。

二、内蒙古跨盟市水权交易区域的社会经济概况

(一) 巴彦淖尔市社会经济概况

根据《内蒙古统计年鉴》(2020年),截至2019年,巴彦淖尔市总人口约为169.38万人,城镇和乡村人口分别为94.14万人和75.24万人,城镇化率约为55.6%,人口数约占内蒙古全部人口的6.7%。巴彦淖尔市经济发展呈现逐年上升的趋势,2014—2019年的年均GDP增幅约为6.7%,2019年地区生产总值达到875.0亿元;产业结构也日趋完善,第一和第三产业的占比有所上升,第二产业的占比相对有所下降。

(二) 鄂尔多斯市社会经济概况

根据《内蒙古统计年鉴》(2020年),截至2019年,鄂尔多斯市总人口约为

208.76万人，城镇和乡村人口分别为156.74万人和52.02万人，城镇化率约为75.1%，人口数约占内蒙古全部人口的8.2%。近年来，鄂尔多斯市经济发展速度较快，2014—2019年的年均GDP增幅约为6.7%，2019年地区生产总值达到3605.0亿元。

三、内蒙古跨盟市水权交易区域的水资源概况

（一）巴彦淖尔市水资源概况

巴彦淖尔市水资源相对丰富，是城市社会经济发展最有利的条件之一。黄河流经长达345千米，年均过境流量达到316亿立方米。市内湖泊、水库密布，全市共有湖泊300余个。巴彦淖尔市多年人均水资源占有量约为3151.5立方米，远高于内蒙古和全国的平均水平。2019年，巴彦淖尔市水资源总量53.18亿立方米，其中地表水资源量48.66亿立方米，包括净引黄河水量47.38亿立方米和自产地表径流量1.28亿立方米，地下水资源量19.76亿立方米。

巴彦淖尔市用水总量在内蒙古用水总量中的占比较大，其农田灌溉用水在全市用水总量的占比约为93%。2019年，全市用水总量为52.24亿立方米，其中农灌用水量最大，为46.57亿立方米，约占91.1%；其次是林牧渔畜用水，为1.32亿立方米；其余分别为工业用水量0.85亿立方米，城镇公共用水量0.25亿立方米，生活用水量0.58亿立方米，生态用水量2.67亿立方米。

（二）鄂尔多斯市水资源概况

鄂尔多斯市地处鄂尔多斯高原，属于干旱半干旱地区，降水年内分配不均，主要集中在6月到9月，且呈现出由西北向东南递增的规律，多年平均年降水量约为317.2毫米。黄河流经长达728千米，年均过境流量达到3062亿立方米，拥有黄河初始水权7亿立方米。鄂尔多斯市多年平均水资源量约为

29.2亿立方米,人均水资源占有量约为1468立方米,主要来自地表水、地下水和其他水源。2019年,全市取用地表水资源量约为5.59亿立方米,地下水资源量约为9.09亿立方米,其他水资源量约为1.57亿立方米。

鄂尔多斯市用水量占内蒙古用水总量的比重较大,其农牧业用水约占全市用水总量的68%。2019年,全市用水总量为16.06亿立方米,其中农田灌溉用水量最大,约为8.72亿立方米;其次是林牧渔畜用水量,约为2.31亿立方米;其余分别为工业用水量约为3.25亿立方米,城镇公共用水量约为0.13亿立方米,生活用水量约为0.77亿立方米,生态用水量0.88亿立方米。

第二节 内蒙古跨盟市水权交易概况

一、内蒙古跨盟市水权交易现状及基本要件分析

(一) 水权交易现状

内蒙古地区是我国典型的缺水地区。其中,巴彦淖尔市的可用水资源总量较大,而乌海、阿拉善盟和鄂尔多斯市等周边地区的可用水资源总量较少。由于水资源的空间分布不均制约了区域社会经济的发展,所以水市场在该区域具有广阔发展前景。为促进区域经济的协调发展,内蒙古积极采取节水措施,探索水权制度,为利用水权交易提高水资源利用效率和效益奠定了基础。

2003年,黄河水利委员会审批通过《内蒙古自治区黄河水权转换总体规划报告》,后又陆续批复包头市、乌海市、阿拉善盟和巴彦淖尔市的10个水权项目。2008年,巴彦淖尔市在实施农业节水灌溉的基础上,将节约的水权指标转换给工业,完成了全市第一个水权转让项目——大中矿业水权转让工程。通过水权转换,巴彦淖尔市将河套灌区节约的2000万立方米农业水权转让给工业企业,解决了企业因用水指标不足导致部分项目无法开工的难题。

2014年,水利部选择内蒙古作为水权交易试点地区,探索巴彦淖尔市与

鄂尔多斯市、阿拉善盟等盟市之间的跨盟市水权交易。根据《内蒙古自治区盟市间黄河干流水权转让试点实施意见》，巴彦淖尔市作为转让方，将跨盟市转让农业水权1.2亿立方米，交易期限为25年。为此，巴彦淖尔市选取河套灌区的沈乌灌域开展节水改造工程，预计可实现年节约水量2.35亿立方米，拟将其中的1.2亿立方米转让给鄂尔多斯市、阿拉善盟和乌海市的35家工业企业。由于在指标配置过程中，部分企业未按合同要求缴纳相关费用，巴彦淖尔市政府先后两次回收水资源指标6150万立方米，并通过水权交易平台进行了公开交易。最终，3个盟市共计47家企业作为受让方购买了1.2亿立方米的水权指标（分别包括来自鄂尔多斯市的22家企业购买0.797亿立方米、阿拉善盟的16家企业购买0.173亿立方米，以及乌海市9家企业购买0.23亿立方米）。

内蒙古跨盟市水权交易不仅解决了工业企业的用水困难，也为巴彦淖尔市农业节水灌溉工程的建设筹措了资金，有利于水资源的节约和保护，提高水资源的配置效率。

（二）基础要件分析

基于对内蒙古跨盟市水权交易的梳理，对影响内蒙古巴彦淖尔市与鄂尔多斯市跨盟市水权交易的基础要件展开分析，具体如下：

水权交易主体及利益相关者分析。内蒙古巴彦淖尔市与鄂尔多斯市跨盟市水权交易的转让方为巴彦淖尔市，受让方为鄂尔多斯市，利益相关者主要包括两市政府部门，巴彦淖尔市农业、生态以及鄂尔多斯市工业企业等。

水权交易期限。依据中国水权交易所网站的相关数据，内蒙古巴彦淖尔市与鄂尔多斯市跨盟市水权交易的交易期限为25年，在水权交易建议期限之内，符合要求。

可交易水量。农业节水潜力是内蒙古跨盟市水权交易的水量来源。由于本案例的交易时间发生在2017年，交易已完成，交易水量为1.2亿立方米，由此可知内蒙古巴彦淖尔市农业可交易水量为 1.2 亿立方米。

标准水。由于本案例中交易时间发生在 2017 年,实际水资源质量没有发生改变,因此案例分析中的标准水水量与交易合同确定的水量一致。

二、内蒙古跨盟市水权交易存在问题

内蒙古的水权试点探索出通过农业节水缓解工业用水短缺的思路,为我国推进水权进场交易提供了十分有价值的经验。然而,研究区域的水市场仍处于初级阶段,水权交易的实践工作尚存一些问题,主要包括以下两方面:

(一) 水权交易转让价格不能满足市场需求

研究区域水权交易转让价格的核算是依据《内蒙古黄河干流水权盟市间转让河套灌区沈乌灌域试点工程可行性研究报告》和《内蒙古黄河干流水权盟市间转让试点工程初步设计报告》,并根据可计算的成本确立的 1.03 元/立方米。该参考价格尽管已纳入节水工程与计量设备的建设、运行维护和更新改造等费用、农业损失补偿费和必要的经济利益及生态补偿费用等,却没有考虑水权对受让方的使用价值差异,也没有反映转让方对水资源不同利用途径的收益要求差异。统一的转让价格只能反映整体情况,缺乏针对性,难以满足水市场中转让方和受让方对不同交易形式下水权交易的收益要求。因此,目前的水权交易转让价格不能满足市场需求,不利于充分发挥市场在资源配置中的决定性作用。

(二) 水权交易定价机制尚需完善

研究区域水权交易的成交笔数和交易水量已经具有一定的规模,受让方涉及多个盟市的工业企业,且都是通过水权交易平台完成的。然而,已成交的水权交易案例,实质上仍是政府主导的市场行为,交易双方一般是在政府的协调下达成交易价格(15 元/立方米),没有建立有效的水权交易定价机制。为发挥市场优化水资源配置的作用,应尽快建立健全政府监管机制,以及完善的水权交易制度体系,使交易双方能够更好地达成交易价格、交易年限和支付方式等协议,并最终签署和执行水权交易合同。政府在水市场中应主要发挥监管作用,通过制定完善的水权交易定价机制,通过水权交易基础定价引导和调控交易行为,从而规避完全市场化可能出现的"市场失灵"现象,以及其他可能损害公众享有水资源的行为。

(三) 市场导向的水权交易制度体系尚待完善

巴彦淖尔市作为转让方的水权交易成交笔数和转让的标的水数量已经具备一定规模,受让方包括多个行业的工业企业,且目前水权交易均通过交易平台进行。但是,这些水权交易案例实质上仍是政府主导的取水权转换过程,交易一般在政府的协调下进行,距离真正的水权交易市场仍有一段距离。对于一个成熟的水权交易市场而言,应当包括自由参与的水权交易双方、成熟完善的交易制度体系和有效的政府监管等方面。各交易主体通过市场化交易的形式在水权交易场所按相关交易制度达成交易价格、成交年限、支付方式等各项共识,并最终签署和执行交易合同。政府在水权市场中主要发挥引导和调控交易行为及过程这一监管作用,以维护水权交易市场秩序。

第三节 内蒙古跨盟市水权交易基础价格测算

2003年,内蒙古在全国率先开展黄河流域盟市内水权转让工作。2014年,内蒙古又被水利部选择重点开展跨盟市水权交易试点工作。随后,内蒙古政府批转了《内蒙古自治区盟市间黄河干流水权转让试点实施意见》,明确在巴彦淖尔与鄂尔多斯、阿拉善盟等盟市之间开展跨盟市水权交易。根据该实施意见,内蒙古水务投资公司作为项目管理主体,巴彦淖尔市水务局作为项目实施主体,负责建设内蒙古黄河干流水权盟市间转让河套灌区沈乌灌域一期试点工程("一期工程")。试点工程可研方案的总投资为18.65亿元,规划节水总量约为2.35亿立方米(其中渠道防渗衬砌14704万立方米、畦田改造6551万立方米和砌灌改为地下水滴灌2234万立方米),计划转让水量1.2亿立方米。该工程节约的灌区水权采用委托收储的方式,由内蒙古河套灌区管理总局负责水权交易价格、水量和期限等内容的协商。

本书计算的数据来自《巴彦淖尔市水资源公报》(2012—2016年)、《巴彦淖尔市国民经济和社会发展统计公报》(2012—2016年)、《巴彦淖尔市统计年鉴》(2013—2017年)、《内蒙古统计年鉴(2013—2017年)》、《内蒙古黄河干流水权盟市间转让河套灌区沈乌灌域试点工程可行性研究报告》、内蒙古自治区水利厅关于《内蒙古黄河干流水权盟市间转让试点工程初步设计报告》等资料报告,以及相关文献资料。

一、内蒙古跨盟市水权交易显性成本测算

根据内蒙古跨盟市水权交易的实际情况可知,巴彦淖尔市是水权交易中转让方所属区域,鄂尔多斯市是水权交易中受让方所属区域,故本书基于巴彦淖尔市的相关数据,计算水权交易的显性成本。根据前文水权交易的显性成本测算思路,本书将在计算水权交易的资源成本、工程成本、环境成本和签约成本的基础上,确定不同交易形式下水权交易的显性成本。

(一) 资源成本测算

根据上文资源成本测算模型构建的分析,本书分两步确定水权交易的资源成本:首先通过水权价值模糊综合评价模型计算水权价值,然后通过资源成本模型将水权价值转化为资源成本。

1. 水权价值测算

利用模糊综合评价模型计算水权价值的关键是确定指标的评价标准和权重。根据前文的分析,本书分三步确定水权价值。

第一步：确定指标评价标准。

本书选取 5 个类别共计 14 个评价指标表征水权价值，分别是：水质因素，包括平均矿化度、引入灌区盐量、化学需氧量和氨氮（依据 GB3838-2002《地表水环境质量标准》的Ⅲ类水水质标准）；水量因素，包括人均水量、年均降水量和年均供水量；经济因素，包括亩均灌溉用水量、万元 GDP 用水量和人均 GDP；社会因素，包括恩格尔系数和城镇化率；环境因素，包括水功能区水质达标率和污水处理率。2012—2016 年巴彦淖尔市水权价值模糊评价指标值如表 10.1 所示。

表 10.1 巴彦淖尔市水权价值模糊评价指标值

类别	评价指标		实际观测值				
	指标	单位	2012 年	2013 年	2014 年	2015 年	2016 年
水质因素	平均矿化度	克/升	0.618	0.601	0.550	0.592	0.635
	引入灌区盐量	吨	249.45	283.43	222.14	258.22	279.50
	化学需氧量	毫克/升	36	32	24	26	20
	氨氮	毫克/升	1.8	1.0	1.0	1.0	1.4
水量因素	人均水量	立方米	3365.56	3254.34	3090.97	3169.20	3157.75
	年均降水量	毫米	126.45	63.00	117.17	99.77	91.56
	年均供水量	亿立方米	46.48	47.88	49.15	50.67	49.35
经济因素	亩均灌溉用水量	立方米	436.85	422.95	448.35	437.89	413.14
	万元 GDP 用水量	立方米	583.62	573.39	546.07	523.73	476.66
	人均 GDP	万元	4.79	5.00	5.38	5.77	6.15
社会因素	恩格尔系数	%	27.6	29.7	27.9	27.9	28.4
	城镇化率	%	49.6	51	51.7	52.6	53.4
环境因素	水功能区水质达标率	%	51	43	67	60	57
	污水处理率	%	68	63	65	70	71

为准确衡量水权价值,本书在参照相关指标全国平均水平的基础上,根据等差间隔法将水权价值影响因素指标的评价标准由低到高分为 5 个等级(Ⅰ、Ⅱ、Ⅲ、Ⅳ和Ⅴ),如表 10.2 所示。

表 10.2　巴彦淖尔市水权价值指标的评价标准

评价指标	单位	属性	Ⅰ	Ⅱ	Ⅲ	Ⅳ	Ⅴ
平均矿化度	克/升	逆向	1.0	0.8	0.6	0.4	0.2
引入灌区盐量	吨	逆向	300	280	260	240	220
化学需氧量	毫克/升	逆向	40	30	20	10	0.0
氨氮	毫克/升	逆向	2.0	1.5	1.0	0.5	0.0
人均水量	立方米	正向	500	1500	2500	3500	4500
年均降水量	毫米	正向	500	800	1100	1400	1700
年均供水量	亿立方米	正向	10	20	30	40	50
亩均灌溉用水量	立方米	逆向	450	400	350	300	250
万元 GDP 用水量	立方米	逆向	300	240	180	120	60
人均 GDP	万元	正向	2	6	10	14	18
恩格尔系数	%	逆向	60	50	40	30	20
城镇化率	%	正向	20	30	40	50	60
水功能区水质达标率	%	正向	20	40	60	80	100
污水处理率	%	正向	20	40	60	80	100

第二步:指标的权重。

为发挥主观赋权法和客观赋权法的优势,本书利用组合赋权法确定水权价值影响因素指标的权重:

首先,根据 Critic 法确定指标的客观权重,如表 10.3 所示。

第十章 内蒙古跨盟市水权交易价格测算

表10.3 巴彦淖尔市水权价值评价指标的客观权重

指标	指标变异性	指标冲突性	信息量	权重(%)
平均矿化度	0.363	12.654	4.587	7.20
引入灌区盐量	0.400	11.410	4.568	7.17
化学需氧量	0.427	9.047	3.859	6.06
氨氮	0.458	16.352	7.488	11.75
人均水量	0.429	14.128	6.063	9.52
年均降水量	0.424	9.477	4.016	6.30
年均供水量	0.411	8.200	3.367	5.29
亩均灌溉用水量	0.408	19.454	7.941	12.47
万元GDP用水量	0.399	10.593	4.222	6.63
人均GDP	0.362	8.625	3.122	4.90
恩格尔系数	0.407	8.926	3.632	5.70
城镇化率	0.400	9.109	3.647	5.73
水功能区水质达标率	0.364	8.936	3.252	5.11
污水处理率	0.440	8.953	3.942	6.19

其次,根据层次分析法确定指标的主观权重,如表10.4所示。

表10.4 巴彦淖尔市水权价值评价指标的主观权重

指标	特征向量	权重(%)	最大特征值	CR值
平均矿化度	0.269	1.919	15.415	0.069
引入灌区盐量	0.301	2.150		
化学需氧量	0.334	2.388		
氨氮	0.369	2.634		
人均水量	0.725	5.178		
年均降水量	0.964	6.885		

225

续表

指标	特征向量	权重(%)	最大特征值	CR 值
年均供水量	0.777	5.548		
亩均灌溉用水量	0.870	6.217		
万元 GDP 用水量	1.471	10.507		
人均 GDP	1.305	9.323	15.415	0.069
恩格尔系数	1.237	8.839		
城镇化率	1.377	9.833		
水功能区水质达标率	1.721	12.296		
污水处理率	2.280	16.283		

最后，根据极差最大法确定指标的组合权重，如表 10.5 所示。

表 10.5　巴彦淖尔市水权价值评价指标的组合权重　　　　（单位:%）

指标	权重区间	权重值
平均矿化度	[1.919,7.20]	6.85
引入灌区盐量	[2.150,7.17]	4.50
化学需氧量	[2.388,6.06]	4.93
氨氮	[2.634,11.75]	3.54
人均水量	[5.178,9.52]	7.66
年均降水量	[6.30,6.885]	6.63
年均供水量	[5.29,5.548]	5.32
亩均灌溉用水量	[6.217,12.47]	8.63
万元 GDP 用水量	[6.63,10.507]	10.38
人均 GDP	[4.90,9.323]	7.21
恩格尔系数	[5.70,8.839]	7.92
城镇化率	[5.73,9.833]	9.22
水功能区水质达标率	[5.11,12.296]	7.00
污水处理率	[6.19,16.283]	10.20

第三步:水权价值测算。

结合内蒙古跨盟市水权交易实践,本书以 2016 年指标值为对象,参照表 10.2 巴彦淖尔市水权价值指标的评价标准,先分别计算水权价值影响因素指标的单要素隶属度向量,再建立巴彦淖尔市水权价值指标的模糊综合评价矩阵,如式(10.1)所示:

$$R_{ij} = \begin{bmatrix} R_{11} & R_{12} & \cdots & R_{15} \\ R_{21} & R_{22} & \cdots & R_{25} \\ \vdots & \vdots & \cdots & \vdots \\ R_{m1} & R_{m2} & \cdots & R_{m5} \end{bmatrix}$$

$$= \begin{bmatrix} 0 & 0.1750 & 0.8250 & 0 & 0 \\ 0 & 0.9750 & 0.0250 & 0 & 0 \\ 0 & 0 & 1 & 0 & 0 \\ 0 & 0.8000 & 0.2000 & 0 & 0 \\ 0 & 0 & 0.3423 & 0.6578 & 0 \\ 1 & 0 & 0 & 0 & 0 \\ 0 & 0 & 0 & 0.0650 & 0.9350 \\ 0.7372 & 0 & 0 & 0 & 0 \\ 1 & 0 & 0 & 0 & 0 \\ 0 & 0.9625 & 0.0375 & 0 & 0 \\ 0 & 0 & 0 & 0.8400 & 0.1600 \\ 0 & 0 & 0 & 0.6600 & 0.3400 \\ 0 & 0.1500 & 0.8500 & 0 & 0 \\ 0 & 0 & 0.4500 & 0.5500 & 0 \end{bmatrix} \quad (10.1)$$

采用加权平均型模糊算子,可得 2016 年巴彦淖尔市水权价值模糊综合评价结果为:

$$V = A \circ R = (0.2337, 0.1869, 0.2484, 0.2373, 0.0937) \quad (10.2)$$

2. 资源成本测算

结合内蒙古跨盟市水权交易实践的相关资料,转让方所属区域多年人均可支配收入(元)为:$\bar{E}=22391.4$;供水企业的成本和利润(元/立方米)依据巴彦淖尔市居民水价的68%确定,即 $\bar{D}=1.8$;污水处理费(元/立方米)为:$\bar{F}=0.5$,水资源费(元/立方米)为:$\bar{G}=0.1$。

由此,水权价值的价格向量可以表示为:$S'=(0.9100,0.6825,0.4550,0.2275,0)^T$。基于相关参数的率定,根据公式(3.17),计算水权交易的资源成本:

$C_1 = V \times S' = (0.2337,0.1869,0.2484,0.2373,0.0937) \times (0.9100,0.6825,0.4550,0.2275,0)^T = 0.51$,其中,水权价值价格向量的最大值,根据公式(3.18)予以计算,即

$$P = \frac{22391.4 \times 0.0048}{32.48} - 1.8 - 0.5 - 0.1 = 0.91 \qquad (10.3)$$

转让方所属区域居民水费承受指数根据公式(3.19)予以计算,即:$A_{转}=0.0048$。

综上所述,内蒙古巴彦淖尔市水权交易的资源成本为0.51元/立方米。

(二) 工程成本测算

根据《内蒙古黄河干流水权盟市间转让河套灌区沈乌灌域一期试点工程的批复文件》和内蒙古水权收储转让中心披露的工程信息,内蒙古跨盟市水权交易的水利工程主要是节水工程,其建设成本约为18.65亿元。参照《水利建设项目经济评价规范(SL72-2013)》的相关规定,节水工程和量水设施的年运行维护费用按水权转让节水工程建设费用的2%计算,即生产成本为0.373亿元。结合内蒙古跨盟市水权交易实践可知,节约水量为2.35亿立方米,交易水量为1.2亿立方米,交易期限为25年。根据内蒙古跨盟市水权交易节水工程的实际更新速率和其他水权交易案例的经验,本书确定节水工程的经济

寿命周期为20年。

基于相关参数的率定,根据公式(3.27),计算水权交易的节水工程成本:

$$C_2 = C_{22} = \frac{18.65 + 0.373 + 18.65 \times \frac{25-20}{20}}{2.35 \times 25} = 0.40 \quad (10.4)$$

综上所述,内蒙古巴彦淖尔市水权交易的工程成本为0.40元/立方米。

(三) 环境成本测算

水权交易的环境成本测算需要明确转让方所属区域污水处理费用和污水治理投资。根据《排污费征收管理办法》(2003年)和《污水综合排放标准》(GB8978-2002)的规定,污水排污费收费额是前3项污染物的污染当量数之和与收费标准的积。其中,污水排放的收费标准为0.7元/单位当量。根据《内蒙古水资源公报》(2012—2016)和《巴彦淖尔市水资源公报》(2012—2016),整理获得2016年巴彦淖尔市主要水污染物的当量值和排放量,如表10.6所示。2016年巴彦淖尔市多年水资源利用总量均值为49.354亿立方米,年均污水治理投资为10.36亿元。

表10.6　2016年巴彦淖尔市主要水污染物的当量值和排放量

污染物种类	污染物当量值(千克)	排污量(万吨)
化学需氧量	1	1.0838
氨氮	0.8	0.1083
总磷	0.25	0.1252

根据公式(3.32),计算获得巴彦淖尔市污水处理费用(亿元)为:$\overline{C}_{31}$ = 1.72。

基于相关参数的率定,根据公式(3.31),计算水权交易的环境成本:

$$C_3 = \frac{1.72 + 10.36}{49.354} = 0.24 \tag{10.5}$$

综上所述,内蒙古巴彦淖尔市水权交易的环境成本为 0.24 元/立方米。

(四) 签约成本测算

根据对内蒙古水权交易实践的调查以及相关文献的研究成果,巴彦淖尔市的可转让水量为 1.2 亿立方米,成交笔数为 83 笔,单笔交易的信息筛选费用为 2800 元,单笔交易的协商谈判费用为 21055 元,单笔交易的行政审批费用为 875 元。

基于相关参数的率定,根据公式(3.33),计算水权交易的签约成本:

$$C_4 = \frac{83 \times (2800 + 21055 + 875)}{1.2 \times 10^8} = 0.02 \tag{10.6}$$

综上所述,内蒙古巴彦淖尔市水权交易的签约成本为 0.02 元/立方米。

(五) 不同交易形式下水权交易的显性成本测算

根据前文分析,本书在计算水权交易显性成本收益调节系数的基础上确定不同交易形式下水权交易的显性成本。

1. 灌溉用水户水权交易形式下显性成本测算结果

基于内蒙古和巴彦淖尔市的统计年鉴和文献查阅,获得 2016 年巴彦淖尔市商业银行贷款利率 $r_z^{\pm} = [4.35\%, 4.9\%]$,居民消费价格指数的平均增长速度 $crpi_z^{\pm} = [0.1, 0.3]$。根据公式(3.35),计算获得灌溉用水户水权交易的无风险收益调节系数为: $\delta_{m1}^{\pm} = [0.04, 0.06]$。

基于相关参数的率定,根据公式(3.34),计算灌溉用水户水权交易的显性成本:

$$C_{m1}^{\pm} = (0.51 + 0.4 + 0.24 + 0.02) \times (1 + [0.04, 0.06]) = [1.22, 1.24] \tag{10.7}$$

第十章 内蒙古跨盟市水权交易价格测算

综上所述,内蒙古巴彦淖尔市灌溉用水户水权交易形式下单位交易水量的显性成本为[1.22,1.24]元/立方米。

2. 取水权交易形式下显性成本测算结果

基于内蒙古和巴彦淖尔市的统计年鉴和文献查阅,计算获得转让方所属区域工业用水净效益系数 $e_i^\pm$ = [0.38,0.42],转让方所属区域农业用水净效益系数 $e_a^\pm$ = [0.26,0.37]。根据公式(3.37-3.39),计算获得取水权交易的行业收益调节系数为:$\delta_{m2}^\pm$ = [0.05,0.12]。

基于相关参数的率定,根据公式(3.36),计算取水权交易的显性成本:

$$C_{m2}^\pm = (0.51 + 0.4 + 0.24 + 0.02) \times (1 + [0.05, 0.12]) = [1.23, 1.31]$$
(10.8)

综上所述,内蒙古巴彦淖尔市取水权交易形式下单位交易水量的显性成本为[1.23,1.31]元/立方米。

3. 区域水权交易形式下显性成本测算结果

基于内蒙古和巴彦淖尔市的统计年鉴,利用指数平滑法,取系数为0.9,根据公式(3.41),计算获得转让方所属区域GDP算术平均值为851.92亿元,转让方所属区域GDP加权平均值为991.45亿元,受让方所属区域GDP算术平均值为4062.45亿元,受让方所属区域GDP加权平均值为4686.48亿元。根据公式(3.42),计算获得区域水权交易的收益调节系数为:$\delta_{m3}^\pm$ = [0.13,0.17]。

基于相关参数的率定,根据公式(3.40),计算区域水权交易的显性成本:

$$C_{m2}^\pm = (0.51 + 0.4 + 0.24 + 0.02) \times (1 + [0.13, 0.17]) = [1.32, 1.37]$$
(10.9)

综上所述,内蒙古巴彦淖尔市区域水权交易形式下单位交易水量的显性成本为[1.32,1.37]元/立方米。

二、内蒙古跨盟市水权交易隐性成本测算

巴彦卓尔市是内蒙古跨盟市水权交易的转让方所属区域,也是水权交易

隐性成本的直接承受者,故本书基于巴彦淖尔市的相关数据计算水权交易的隐性成本。根据水权交易的隐性成本测算思路,本书将在计算水权交易的生态效益损失、发展机会损失和缺水风险损失的基础上,结合具体的交易形式确定不同交易形式下水权交易的隐性成本。

(一) 生态效益损失测算

根据前文的分析,本书基于转让方所属区域农田生态系统服务价值、生态效益损失系数计算内蒙古跨盟市水权交易的生态效益损失。

1. 转让方所属区域农田生态系统服务价值

2016年,转让方所属区域小麦、玉米和高粱的播种面积占三种作物播种总面积的百分比为: $S_r = 0.27$, $S_w = 0.72$, $S_c = 0.01$。考虑农业生产资料价格分类指数的变化,以及单位转换问题(从元/亩换算为元/公顷),2016年转让方所属区域小麦、玉米和高粱调整后的年均净利润(元/公顷)为: $F_r = 525.18$, $F_w = 706.58$, $F_c = 420.15$。由于高粱成本与收益的数据缺失,本书按小麦单位面积年均净利润的80%估算。2016年转让方所属区域(巴彦淖尔市沈乌灌域)的耕地面积为5.71万公顷,单位面积农田生态系统的生态价值当量为0.28。

根据公式(3.46),计算获得转让方所属区域农田生态系统单位生态价值当量因子的经济价值(元/公顷)为: $E_a = 525.18 \times 0.27 + 706.58 \times 0.72 + 420.15 \times 0.01 = 654.74$。

根据公式(3.45),计算获得转让方所属区域单位农田生态系统服务价值为(元/公顷): $V_e = 57100 \times 654.74 \times 0.28 = 10467968.39$。

2. 生态效益损失系数

2016年转让方所属区域年均用水总量(立方米)为: $W_z = 48.85$,转让方所属区域年均农业用水量(立方米)为: $W_{za} = 43.19$,全国农田生态系统的生态价值当量为: $N_a = 0.28$,全国生态系统的生态价值总当量为: $N_s = 5.31$。根据公式(3.44),计算获得转让方所属区域的生态效益损失系数为:$\rho_{el} = \frac{43.19}{48.85} \times \frac{0.28}{5.31} = 0.047$。

3. 水权交易的生态效益损失

内蒙古跨盟市水权交易的拟转让水量(亿立方米)为:$W_{wt} = 1.2$,交易期限(年)为:$T_{wt} = 25$,转让方所属区域商业银行贷款利率的均值(%)为:$\bar{r}_{zr} = 4.63$。

基于相关参数的率定,根据公式(3.43),计算转让方所属区域水权交易的生态效益损失:

$$C_5 = \frac{10467968.39 \times 0.047}{25 \times 120000000} \times \frac{1-(1+0.0463)^{25}}{1-(1+0.0463)} = 0.01 \qquad (10.10)$$

综上所述,内蒙古巴彦淖尔市水权交易单位交易水量应承担的生态效益损失为 0.01 元/立方米。

(二) 发展机会损失测算

根据前文的分析,本书基于交易年水权交易所造成的发展机会损失和发展机会损失增长率,计算内蒙古跨盟市水权交易的发展机会损失。

1. 交易年的发展机会损失

结合内蒙古跨盟市水权交易实践可知,转让方所属产业为农业,故本书以转让方所属区域农业为对象计算水权交易的发展机会损失。结合转让方所属区域农作物的种植面积,本书以转让方所属区域主要农作物(即小麦、玉米和高粱)的收益计算交易年水权交易所造成的发展机会损失。考虑数据的可得性,本书用农作物单位面积产量代替农业生产效率,用大宗商品期货指数结算价代替主要农产品单价。2016 年转让方所属区域小麦、玉米和高粱多年产值的均值(万元)为:$V_j = (126415.91, 416744.02, 0.21)$,小麦、玉米和高粱的多年农业生产效率的均值(吨/公顷)为:$Q_{zrj} = (0.86, 1.89, 1.52)$,小麦、玉米和高粱单位产品多年价格的均值(元/吨)为：$P_{zrj} = (2806, 1560, 3254)$。为提高计算结果的可靠性,本书用转让方所属区域主要农作物灌溉定额的通用值计算农业用水定额的均值(立方米/公顷)为：$\overline{W}_{zr} = 12714.33$。转让方所属区域农业用水净效益系数的均值为：$\overline{e}_l = 0.32$。根据公式(3.48),计算获得交易年水权交易所造成的发展机会损失(万元)为：$R_{zr} = 853.30$。

2. 发展机会损失的增长率

因为交易期限最长为25年,所以本书根据转让方所属区域交易年近25年的数据计算水权交易所造成的发展机会损失的多年增长率均值。根据公式(3.49),计算获得转让方所属区域发展机会损失的增长率为：$\overline{r}_{zri} = 0.10$。

3. 水权交易的发展机会损失

内蒙古跨盟市水权交易的拟转让水量(亿立方米)为：$W_{wt} = 1.2$,交易期限(年)为：$T_{wt} = 25$。

基于相关参数的率定,根据公式(3.47),计算转让方所属区域水权交易的发展机会损失：

$$C_6 = \frac{8533000}{25 \times 120000000} \times \frac{1-(1+0.1)^{25}}{1-(1+0.1)} = 0.28 \tag{10.11}$$

综上所述,内蒙古巴彦淖尔市水权交易单位交易水量应承担的发展机会损失为0.28元/立方米。

(三) 缺水风险损失测算

根据前文的分析,本书基于水权交易挤占系数、枯水年缺水风险损失和缺水风险系数计算内蒙古跨盟市水权交易的缺水风险损失。

1. 水权交易挤占系数

结合内蒙古跨盟市水权交易实践,本书以转让方所属区域主要粮食作物为代表计算水权交易挤占系数。根据内蒙古行业用水定额,本书以灌溉保证率50%作为枯水年,灌溉保证率75%作为平水年。由于高粱灌溉定额的数据

第十章 内蒙古跨盟市水权交易价格测算

缺失,所以本书结合专家访谈,以小麦管灌的用水定额代替。

枯水年转让方所属区域小麦、玉米和高粱灌溉定额的通用值为:W_{bj} = (5120,4190,3260)。平水年转让方所属区域小麦、玉米和高粱灌溉定额的通用值为:W_{bj} = (6160,5120,4000)。根据公式(3.55),计算获得转让方所属区域水权交易的挤占系数为:0.22。

2. 枯水年缺水风险损失

在现有科技水平下,难以准确预测交易期限内枯水年出现的概率,以及转让方所属区域枯水年的农作物产量与收益,故本书假设枯水年农作物单位耗水的边际产量和单位产量的价格与交易年相同。根据公式(3.53),计算获得转让方所属区域交易年农业单位产量的价格(元/千克)为:P_{zra} = 1.85。根据公式(3.54),计算获得转让方所属区域交易年农业单位用水的边际产量(千克/立方米)为:Q_{zra} = 0.39。转让方所属区域年交易水量(亿立方米)为:W_{wt} = 1.2。根据公式(3.52),计算获得转让方所属区域枯水年水权交易的缺水风险损失(万元)为:R_a = 1904.76。

3. 缺水风险系数

根据内蒙古的行业用水保证率可知,枯水年农业用水保证率为:ρ_{wa} = 0.5,相当于两年一遇的枯水年,则 T_{la} = 2;工业用水保证率为:ρ_{wi} = 0.9,相当于10年一遇的枯水年,则 T_{li} = 10。交易期限(年)为:T_{wt} = 25。根据公式(3.51),计算获得水权交易的缺水风险系数为:ρ_{ws} = 2.5。

4. 水权交易的缺水风险损失

内蒙古跨盟市水权交易的拟转让水量(亿立方米)为:W_{wt} = 1.2。根据公式(3.50),计算获得转让方所属区域水权交易的缺水风险损失为:

$$C_7 = \frac{2.5 \times 19047600}{25 \times 120000000} = 0.02 \tag{10.12}$$

综上所述,内蒙古巴彦淖尔市水权交易单位交易水量应承担的缺水风险损失为0.02元/立方米。

(四) 不同交易形式下水权交易的隐性成本测算

根据前文的分析,本书基于水权交易隐性成本调节系数计算不同交易形式下水权交易的隐性成本。借鉴学者们关于水权交易政策调整系数的研究,综合考虑转让方所属区域用水效率、水费承受能力和水资源禀赋等因素,本书设置 $k_{g1}^{\pm} = [0.01, 0.03]$、$k_{g2}^{\pm} = [0.04, 0.07]$ 和 $k_{g3}^{\pm} = [0.08, 0.10]$。

1. 灌溉用水户水权交易形式下隐性成本测算结果

基于相关参数的率定,根据公式(3.56),计算灌溉用水户水权交易的隐性成本为:

$$C_{g1}^{\pm} = (0.01 + 0.28 + 0.02) \times (1 + \kappa_{g1}^{\pm}) = [0.31, 0.32] \quad (10.13)$$

综上所述,内蒙古巴彦淖尔市灌溉用水户水权交易形式下单位交易水量的隐性成本为 [0.31, 0.32] 元/立方米。

2. 取水权交易形式下隐性成本测算结果

基于相关参数的率定,根据公式(3.57),计算取水权交易的隐性成本为:

$$C_{g2}^{\pm} = (0.01 + 0.28 + 0.02) \times (1 + \kappa_{g2}^{\pm}) = [0.32, 0.33] \quad (10.14)$$

综上所述,内蒙古巴彦淖尔市取水权交易形式下单位交易水量的隐性成本为 [0.32, 0.33] 元/立方米。

3. 区域水权交易形式下隐性成本测算结果

基于相关参数的率定,根据公式(3.58),计算区域水权交易的隐性成本为:

$$C_{gi}^{\pm} = (0.01 + 0.28 + 0.02) \times (1 + \kappa_{g3}^{\pm}) = [0.33, 0.34] \quad (10.15)$$

综上所述,内蒙古巴彦淖尔市区域水权交易形式下单位交易水量的隐性成本为 [0.33, 0.34] 元/立方米。

三、内蒙古跨盟市水权交易基础价格综合测算

（一）水权交易基础价格综合测算

1. 数据的搜集与整理

考虑巴彦淖尔市是内蒙古跨盟市水权交易的转让方，鄂尔多斯市是水权交易的受让方，结合数据的可得性与合理性，本书选取巴彦淖尔市的相关数据计算政府补贴标准，以内蒙古数据计算受让方所属区域相关行业用水影子价格，其他参数根据交易双方的实际情况确定。

本书选取巴彦淖尔市3类9个指标计算内蒙古跨盟市水权交易的政府补贴标准。巴彦淖尔市水权交易政府补贴标准评价指标值，如表10.7所示。

表10.7 巴彦淖尔市水权交易政府补贴标准评价指标值

类别	评价指标 名称	单位	属性	2012年	2013年	2014年	2015年	2016年
用水效率	万元GDP用水量	立方米	逆向	109	109	102	103	96.9
	灌溉有效利用系数	%	正向	0.468	0.483	0.501	0.522	0.532
	万元工业增加值用水量	立方米	逆向	30	30	25	22.4	22.4
水费承受能力	人均可支配收入	万元	正向	1.85	2.03	2.26	2.43	2.63
	水价承受指数	%	正向	3	3	4	4	5
	居民消费价格指数	%	逆向	102.9	103	101.7	100.8	101
水资源禀赋	人均用水量	立方米	正向	734	734	727	740.77	756.45
	人均水资源量	立方米	正向	2049	3843	3848.89	2141.09	1695.44
	生态用水量	亿立方米	正向	1.299	0.112	0.119	0.215	0.299

2. 相关参数的率定

（1）政府补贴标准 GSS_1 的率定

根据公式（5.12），本书基于三个步骤确定政府补贴标准：首先，计算水权交易政府补贴标准评价指标的权重矩阵；其次，构建相关指标的评价矩阵；最后，根据政府补贴标准的综合评价值和政府补贴标准的价格向量，计算内蒙古跨盟市水权交易的政府补贴标准。

第一步：评价指标权重。为遵循评价指标所反映的客观信息，本书采用Critic权重法计算巴彦淖尔市水权交易政府补贴标准评价指标的权重，如表10.8所示。

表10.8 巴彦淖尔市水权交易政府补贴标准评价指标权重

指标	信息熵值 e	信息效用值 d	权重系数 w
万元GDP用水量	0.6842	0.3158	0.1193
灌溉有效利用系数	0.8046	0.1954	0.0738
万元工业增加值用水量	0.6973	0.3027	0.1144
人均可支配收入	0.8095	0.1905	0.0720
水价承受指数	0.6791	0.3209	0.1213
居民消费价格指数	0.7314	0.2686	0.1015
人均用水量	0.7653	0.2347	0.0887
人均水资源量	0.7195	0.2805	0.1060
生态用水量	0.4628	0.5372	0.2030

第二步：指标评价矩阵。根据巴彦淖尔市水权交易政府补贴标准评价指标值，本书将指标的评价标准由低到高分为Ⅰ、Ⅱ、Ⅲ、Ⅳ和Ⅴ这5个等级，并运用等差间隔法，对照全国主要城市不同评价指标的多年平均值，构建水权交易政府补贴的评价标准，如表10.9所示。

第十章 内蒙古跨盟市水权交易价格测算

表 10.9 巴彦淖尔市水权交易政府补贴的评价标准

评价指标		评价标准				
名称	单位	I	II	III	IV	V
万元 GDP 耗水量	立方米	300	240	180	120	60
灌溉有效利用系数	%	0.40	0.45	0.50	0.55	0.60
万元工业增加值用水量	立方米	100	80	60	40	20
人均可支配收入	万元	1.0	2.5	4.0	5.5	6.0
水价承受指数	%	3.0	3.5	4.0	4.5	5.0
居民消费价格指数	%	105	104	103	102	101
人均用水量	立方米	70	100	130	160	190
人均水资源量	立方米	500	1500	2500	3500	4500
生态用水量	亿立方米	1	5	9	13	17

结合内蒙古跨盟市水权交易实践,本书以 2016 年指标值为对象,参照表 10.9 巴彦淖尔市水权交易政府补贴的评价标准,依据式(3.14)—式(3.16)的计算步骤,先分别计算水权交易政府补贴标准因素指标的单要素隶属度向量,再建立水权交易政府补贴标准的模糊综合评价矩阵,如式(10.16)所示:

$$R_{ij} = \begin{bmatrix} R_{11} & R_{12} & \cdots & R_{15} \\ R_{21} & R_{22} & \cdots & R_{25} \\ \vdots & \vdots & \cdots & \vdots \\ R_{m1} & R_{m2} & \cdots & R_{m5} \end{bmatrix} = \begin{bmatrix} 0 & 0 & 0 & 0.6150 & 0.3850 \\ 0 & 0 & 0.3600 & 0.6400 & 0 \\ 0 & 0 & 0 & 0.1200 & 0.8800 \\ 0 & 0.9067 & 0.0933 & 0 & 0 \\ 0 & 0 & 0 & 0 & 1 \\ 0 & 0 & 0 & 0 & 1 \\ 0 & 0 & 0 & 0 & 1 \\ 0 & 0.8046 & 0.1954 & 0 & 0 \\ 1 & 0 & 0 & 0 & 0 \end{bmatrix}$$

(10.16)

第三步：水权交易政府补贴标准。采用加权平均型模糊算子，计算获得 2016 年巴彦淖尔市水权交易政府补贴标准的模糊综合评价结果为：$V_{ic} = A_{ic} \circ R_{ic} = [0.2030, 0.1506, 0.0540, 0.1343, 0.4581]$。考虑水权交易政府补贴标准的最大值不宜超过转让方所属区域的水权价值，本书以转让方所属区域水权价值的价格向量作为水权交易政府补贴标准的价格向量，即：

$$GSS'_l = (0.9100, 0.6825, 0.4550, 0.2275, 0)^T \qquad (10.17)$$

基于相关参数的率定，根据公式(5.12)，计算水权交易政府补贴标准为：

$$GSS_l = GSS'_l \times VGSS_l = 0.34 \qquad (10.18)$$

综上所述，内蒙古跨盟市水权交易政府补贴标准为 0.34 元/立方米。

(2)受让方所属区域相关行业用水影子价格的率定

根据前文的分析，本书分三步获得交易当年受让方所属区域相关行业用水影子价格。首先，建立受让方所属区域用水投入产出表；其次，计算受让方所属区域相关行业用水影子价格；最后，预测交易当年受让方所属区域相关行业用水影子价格。

第一步：建立受让方所属区域用水投入产出表。考虑数据的可得性和适用性，本书采用内蒙古的相关数据建立受让方所属区域用水投入产出表。根据内蒙古相关行业的用水数据以及 2012 年内蒙古投入产出表，本书计算 2012 年鄂尔多斯市用水投入产出表，如表 10.10 所示。

表 10.10 2012 年鄂尔多斯市用水投入产出表

指标	类别	单位	农业	工业	生活	生态
中间产品	农业	亿元	338.7	1744.3	1679.5	1.6
	工业	亿元	769	11290	3488	11.47
	生活	亿元	262.19	2714.5	3588.9	3.95
	生态	亿元	2.6	8.3	19.8	17.2

续表

指标	类别	单位	农业	工业	生活	生态
最终使用	消费	亿元	333.5	2107.5	2554.5	196.7
	积累	亿元	1289.5	6849.2	6903.4	6.2
	净流入	亿元	546.9	3113.8	-2212	78.7
总产出		亿元	3542.5	27854.9	15972.3	313.9
增加值	增加值	亿元	439.3	14763.1	5270.8	4.7
	增加值系数	%	0.21	0.57	0.18	0.04
用水量	新鲜用水量	亿立方米	96.106	3.462	1.163	0.467
	总用水量	亿立方米	135.36	23.55	10.38	5.06

第二步:求解受让方所属区域相关行业用水影子价格。将表10.10的相关参数代入公式(5.13),利用数学软件 Lingo 求解,获得2012年受让方所属区域相关行业用水影子价格。其中,鄂尔多斯市农业用水影子价格为0.93元/立方米,鄂尔多斯市工业用水影子价格为6.29元/立方米。

第三步:预测交易当年受让方所属区域相关行业用水影子价格。为提高受让方所属区域相关行业用水影子价格预测的准确性,本书整理了我国部分区域行业用水影子价格及其用水指标,如表10.11所示。

表10.11 2012年我国部分区域行业用水影子价格及其用水指标数值

区域	指标				
	农业用水影子价格(元/立方米)	工业用水影子价格(元/立方米)	农业亩均灌溉水量(立方米)	工业万元增加值用水量(立方米)	区域用水量所占比例(%)
内陆河	1.55	7.31	676	57	1.18
黄河	1.6	7.76	402	86	0.33
长江	1.32	6.16	256	20	0.03
鄂尔多斯	0.93	6.29	551	74	0.41

根据表 10.11,本书利用 SPASS20.0 进行非线性模拟,构建交易当年受让方所属区域相关行业用水影子价格的预测模型:

$$sp_{农业} = 0.393 + 0.117\zeta \ln wx_{农业}(R^2 = 0.757, F = 22.51) \quad (10.19)$$

$$sp_{工业} = 2.784 - 0.46\zeta + 0.01wx^2_{工业}(R^2 = 0.984, F = 33.26) \quad (10.20)$$

其中,ζ 表示受让方所属区域用水量占区域水资源总量的比例,$x_{农业}$ 表示受让方所属区域农业的亩均灌溉水量,$x_{工业}$ 表示受让方所属区域万元工业增加值用水量。

2016 年鄂尔多斯市万元工业增加值用水量为 22.4 立方米,农业亩均灌溉用水量为 305 立方米,区域用水量占区域水资源总量的比例为 0.41%。根据交易当年受让方所属区域相关行业用水影子价格的预测模型,计算获得 2016 年鄂尔多斯市相关行业用水影子价格(元/立方米)为:$sp_{农业} = 0.96$,$sp_{工业} = 7.20$。

综上所述,内蒙古跨盟市水权交易受让方所属区域农业用水影子价格为 0.96 元/立方米,工业用水影子价格为 7.20 元/立方米。

(3)水权交易政府补贴系数 $GSC_l^{\pm}$ 的率定

根据学者们关于水权交易价格调整机制的研究,本书设置政府补贴系数的取值为:$GSC_l^{\pm} = [0.10, 0.30]$。

(4)政府管制水权交易基础定价 TP_l^{lower} 和 TP_l^{upper} 的率定

结合内蒙古跨盟市水权交易实践以及前文转让方水权交易成本的计算结果,政府管制的最低水权交易基础定价(元/立方米)为:$TP_l^{lower} = VC_l^{\pm} + INC_l^{\pm} = [1.65, 1.71]$。

根据鄂尔多斯市的统计年鉴及相关文献,本书计算获得受让方所属区域居民水费承受指数为:$TP_l^{upper} = [2.28, 3.55]$;受让方所属区域多年人均可支配收入(元)为:$\bar{E}_{受} = 28537.10$;受让方所属区域多年人均用水量的均值(立方米)为：$\overline{W}_{受} = 42.63$。由此,本书计算获得政府管制的最高水权交易基础定价(元/立方米)为：$TP_l^{upper} = [2.28, 3.55]$。

(5)交易双方行业用水价格 P_{zri} 和 P_{sri} 的率定

根据内蒙古跨盟市水权交易实践及相关文献资料,转让方所属行业的用水价格(元/立方米)为：$P_{zri} = 0.103$；受让方所属行业的用水价格(元/立方米)为：$P_{sri} = 6.90$。

(6)合理性收益约束参数 $\theta_l^{\pm}$ 的率定

结合我国水权交易实践,根据专家意见设置合理性收益约束参数 $\theta_l^{\pm}$ 的取值为：$\theta_l^{\pm} = [0.15, 0.25]$。

(7)长期适用性约束参数 $\eta_l^{\pm}$ 的率定

综合考虑交易区域的社会经济现状和发展趋势,根据专家意见设置长期适用性约束参数 $\eta_l^{\pm}$ 的取值为：$\eta_l^{\pm} = [0.50, 0.80]$。

(8)水权交易适用税种和税率 $TTR_l^{\pm}$ 的率定

结合内蒙古跨盟市水权交易实践,本书以中国水权交易所规定的交易费率代替适用的税种和税率为：$TTR_l^{\pm} = 0.015$。

(9)子目标函数的权重率定

结合内蒙古跨盟市水权交易实践,根据咨询专家意见的结果,本书设定子目标函数的权重为：$\omega_1 = 0.30, \omega_2 = 0.30, \omega_3 = 0.40$。

(二) 水权交易基础价格综合测算结果及分析

将相关参数数据输入公式(5.15),利用 Matlab 软件求解水权交易基础价格综合测算的目标上限值子模型。程序终止时得到目标上限值子模型最优解为：$TP_l^+ = 2.14$ 和 $F_{opt}(TP_l^+) = 11855815.10$。

将相关参数数据输入公式(5.16),利用 Matlab 软件求解水权交易基础定价的目标下限值子模型。程序终止时得到目标下限值子模型最优解为：

$TP_l^- = 1.94$ 和 $F_{opt}(TP_l^-) = 61990767.54$。

结合两个子模型的求解结果,获得内蒙古跨盟市水权交易基础定价(元/立方米)的结果为:$TP_l^{\pm} = [TP_l^-, TP_l^+] = [1.94, 2.14]$。

在这一价格水平下,内蒙古跨盟市水权交易的综合收益(元)为 $F_{opt}(TP_l^{\pm}) = [F_{opt}(TP_l^-), F_{opt}(TP_l^+)] = [61990767.54, 11855815.10]$。

1. 与内蒙古跨盟市水权交易基础定价的比较

根据内蒙古水权收储转让中心关于跨盟市水权交易的披露信息可知,其水权交易基础定价是 1.03 元/立方米。本书计算的内蒙古跨盟市水权交易基础定价高于这一价格,产生差异的原因主要有以下几点:

第一,本书水权交易基础定价计算的成本除工程成本以外,还包括资源成本、环境成本和签约成本,以及水权交易所造成的隐性成本,水权交易成本核算更为完善,而内蒙古水权交易基础定价主要核算工程成本。

第二,本书水权交易基础定价综合考虑转让方、受让方和上级政府的利益诉求,是平衡三方水权交易收益后的优化价格,而内蒙古水权交易基础定价主要考虑转让方的成本。

第三,本书水权交易基础定价是为引导水权交易行为,为交易双方开展协商议价或市场竞价提供参考,而内蒙古水权交易基础定价主要是水权转让价格。

2. 与中国水权交易所披露成交价格的比较

本书水权交易基础定价介于水权交易所披露的实际成交价格区间内,产生这种现象的原因主要有以下几点:

第一,中国水权交易所披露的成交方式一般是协议转让,交易双方协商后的成交价格是在行政干预下达成的,未能反映市场的价格发现功能。

第二,中国水权交易所披露的成交信息中,如果交易双方空间邻近,能利用已有的水利设施开展水权交易,就不需要新建节水工程或输水工程,所以其实际成交价格较低。

第三,中国水权交易所关于水权交易成交价格的信息披露不足,难以分析其水权交易基础定价的形成过程。

第四节 "一对一"情境下水权交易"基础+协商"市场定价

一、案例背景及数据来源

以内蒙古水权转让一期试点工程中的水权转让方巴彦淖尔市2017年的部分水权交易作为分析案例。其中,以2017年巴彦淖尔市水务局与阿拉善经济开发区产业发展有限公司的水权交易作为"一对一"交易讨价还价的分析案例。水权交易的转让方为巴彦淖尔市水务局,受让方为阿拉善经济开发区产业发展有限公司,该水权交易为跨盟市(行政区域)的水权交易,从表面上看属于区域水权交易,但是由于该交易是由巴彦淖尔市灌区节余农业水权向工业企业转让的过程,因此本质上属于取水权交易类型,水权交易期限为25年,交易水量为2000万立方米,交易方式为"基础+协商"模式。

根据中国水权交易所官方公布的交易数据,巴彦淖尔市水务局与阿拉善经济开发区产业发展有限公司的交易方式采用的是协议转让,转让价格为工程成本价格,不能反映市场对资源配置的作用。因此,本节数据来源除《巴彦淖尔市水资源公报》(2017年)、《巴彦淖尔市统计年鉴》(2018年)、《阿拉善统计年鉴》(2018年)等官方统计报告之外,转让方巴彦淖尔市水务局和受让方阿拉善经济开发区产业发展有限公司之间讨价还价过程中的报价为仿真数据。

二、确定基于模糊贝叶斯学习模型的讨价还价方案

根据上文中水权交易基础价格测算结果 $TP_l^{\pm} = [TP_l^-, TP_l^+] = [1.94, 2.14]$,假设本次水权交易的基础价格为 2.00 元/立方米,交易双方需围绕基础价格进行讨价还价,成交价格不得低于基础价格。假设本次交易中巴彦淖尔水务局的保留价格为 $e_{\min(s)}$ = 3.15 元/立方米,阿拉善经济开发区产业发展有限公司的保留价格为 $e_{\min(b)}$ = 5.82 元/立方米,最大讨价还价次数 K = 15。根据内蒙古自治区发展和改革委员会制定的水权交易服务收费标准(如表 10.12 所示),本次协商交易的服务费按成交金额大小分类收取,服务费由受让方承担。

表 10.12 内蒙古水权交易服务费收费标准

	成交金额(亿元)				
	≤0.3	(0.3,0.6]	(0.6,1.0]	(1.0,3.0]	>3.0
交易费用(占成交金额的比例,%)	1.50	1.25	1.00	0.75	0.50

(一)交易双方获取先验知识

根据模糊事件的模糊概率定义,水权交易转让方巴彦淖尔水务局和受让方阿拉善经济开发区产业发展有限公司均根据经验对对手保留价格的概率分布进行估计,即获取双方的先验知识。巴彦淖尔水务局的先验知识是关于阿拉善经济开发区产业发展有限公司保留价格 $e_{\max(b)}$ 的样本空间及其分布概率的估计,阿拉善经济开发区产业发展有限公司的先验知识是关于巴彦淖尔水务局保留价格 $e_{\max(b)}$ 的样本空间及其分布概率的估计。巴彦淖尔水务局和阿拉善经济开发区产业发展有限公司的先验知识如表 10.13 所示。

第十章 内蒙古跨盟市水权交易价格测算

表 10.13 "一对一"情境下交易双方的先验知识语言描述

决策者	贝叶斯学习对象	模糊属性	语言概率
巴彦淖尔水务局	巴彦淖尔水务局对阿拉善经济开发区产业发展有限公司所能接受的最高价格的估计 $e_{(s)}^{(b)\max}$	高	很可能
		中	有点可能
		低	很不可能
阿拉善经济开发区产业发展有限公司	阿拉善经济开发区产业发展有限公司对巴彦淖尔水务局所能接受的最低价格的估计 $e_{(b)}^{(s)\min}$	高	很不可能
		中	有点可能
		低	很可能

运用模糊事件 A_{bi} 表示巴彦淖尔水务局对阿拉善经济开发区产业发展有限公司所能接受的最高价格的估计，分为"高""中""低"三种情况。根据《阿拉善统计年鉴》（2017 年），受让方阿拉善经济开发区产业发展有限公司所在的地区单位水资源的工业产值效益为 223.67 元/立方米，根据文献，假设巴彦淖尔市水务局根据事先收集到的信息作出判断，即阿拉善经济开发区产业发展有限公司所能接受的最高价格的估计值 $e_{(s)}^{(b)\max}$ 是阿拉善盟地区单位水资源的工业产值效益的百分比 λ_b，并对 λ_b 进行估计。用 A_{bi}^1、A_{bi}^2、A_{bi}^3 表示"高""中""低"三种估计情况，由于模糊概率的论域为 [0,1]，因此通常在实际问题中将 [0,1] 考虑为离散域（陈水利等，2005）。① 即利用离散变量表示语言概率，则"很可能""有点可能""很不可能"的语言概率表达为：

$$\begin{cases} \pi_{bi}^1 = \dfrac{0}{0.5} + \dfrac{0.5}{0.6} + \dfrac{0.7}{0.7} + \dfrac{0.9}{0.8} + \dfrac{1}{0.9} + \dfrac{1}{1} \\ \pi_{bi}^2 = \dfrac{0.5}{0.4} + \dfrac{0.7}{0.5} + \dfrac{0.8}{0.6} + \dfrac{0.9}{0.7} + \dfrac{1}{0.8} \\ \pi_{bi}^3 = \dfrac{1}{0} + \dfrac{1}{0.1} + \dfrac{0.9}{0.2} + \dfrac{0.7}{0.3} + \dfrac{0.5}{0.4} + \dfrac{0}{0.5} \end{cases} \quad (10.21)$$

---

① 陈水利、李敬功、王向公：《模糊集理论及其应用》，科学出版社 2005 年版。

(二) 水权转让方的报价策略

根据巴彦淖尔市水务局对阿拉善经济开发区产业发展有限公司所能接受的最高价格的估计值 $e_{(s)}^{(b)\max}$ 百分比 λ_s 的模糊概率求解 $e_{(s)}^{(b)\max}$ 百分比 λ_s 的期望 $E[e_{\max(b)}]$,对 $E[e_{\max(b)}]$ 的求解实际上是在求模糊事件的模糊概率期望值,可借助二次重心法,根据公式(6.16),首先计算模糊概率的重心为 $c[P(A_{bi})]$:

$$c[P(A_{bi}^1)] = 0.8317; c[P(A_{bi}^2)] = 0.6308; c[P(A_{bi}^3)] = 0.1683$$

(10.22)

其次,对 $c[P(A_{bi}^1)]$、$c[P(A_{bi}^2)]$、$c[P(A_{bi}^3)]$ 进行归一化处理,得到:

$$\{P_{bi}^1, P_{bi}^2, P_{bi}^3\} = \{0.5100, 0.3868, 0.1032\}$$

(10.23)

为简便计算,二次重心主要是对文中模糊概率分布的求解,因此可根据归一化的重心和估计值直接求解巴彦淖尔市水务局对阿拉善经济开发区产业发展有限公司所能接受的最高价格的估计值 $e_{(s)}^{(b)\max}$ 百分比 λ_b 的期望 $E(\lambda_b) = 0.029$,巴彦淖尔市水务局对阿拉善经济开发区产业发展有限公司所能接受的最高价格的期望估值为 $E[e_{\max(b)}] = 0.029 \times 223.67 = 6.4864$。

考虑到交易过程中,对方需扣除承担的交易服务费用,根据服务费标准计费,于是巴彦淖尔市水务局可给出初始报价 $e_{(s1)} = 6.4864 \times (1 - 0.75\%) = 6.4378$ 元/立方米。运用同样的方法可计算出阿拉善经济开发区产业发展有限公司的初始先验报价 $e_{b(1)} = 3.1004$ 元/立方米。

(三) 水权受让方的模糊贝叶斯学习

在收到巴彦淖尔市水务局的报价 $e_{(s1)}$ 后,阿拉善经济开发区产业发展有限公司首先根据对方的报价进行知识更新,根据先验估计的公式对每种 $TP_l^{\pm} = [TP_l^-, TP_l^+] = [1.94, 2.14]$ 情况下给出要价为 $e_{(s1)}$ 的模糊概率进行估算,据此给出巴彦淖尔市水务局在各种可能的情况下报价为 6.4378 元/立方米的可能性,如表 10.14 所示。

表 10.14 阿拉善经济开发区产业发展有限公司对条件概率的估计

试验事件	先验知识	条件概率
$e_{(s1)}$	A_{si}^1	很可能
	A_{si}^2	有点可能
	A_{si}^3	很不可能

在获得条件概率之后,根据之前的先验概率,运用模糊贝叶斯公式进行知识的更新,并重新计算后验概率,计算结果如表 10.15 所示。

表 10.15 阿拉善经济开发区产业发展有限公司获得的后验概率

事件	A_{si}^1	A_{si}^2	A_{si}^3
后验概率	0.2065	0.5870	0.2065

根据表 10.15,修正阿拉善经济开发区产业发展有限公司预估的巴彦淖尔市水务局所能接受的最低价格 $e_{(b)}^{(s)\min}$,代入报价函数,得到阿拉善经济开发区产业发展有限公司在第一轮中新的报价策略 $e_{(b1)}$ = 3.375 元/立方米。

根据上述分析,第一轮讨价还价中,转让方巴彦淖尔市水务局根据先验知识给出了第一次的水权报价 $e_{(s1)}$ = 6.4378 元/立方米,受让方阿拉善经济开发区产业发展有限公司根据对方的报价进行先验知识的更新,通过模糊贝叶斯学习模型计算后验概率并更新了先验知识,获得了报价策略 $e_{(b1)}$ = 3.375 元/立方米。由于第一轮中转让方的报价超过了其保留价格且不符合谈判结束的条件,因此阿拉善经济开发区产业发展有限公司在第一轮进行还价 $e_{(b1)}$ = 3.375 元/立方米。如此反复循环,当讨价还价轮次进行到第四轮时,双方达成一致最终交易价格为 4.4011 元/立方米。

根据贝叶斯学习后的讨价还价过程,结合无贝叶斯学习的讨价还价过程进行交易对比分析,如图 10.1 所示。

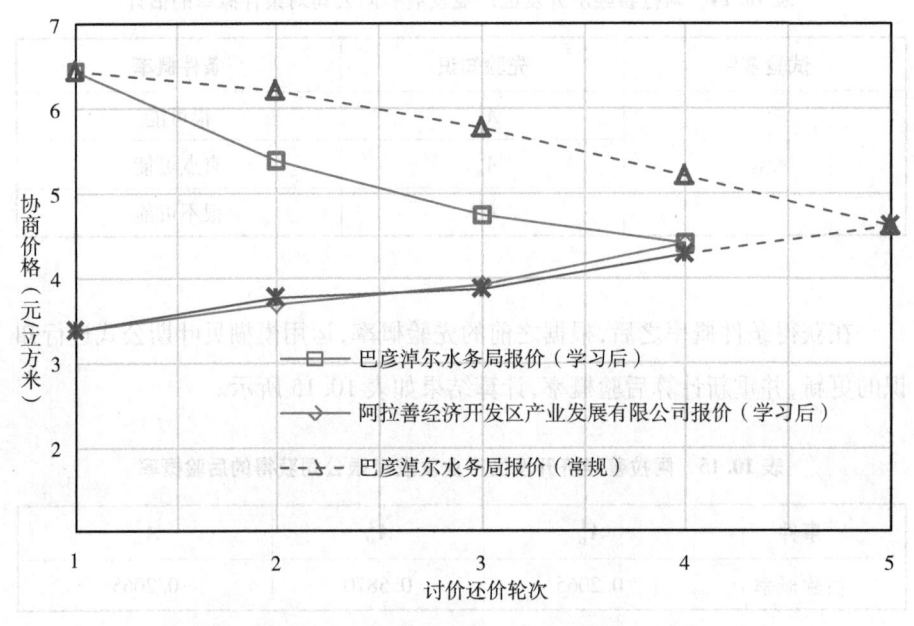

图 10.1　贝叶斯学习和不学习的交易对比分析

在巴彦淖尔市水务局和阿拉善经济开发区产业发展有限公司"一对一"情境下的"基础+协商"定价过程中，经过模糊贝叶斯学习后的水权交易协商定价轮次会比不经过学习的水权交易协商定价轮次要少，且贝叶斯学习后的协商价格 4.40 元/立方米更接近交易双方的理论均衡价格 [$e_{\min(s)}$ + $e_{\min(b)}$]/2 = 4.485 元/立方米。

第五节　"一对多"情境下水权交易 "基础+拍卖"市场定价

一、案例背景及数据来源

本节以 2017 年巴彦淖尔市水务局与内蒙古德晟金属制品有限公司、内蒙古中谷矿业有限责任公司、内蒙古灵圣作物科技有限公司、内蒙古美方煤焦化有限公司、阿拉善盟孪井滩示范区水务有限责任公司、内蒙古美力坚科技化工有限公司、内蒙古汇能集团长滩发电有限公司和内蒙古京泰发电有限责任公司8家工业企业的水权交易作为"一对多"交易拍卖竞价的分析案例。其中,水权转让方为巴彦淖尔市水务局,水权受让方为8家工业企业,交易类型为取水权交易,交易方式为"基础+拍卖"模式,交易期限为25年,交易的水量为转让方灌区节水改造后节约的2000万立方米农业灌溉用水水权。

在交易实践中,巴彦淖尔市水务局与这8家工业企业的水权交易采用的是协议转让的方式,从受让方的确定,到交易定价、合同签订等环节,缺乏有效的市场机制,政府在交易中发挥主要作用。因此,本节的案例分析主要是从"准市场导向"对巴彦淖尔市水务局与8家工业企业水权交易竞价过程的分析模拟。数据来源除中国水权交易所公布的交易数据,以及《巴彦淖尔市水资源公报》(2017年)、《巴彦淖尔市统计年鉴》(2018年)、《乌海统计年鉴》(2017年)、《鄂尔多斯统计年鉴》(2018年)、《阿拉善统计年鉴》(2018年)、《内蒙古统计年鉴》(2018年)等官方统计报告之外,拍卖竞价过程中的意向受让企业的估价和报价等为本书的仿真数据。

二、确定基于模糊参数出价意愿的英式拍卖方案

根据前文中水权交易基础价格测算结果 $TP_l^{\pm} = [TP_l^-, TP_l^+] = [1.94, 2.14]$,假设本次水权交易的基础价格为2.00元/立方米,水权拍卖的起拍价以基础价格为标准,最终的成交价格不得低于基础价格。

(一) 独立私有价值下英式拍卖博弈

在本次巴彦淖尔水务局取水权的英式拍卖中,参加拍卖的受让工业企业竞相以逐步攀升的价格出价,直到最高价为止,出价最高的受让工业企业赢得取水权的购买权。根据上文对独立私有价值模型下的英式拍卖博弈模型的分析,受让工业企业是否出价取决于其出价意愿,对于受让工业企业 b_i ($i = 1$,

$2,\cdots,n$），当价格低于某个值 $e_{(b_i)}^{L(0)}$ 时，其出价意愿为 1，积极出价；随着报价 e 的增加，其出价意愿逐步降低；当 e 大于 $e_{(b_i)}^{H(0)}$ 后，其出价意愿为 0，拒绝出价。本书根据鄂尔多斯市、乌海市、阿拉善盟的单位水资源工业产值效益，计算 8 家受让工业企业的参数 $e_{(b_i)}^{L(0)}$ 和 $e_{(b_i)}^{H(0)}$。假设 8 家受让工业企业的价格灵敏度指标 $\varepsilon_{(b_i)}$ 均为 1，即均属于价格中性的买方，在参数 $e_{(b_i)}^{L(0)}$ 和 $e_{(b_i)}^{H(0)}$ 的基础上，根据公式（7.8）计算受让工业企业 b_i 对水权出价意愿 $\widetilde{W}_{(b_i)}$ 的隶属度函数 $\mu_{\widetilde{W}_{b_i}}(e)$，由于仅当价格在出价意愿所在区间上时模型才有意义，因此隶属度函数仅需分析 $f_{(b_i)}(e)$，即 $[e_{(b_i)}^{L(0)}, e_{(b_i)}^{H(0)}]$ 上的部分。其中，$\xi_{(b_i)}$ 为每个受让工业企业的出价意愿阈值。结果如表 10.16 所示。

表 10.16 受让工业企业的博弈参数

受让工业企业 b_i	所在地区	$e_{(b_i)}^{L(0)}$（元/立方米）	$e_{(b_i)}^{H(0)}$（元/立方米）	隶属度函数 $\mu_{\widetilde{W}_{b_i}}(e)$	$\xi_{(b_i)}$
内蒙古德晟金属制品有限公司 b_1	鄂尔多斯市	6.44	9.67	$1-\dfrac{e-6.44}{3.23}$	0.4
内蒙古中谷矿业有限责任公司 b_2	鄂尔多斯市	8.05	9.34	$1-\dfrac{e-8.05}{1.29}$	0.5
内蒙古灵圣作物科技有限公司 b_3	阿拉善盟	5.58	8.59	$1-\dfrac{e-3.58}{3.01}$	0.4
内蒙古美方煤焦化有限公司 b_4	乌海市	4.25	9.64	$1-\dfrac{e-4.25}{5.39}$	0.4
阿拉善盟孪井滩示范区水务有限责任公司 b_5	阿拉善盟	6.36	8.71	$1-\dfrac{e-3.36}{2.35}$	0.5
内蒙古美力坚科技化工有限公司 b_6	鄂尔多斯市	7.73	9.02	$1-\dfrac{e-7.73}{1.29}$	0.5
内蒙古汇能集团长滩发电有限公司 b_7	鄂尔多斯市	5.15	8.05	$1-\dfrac{e-5.15}{2.90}$	0.4

续表

受让工业企业 b_i	所在地区	$e^{L(0)}_{(b_i)}$（元/立方米）	$e^{H(0)}_{(b_i)}$（元/立方米）	隶属度函数 $\mu_{\widetilde{W}_{b_i}}(e)$	$\xi_{(b_i)}$
内蒙古京泰发电有限责任公司 b_8	鄂尔多斯市	5.15	8.70	$1-\dfrac{e-5.15}{3.55}$	0.5

在计算出价意愿隶度属函数的基础上,引入模糊参数思想,利用模糊参数表示受让工业企业 b_i 赢得拍卖的最大可能,根据上文优化模型Ⅰ和优化模型Ⅱ的公式(7.15)和公式(7.16),可求出基于独立私有价值模型假设的英式拍卖博弈模型的博弈结果,计算结果如表10.17所示。由表10.17可知,博弈均衡点 $(e^*, \mu^*_{\widetilde{V}}(e))=(8.5350, 0.6240)$,即受让企业 b_2 以8.535元/立方米的价格赢得水权拍卖。

表10.17 基于独立私有价值模型的英式拍卖的博弈结果

受让企业	b_1	b_2	b_3	b_4	b_5	b_6	b_7	b_8
e^*	8.5123	8.5350	8.2120	8.3570	8.2839	8.5350	8.0500	8.2232
$\mu^*_{\widetilde{V}}(e)$	0.3584	0.6240	0.1256	0.2380	0.1813	0.3760	0.0000	0.1343

(二) 关联价值下的英式拍卖博弈

由于在"一对多"情境下的巴彦淖尔水权拍卖分析中,涉及了8家受让工业企业参与竞价,属于多人动态博弈的过程。上述的独立私有价值下的英式拍卖博弈分析是基于严苛的假设下,对受让工业企业参与拍卖的博弈均衡点进行分析,难以反映现实拍卖中出现的不确定性问题对拍卖均衡点的影响。因此,需要对独立私有价值下的英式拍卖博弈分析进行拓展,根据前文中水权交易关联价值下的英式拍卖博弈对巴彦淖尔"一对多"水权拍卖竞价机制进行进一步探讨。

以受让工业企业内蒙古德晟金属制品有限公司 b_1 为例,其对市场价格波动的灵敏度系数 $O_{(b_1)} = 0.5$。根据关联价值下的英式拍卖博弈决策过程,假设拍卖轮次为 $k \leq 6$ 时,$e^{(6)} < e_{(b_i)}^{L(0)} = 6.64$ 元/立方米,即此时的场内竞价 $e^{(6)}$ 低于内蒙古德晟金属制品有限公司的模糊出价意愿价格最小值 $e_{(b_i)}^{L(0)} = 6.64$,因此该公司前六轮的出价意愿维持在同样的水平,会积极出价。当 $k = 7$ 时,场内竞价开始超过其出价意愿价格区间最小值,分析受让方 b_1 决策过程如下。

当 $k = 7$ 时,参与水权竞价的受让方内蒙古美力坚科技化工有限公司 b_7 叫价 $e^{(7)} = 6.70$ 元/立方米,在该价格下所有的受让工业企业均选择继续竞价,$\forall i \in N, \mu_{\tilde{w}_{b_i}^{(7)}}(e) \leq \xi_{(b_i)}$。此时受让方 b_1 根据独立私有价值下的英式拍卖博弈均衡点,结合获得的信息,可以重新建立优化模型,此时获得最大赢拍可能的仍然是受让方 b_2,即最终会以 8.2505 元/立方米的价格和 0.61 的赢拍可能获得水权,第七轮拍卖的价格均衡点和赢拍可能 $(e^*, \mu_{\tilde{V}}^*(e))^7$ 如下:

$$(e^*, \mu_{\tilde{V}}^*(e))^7 = (e_{(b_2)}^*, \mu_{\tilde{V}_{b_2}}^*(e)) = (8.2505, 0.61) \quad (10.24)$$

当 $k = 8$ 时,参与水权竞价的受让方内蒙古美力坚科技化工有限公司 b_6 叫价 $e^{(8)} = 7.55$ 元/立方米,此时市场上参与的受让方内蒙古灵圣作物科技有限公司 b_3、内蒙古美方煤焦化有限公司 b_4、内蒙古汇能集团长滩发电有限公司 b_7、内蒙古京泰发电有限责任公司 b_8 均退出了拍卖,四家受让工业企业在此报价下的隶属度函数已低于己方的模糊出价意愿阈值。由于市场上人数的减少,水权拍卖进入角逐阶段,受让方 b_1 在市场发生显著变化时增加出价意愿,但此时获得最大赢拍可能的仍然是受让方 b_2,即其最终会以 8.3700 元/立方米的价格和 0.58 的赢拍可能获得水权,第八轮拍卖价格均衡点和赢拍可能 $(e^*, \mu_{\tilde{V}}^*(e))^8$ 如下:

$$(e^*, \mu_{\tilde{V}}^*(e))^8 = (e_{(b_2)}^*, \mu_{\tilde{V}_{b_2}}^*(e)) = (8.3700, 0.58) \quad (10.25)$$

当 $k = 9$ 时,参与水权竞价的受让方 b_1 叫价 $e^{(9)} = 7.95$ 元/立方米,此价格

第十章 内蒙古跨盟市水权交易价格测算

下,受让方 b_5 退出竞价,受让方 b_1 获得最大赢拍可能,即其最终会以 8.3911 元/立方米的价格和 0.57 的赢拍可能获得水权,第九轮拍卖价格均衡点和赢拍可能 $(e^*, \mu_{\widetilde{V}}^*(e))^9$ 如下:

$$(e^*, \mu_{\widetilde{V}}^*(e))^9 = (e_{(b_1)}^*, \mu_{\widetilde{V}_{b_1}}^*(e)) = (8.3911, 0.57) \quad (10.26)$$

当 $k=10$ 时,参与水权竞价的受让方内蒙古中谷矿业有限责任公司 b_2 叫价 $e^{(10)} = 8.25$ 元/立方米,受让方 b_1 认为 b_2 有高加价策略的可能,为避免陷入"赢者诅咒",其出价意愿可能会比上一轮降低。此时获得最大赢拍可能的为受让方 b_2,即其最终会以 8.3053 元/立方米的价格和 0.56 的赢拍可能获得水权,第十轮拍卖价格均衡点和赢拍可能 $(e^*, \mu_{\widetilde{V}}^*(e))^{10}$ 如下:

$$(e^*, \mu_{\widetilde{V}}^*(e))^{10} = (e_{(b_2)}^*, \mu_{\widetilde{V}_{b_2}}^*(e)) = (8.3053, 0.56) \quad (10.27)$$

当 $k=11$ 时,参与水权竞价的受让方内蒙古美力坚科技化工有限公司 b_6 叫价 $e^{(11)} = 8.39$ 元/立方米,此价格下,受让方 b_1、b_2 均已超过己方的出价意愿阈值 0.5,退出竞价,此时获得最大赢拍可能的为受让方 b_4,即其最终会以 8.3900 元/立方米的价格和 0.53 的赢拍可能获得水权,第十一轮拍卖价格均衡点和赢拍可能 $(e^*, \mu_{\widetilde{V}}^*(e))^{11}$ 如下:

$$(e^*, \mu_{\widetilde{V}}^*(e))^{11} = (e_{(b_2)}^*, \mu_{\widetilde{V}_{b_2}}^*(e)) = (8.3900, 0.53) \quad (10.28)$$

关联价值下受让工业企业内蒙古德晟金属制品有限公司 b_1 的博弈过程如表 10.18 所示。

表 10.18 关联价值下受让方 b_1 的英式拍卖博弈结果

k	1	2	3	4	5	6	7	8	9	10	11
$e^{(k)}$	5.73	5.85	5.89	6.09	6.14	6.27	6.70	7.55	7.95	8.25	8.39
$e_{(b_1)}^{L(k)}$	6.44	6.44	6.44	6.44	6.44	6.44	6.66	7.29	7.29	6.44	6.51
$e_{(b_2)}^{H(k)}$	9.67	9.67	9.67	9.67	9.67	9.67	10.10	10.53	10.53	9.68	9.75

续表

k	1	2	3	4	5	6	7	8	9	10	11
$\mu_{\widetilde{W}_1^{(k)}}(e)$	1.00	1.00	1.00	1.00	1.00	1.00	0.99	0.92	0.80	0.56	0.39

根据上述分析可知，关联价值下的英式拍卖博弈模型由于考虑了拍卖中出现的不确定性问题对拍卖均衡点的影响，当拍卖中的不确定参数发生变化时，原有的独立私有价值下的博弈均衡点，即受让方 b_7 处的 $(e^*, \mu_{\widetilde{V}}^*(e)) = (8.5350, 0.624)$ 会被打破，关联价值下的英式拍卖过程中最终获得水权拍卖的竞价者为受让方 b_6，以 8.27 元/立方米的价格赢得了标的水权。

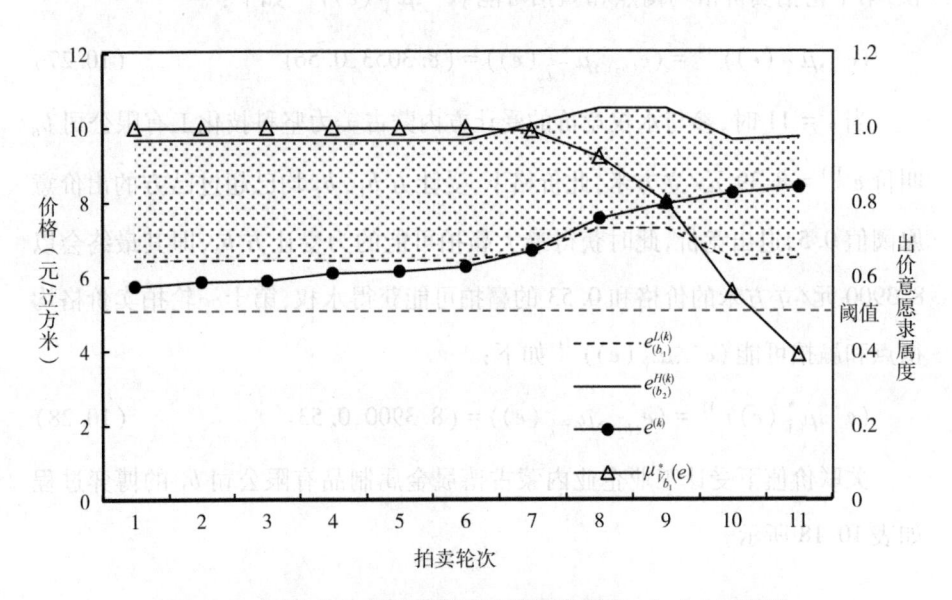

图 10.2 受让方 b_1 模糊参数出价意愿隶属度 $\mu_{\widetilde{V}_{b_1}}^*(e)$ 变化图

由图 10.2 可知，当 $e^{(k)} < e_{(b_1)}^{L(k)}$ 时，即当前轮次 k 的水权报价 $e^{(k)}$ 低于受让方 b_1 模糊参数出价意愿 $\mu_{\widetilde{V}_{b_1}}^*(e)$ 的最小值 $e_{(b_1)}^{L(k)}$ 时，受让方 b_1 的 $\mu_{\widetilde{V}_{b_1}}^*(e)$ 呈直线趋势，保持稳定不变；当 $e^{(k)} > e_{(b_1)}^{L(k)}$ 时，受让方 b_1 模糊参数出价意愿 $\mu_{\widetilde{V}_{b_1}}^*(e)$ 在报价增加的初始阶段，受场内价格波动的影响，其出价意愿区间

第十章　内蒙古跨盟市水权交易价格测算

$[e_{(b_1)}^{L(k)}, e_{(b_1)}^{H(k)}]$ 出现小幅度增长,但随着拍卖轮次的增加,报价的不断增高,受让方 b_1 受场内高报价的"赢者诅咒"心理影响,出价意愿区间 $[e_{(b_1)}^{L(k)}, e_{(b_1)}^{H(k)}]$ 出现回落,受让方 b_1 的模糊参数出价意愿隶属度 $\mu_{\tilde{V}_{b_1}}^*(e)$ 曲线随着报价 $e^{(k)}$ 的逐渐攀升由平稳到快速下降,由此逐渐低于其自身出价意愿阈值 0.5,最终退出水权竞价。因此,在关联价值下的英式拍卖模型中,受让方的出价意愿不仅受市场价格波动的影响,也受其自身对拍卖过程中场内持续高报价者心理判断的影响,当拍卖轮次逐渐增加,报价持续攀升时,受让方的模糊出价意愿区间会产生波动,其隶属度通常在拍卖初始阶段保持稳定,然后逐渐下降,不断逼近其出价意愿阈值。

本章对内蒙古跨盟市水权交易的概况进行梳理;对内蒙古跨盟市水权交易基础价格进行测算,研究了"一对一"以及"一对多"情境下巴彦淖尔市与鄂尔多斯市水权交易定价,为"一对一"情境下巴彦淖尔市水务局与阿拉善经济开发区产业发展有限公司的水权交易报价策略提供决策支持,为"一对多"情境下巴彦淖尔市水务局与 8 家工业企业的水权交易竞价市场形成提供决策参考。

第十一章　内蒙古跨盟市水权交易价格管制

本章将对内蒙古巴彦淖尔与鄂尔多斯之间的跨盟市水权交易管制价格进行测算，并与已公布的水权转让成交价格进行比较，分析模型的适用性。从影响水权交易基础要件、定价机制以及交易价格参与机制三方面为内蒙古跨盟市建立健全水权交易定价机制提供相关政策建议。

第一节　内蒙古跨盟市水权交易管制价格测算

一、案例背景及数据来源

（一）案例背景

2014年，经由当地政府同意，黄河干流间盟市的相关工业企业签订水权转让协议书，取得水权转让相应的水量指标分配。

由于截至2016年9月底，部分取得取用水指标的企业未在规定期限内支付转让费用，因此，2016年10月，内蒙古自治区水利厅按照《内蒙古自治区闲置取用水指标处置实施办法》，从未履约的企业处收回未完成转让的水权指标，共计2000万立方米/年。2016年11月4日，内蒙古自治区水利厅出台便函《内蒙古自治区水利厅关于对盟市间水权转让收回指标开展交易的函》，要求内蒙古水权中心将回收的水权指标(2000万立方米/年)通过水权交易平台进行公开交易。随后,内蒙古水权中心以巴彦淖尔市为水权交易出让方,通过水权交易中心公开转让合计为2000万立方米/年的黄河干流水权指标。

本书运用价格管制模型对内蒙古巴彦淖尔市公开交易的2000万立方米/年的黄河干流水权指标的交易管制价格水平上下限理论值进行估算,并与其已公布的水权转让成交价格进行比较,分析模型的适用性,并针对存在的偏差进行解释,提出相应的改进思路。

(二) 数据来源

本部分数据主要来源于《巴彦淖尔市水资源公报》(2012—2016年)、《中国统计年鉴》(2016—2017年)、《内蒙古统计年鉴》(2017年)、《水务行业市场运营状况分析报告》(2017年)、《城市供水统计年鉴》(2012—2017年)。

二、价格下限 P_{min} 的估算

(一) 交易区域水资源功用价值 P_1 估算

巴彦淖尔市水资源的主要来源为黄河干流地表水与地下水,2016年巴彦淖尔市水资源公报显示,巴彦淖尔水资源总量为53.15亿立方米。根据国家水质的划分标准,主要为Ⅱ级、Ⅲ级与Ⅴ级。其中,Ⅱ级与Ⅲ级合计为20.56亿立方米,Ⅳ级为5.85亿立方米,Ⅴ级为26.74亿立方米,主要为地下水与非黄河径流,如表11.1所示。

表11.1 巴彦淖尔市水质级别及数量　　（单位:亿立方米）

水质级别	Ⅰ	Ⅱ	Ⅲ	Ⅳ	Ⅴ
总量	0	10.12	10.438	5.85	26.74
来源		三盛公、黑柳子断面	临河城市地表水	总排干四支、银定图断面	其他径流及地下水

资料来源:《巴彦淖尔市水资源公报》(2012—2016年)。

根据国家各级水质划分与分布情况,运用德尔菲法确定不同级别水质的价值,具体如表11.2所示。

表11.2 水质 q 值与单位水资源功用价值 y

水质级别	I	II	III	IV	V
q	1	0.8	0.65	0.4	0.15
y	1	0.95	0.8	0.55	0.2

利用 Matlab 进行3阶多项式拟合,求得 $f(q)$ 的方程式。

$$y_1 = f(q) = -0.557q^3 + 0.1677q^2 + 1.4019q - 0.01 \quad (11.1)$$

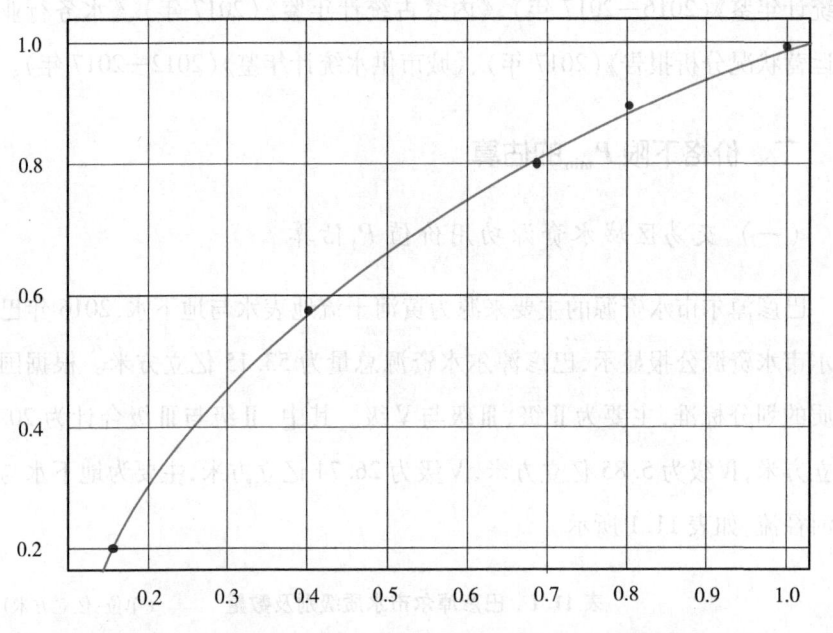

图11.1 我国水质 q 值与单位水资源功用价值 y_1 关系函数

如图11.1所示,我国水资源功用价值函数图形与理论图形基本吻合,计算积分值,得到巴彦淖尔市交易区域平均水资源功用价值为:

$$F(q) = \int_0^1 f(q)dq = 0.6075 \tag{11.2}$$

依照国家水质标准划分的水质级别及其对应的基本水质价值表(周广飞,2006),Ⅰ级水质水资源功用价值为 $v=0.4$ 元/立方米,即为可交易水资源中单位Ⅰ级水资源功用价值所体现的价格。① 因此,巴彦淖尔市平均单位水资源功用价值为

$$P_1 = vF(q) = 0.2430 \text{元}/\text{立方米} \tag{11.3}$$

(二)交易区域水资源稀缺性价值 P_2 估算

如表 11.3 所示的数据,分别计算人口密度指标值 d_1、社会经济结构指标值 d_2 和 d_3、社会发展状况指标值 d_4、生态环境指标值 d_5 和 d_6。其中,交易区域与全国平均年预测降水量比值 d_5,采用多年平均历史数据确定;d_6 为 2015 年与 2016 年巴彦淖尔与全国降水量的加权平均值的比值,权重参考现有的研究成果进行分配,选择 2015 年 0.4,2016 年 0.6。

表 11.3　2016 年巴彦淖尔及全国相关数据

	总人口 (万人)	土地面积 (万平方千米)	耕地面积 (万公顷)	GDP (亿元)	年降水量 (毫米)	水资源总量 (亿立方米)
巴彦淖尔	168	6.44	59.9	915.38	143.9	53.15
全国	138271	960	13490	744127.2	729.7	32466.4

资料来源:《中国统计年鉴》(2017 年)、《内蒙古统计年鉴》(2017 年)。

运用德尔菲法确定各要素权重,如表 11.4 所示:

---

① 周广飞:《水质定价及其有偿使用研究》,中国环境科学研究院硕士学位论文,2006 年。

表 11.4 指标数值与权重对应表

	$j=1$	$j=2$	$j=3$	$j=4$	$j=5$	$j=6$
d_j	1.34	0.24	0.37	1.33	0.27	0.21
β_j	0.45	0.03	0.25	0	0.12	0.15

得到区域修正参数 λ：

$$\lambda = 2.2996 \tag{11.4}$$

同样参考现有的研究成果，a 为 1.5 较为合理。因此，巴彦淖尔市平均单位水资源稀缺性价值 P_2 为：

$$P_2 = 0.8474 \text{ 元/立方米} \tag{11.5}$$

综上，求得巴彦淖尔水权交易价格管制下限阈值 $P_{\min}$：

$$P_{\min} = P_1 + P_2 = 1.0904 \text{ 元/立方米} \tag{11.6}$$

三、价格上限 $P_{\max}$ 的估算

（一）通货膨胀因子 IF 的估算

根据式(8.17)，IF 通货膨胀因子的表达式为：

$$IF = \theta_1 \times CPF + \theta_2 \times PPI_a + \theta_1 \times PPI_i, \sum_{i=1}^{3}\theta_i = 1 \tag{11.7}$$

第一步，根据《中国统计年鉴》(2016年)的数据(上年=100)，居民消费价格指数 $CPI=102.0$，农产品生产者价格指数 $PPI_a=103.4$，工业生产者出厂价格指数 $PPI_i=98.6$。

第二步，θ 权重值的确定。

如表 11.5 所示，2012—2016 年，巴彦淖尔市的水资源绝大多数用于农业灌溉，农业用水约占水资源使用量的 89%；居民用水为 1.24%；工业用水为 2.13%。根据用水占比，确定对应的 CPI、PPI_a、PPI_i 权重分别为 $\theta_1=0.01$、$\theta_2=$

0.96、$\theta_3 = 0.02$。

表 11.5 2012—2016 年巴彦淖尔居民、农业及工业用水占比 （单位:%）

	2012 年	2013 年	2014 年	2015 年	2016 年	平均值
居民	1.49	1.16	1.13	1.19	1.25	1.24
农业	88.23	88.52	89.30	89.43	89.55	89.01
工业	2.24	2.44	2.04	1.95	1.95	2.13

资料来源:《巴彦淖尔水资源公报》（2012—2016 年）。

如表 11.6 所示,可求得通货膨胀因子 IF:

$$IF = 3.27\% \qquad (11.8)$$

表 11.6 通货膨胀因子 IF 估算表

用水行业	指数值（上年=100）	权重	有权重的指数值（上年=100）
居民	102.0	0.01	1.37
农业	103.4	0.96	99.63
工业	98.6	0.02	2.27
加权价格指数	—	—	103.27

（二）利润因子 PF 的估算

参考 2012—2016 年的全国水务行业销售利润率,销售利润率呈上升趋势,2016 年达 9.63%。根据指数平滑法,估算 2017 年销售利润率。

如表 11.7 所示,可求得交易利润因子 PF:

$$PF = 10.94\% \qquad (11.9)$$

表 11.7 水权交易利润因子估算表

年份	营业收入(亿元)	利润总额(亿元)	销售利润率(%)
2012	1268.84	67.04	5.28
2013	1451.44	115.08	7.93
2014	1637.97	118.28	7.22
2015	1841.90	174.80	9.49
2016	2075.70	199.90	9.63
2017	2416.61	264.30	10.94

资料来源:《水务行业市场运营状况分析报告》(2017年)。

(三) 质量系数 QC 的确定

一般在确定可交易前期会对水质进行勘测确定是否可进行交易,本案例为可交易水权,因此,可得质量系数:

$$QC = 1 \tag{11.10}$$

(四) 生产效率调整因子 PAF 的确定

本书以 2012 年为基年,选择 2012—2016 年内蒙古主要城市的供水行业数据对全要素增长率(TFP)进行测算。

考虑到不同时期的价格变化,将每年的收入折算到 2012 年的物价水平。资产方面,使用固定资产投资价格指数来折算基年不变价格,再运用永续存盘法估算资本总投入 K。采用期初和期末职工人数取平均的方法确定当年劳动力投入 L。

根据《城市供水统计年鉴》(2012—2017 年)的数据,得到交易前 2012—2016 年的内蒙古主要城市的供水行业收入、资本投入与劳动力投入,如表 11.8 所示。

第十一章 内蒙古跨盟市水权交易价格管制

表 11.8 内蒙古自治区供水行业收入、资产投入、劳动力投入统计表

年份	Y 销售收入（万元）（2012 年价）	K 资本总投入（2012 年价）	L 劳动力投入（万人）	固定资产价格指数（2011 年=1）
2012	35801.60	100207.09	0.25	1.00
2013	34851.40	95711.54	0.24	1.03
2014	35398.15	88745.37	0.25	1.04
2015	37656.59	96322.94	0.26	1.02
2016	37261.35	101296.16	0.25	1.01

资料来源：《城市供水统计年鉴》（2012—2017 年）、《中国统计年鉴》（2017 年），其中测算资本 K 时，采用 10%的折旧率进行估算。

假设规模效益不变，有 $\delta + \eta = 1$，$\eta = 1 - \delta$，可将索洛模型写作回归方程：

$$\ln\frac{Y_t}{L_t} = \ln A_t + \delta \ln\frac{K_t}{L_t} \tag{11.11}$$

其中，$A_t = A_0 e^{\gamma t}$ 表示当年的技术进步水平，2012—2016 年的 $\ln\frac{Y_t}{L_t}$ 与 $\ln\frac{K_t}{L_t}$ 可运用表 11.8 的数据进行估算。

运用 SPSS 软件进行回归分析，可求得系数 $\delta = 0.2292$，$\eta = 0.7708$，其中 R=0.7962，R^2=0.8923，F=11.7232，T_1=10.3789，T_2=3.4239，说明方程通过显著性检验，索洛模型回归散点图如图 11.2 所示。

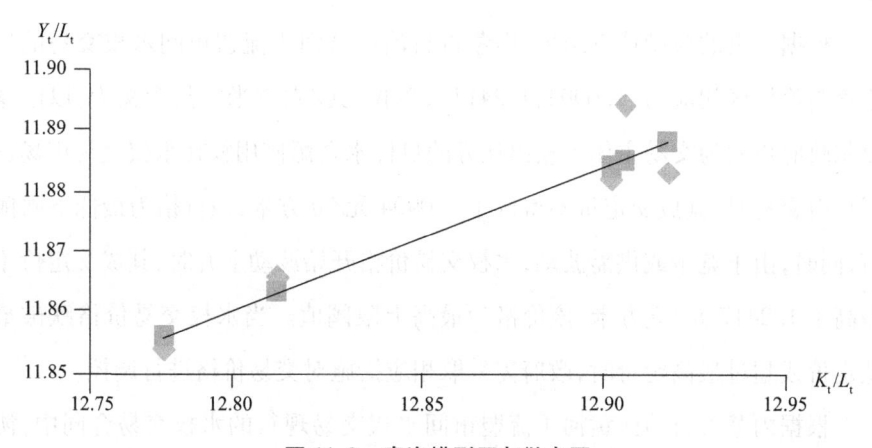

图 11.2 索洛模型回归散点图

上述数据代入索洛模型,可测算出 2013—2016 年的全要素生产率(TFP),如表 11.9 所示。

表 11.9　2013—2016 年内蒙古自治区供水行业全要素生长率(TFP)

(单位:%)

年份	资本增长率 ($\Delta K/K$)	劳动力增长率 ($\Delta L/L$)	收入增长率 ($\Delta Y/Y$)	全要素生产率 (TFP)
2013	-4.49	-2.67	-2.65	0.43
2014	-7.28	4.38	1.57	-0.14
2015	8.54	4.81	6.38	0.71
2016	5.16	-3.70	-1.05	0.62

全要素生产率反映了科技进步对于生产能力的贡献,从表 11.9 可以看出,内蒙古供水行业 TFP 基本稳定在 0.6% 上下波动,实证时选择水权交易当年(2016 年)的 TFP 数据作为价格水平管制 X 的值,即为 $X=0.62\%$。

综上,巴彦淖尔市黄河干流水权交易价格水平上限 P_{max} 为:

$$P_{max} = P_{min}(1 + PF)(1 + IF - PAF)QC = 1.2417 \ 元/立方米 \quad (11.12)$$

四、模型结果分析

根据本书的模型估算结果,内蒙古自治区黄河干流盟市间水权交易的理论管制价格区间应为[1.0904,1.2417],单位:元/立方米。其含义为,以巴彦淖尔政府机构为交易主体水权出让方的目标水资源使用权在水权交易市场进行自由交易时,其成交定价不得低于 1.0904 元/立方米,该价格为最低下限阈值;同时,由于竞争或供需波动,水权交易价格开始波动上升时,其成交定价不得高于 1.2417 元/立方米,该价格为最高上限阈值。当水权交易价格跌破最低定价或超过最高定价时,政府需采取相应措施对交易价格进行调控。

根据内蒙古自治区黄河干流盟市间水权交易现行的水权交易合同中,协议转让价格为 1.03 元/立方米。该价格略低于本书所估算的理论价格下限，证明现行的交易价格未达到交易基础价格，仍有上升空间。

第二节 对策建议

一、明确影响水权交易基础要件

（一）注重保护第三方利益

有效的水权交易能够实现社会福利的最大化。在水权交易中，不能仅注重交易带来的经济效益，而忽视交易所产生的风险。由于水资源的外部性，易导致水权交易第三方在交易中承受了更多的风险与利益损失，包括生态环境破坏、发展机会受损等。因此，在水权交易成本核算中，应该深入分析水权交易第三方的利益损失，将其并入水权交易成本中，以保障水权交易转让方效益，合理核算水权交易价格的基础。

（二）确定合理的水权交易期限

水权交易期限是水权交易开展的界限。水权交易期限关乎着水权交易的效益与风险。水权交易期限与水利基础设施的寿命息息相关，期限较短，不能充分发挥水利基础设施的效益，会增加沉没成本，造成经济效益损失；期限较长，水利基础设施超期运转，易造成安全生产事故，带来人力物力损失。同时水权交易期限与转让方承受的风险具有较大的相关性，水权期限越长，转让方承受的风险越大，越可能导致转让方水量短缺而阻碍经济发展。当前内蒙古跨盟市水权交易的期限多数为 25 年，主要是依据相关政策确定，可考虑水权交易影响因素分析，以提出水权交易期限合理的确定方法。

(三) 明确可交易水量,保障交易秩序

没有可交易水量,水权交易对象就不存在,水权交易也就无从开展。可交易水量与水权交易主体、交易价格、交易期限以及标准水均有较大的关联。可交易水量是水权交易转让方可提供的交易水量,可交易水量对水权交易价格具有一定的影响,可交易水量关乎水权交易期限的长短,水权交易期限较长,而可交易水量不足易导致交易破裂。可交易水量含有"水质"的因素,由此影响标准水。因此明确可交易水量是水权交易有效进行的基础之一。

(四) 制定科学合理的标准水测算方案

水权交易要适应区域经济社会的动态发展和资源禀赋结构变化,提供差异化的交易规则、交易模式、交易补偿、交易制度等服务功能,促进水资源在水市场中公平有效地分配。在实践中,我国多数区域水权和取水权交易的合同执行期超过 20 年,且尽管在签订合同时同时界定了水量和水质两个方面,但转让方在执行合同过程中往往更加注重对水量的承诺。这样,一旦在交易执行过程中,因为转让方提供的实际水与标的水的水质有了明显差异,往往容易引发受让方的不满,甚至诱发水事纠纷。因此,有必要针对我国水权交易实践中对标的水实际价值考量不足的现象,利用"奖优罚劣"的思想,在交易合同签订时确立科学合理的标准水测算方案,从而保障各交易主体的合法权益,并有效提升转让方保护水环境的积极性。

二、完善水权交易定价机制

结合内蒙古跨盟市水权交易形式和交易条件,以及国内其他地区水权交易的实践经验,本书从以下几个方面提出水权交易价格形成机制的相关政策建议。

（一）发挥政府和市场在水权交易定价中的作用

水资源的准公共产品特点决定了如果仅采用政府指导定价或市场供需定价容易诱发交易双方的投机行为，造成水市场的失灵。在"节水优先、空间均衡、系统治理、两手发力"的治水思路下，如何协调政府"有形之手"和市场"无形之手"在水权交易基础定价中的作用，发挥政府和市场共同治理的优势，是研究水权交易价格形成机制的关键性问题。因此，在内蒙古跨盟市水权交易实践中，为保障基于成本测算的水权交易基础定价方法的实施，当地政府应配套制定相应的成本核算机制、价格形成机制和监督措施，并由当地政府或第三方评估机构完成水权交易成本测算；考虑内蒙古将农业用水转让给工业的特点，当地政府应在水权交易基础定价中完善对相关利益主体的补偿机制；让上级政府、转让方和受让方通过市场机制形成合理有效的水权交易基础价格，使市场在水资源配置中起决定性作用，而政府发挥监督协调作用。

（二）完善水权交易的成本测算机制

水权交易有别于普通商品的交易，其成本会随着区域经济发展、资源稀缺程度和市场供求变化等因素而改变，具有复杂性和不确定性。随着交易区域社会经济的发展以及产业的转型升级，水资源的稀缺性将逐渐增高，并带动水权交易成本的增加。如果水权交易的成本测算不能反映其实际成本，转让方的交易意愿可能会逐渐降低，并会提高交易价格以弥补交易成本。因此，为提高水权交易的公平性以及促进水资源的节约和保护，当地政府应健全水权交易的成本测算机制，使水权交易的成本测算结果成为确定水权交易基础定价的依据。通过政府或第三方评估机构完成水权交易成本测算，落实水权交易成本在水权交易基础定价中的规范和指导作用，有利于激励转让方和受让方参与水权交易，促进水市场的可持续性发展。

(三) 推进水权交易定价的市场化

随着我国水权交易制度的逐渐完善,市场逐渐在水资源配置中起决定性作用。由于水资源既具有准公共产品特征,也具有一般商品特征,所以推进水权交易基础定价的市场化,利用市场机制形成水权交易基础价格是我国推进水权进场交易的有效途径。例如:构建水权交易市场,设计水权的期权交易形式,发挥市场的价格发现功能和风险规避功能。建立水权交易的期货市场,不仅可以发挥期权作为金融衍生工具的价格调节功能,也可以实现水权的保值和增值,有利于促进水资源的节约保护和高效利用。

三、健全交易价格参与机制

(一) 构建水权交易定价的多部门联合机制

由于水资源具有准公共物品性等特征,在第三方评估机构缺乏的情况下,水权交易基础定价需要政府的指导和监管。2018年2月,水利部、国家发展改革委和财政部联合印发了《关于水资源有偿使用制度改革的意见》,其中明确水权的转让涉及多个政府部门的协同合作。因此,为保障水权交易基础定价的合理性,应该在定价过程中形成多部门合作机制。考虑水权交易成本测算需要多个部门的合作,构建水权交易基础定价的多部门联合机制可以提高水权交易基础价格的公信力和执行力,有利于强化水权交易价格信息的披露,从而减少信息不对称对市场主体的不利影响,为我国推进水权进场交易奠定基础。在内蒙古跨盟市水权交易中,上级政府部门应发挥多部门联合协作的优势,在水权交易基础定价机制的设计和建立过程中共同协商探讨、调研和分析,提高水权交易基础定价的可行性和合理性。

(二) 健全水权交易定价的公众参与机制

将公众参与机制引入水权交易基础定价的制定过程中,是提高水权交易

第十一章 内蒙古跨盟市水权交易价格管制

基础定价合理性和公平性的重要途径。随着我国素质教育水平的提升,以及环境保护意识的普及,公众对于水权交易的关注度日益增加,甚至成为影响水权交易可持续性的重要因素。水权交易不仅会影响转让方所属区域的生态环境,也会对转让方所属区域居民的收入和消费产生影响。为尊重公众的知情权,水权交易基础定价需要引入公众参与机制,考虑对公众的利益补偿,发挥公众的监督作用,消除公众的担忧,这也是水资源治理的必然趋势。内蒙古跨盟市水权交易基础定价主要是对工程成本的补偿,尚未量化水权交易的经济利益补偿和生态效益补偿,仍然是政府主导价格的制定,公众的参与度尚显不足。因此,水权交易基础定价应尽快引入公众参与机制,强化公众对水权交易基础定价机制的参与和监督作用,鼓励和引导公众参与水权交易基础定价的制定,提高价格信息的披露水平,规范市场行为。

本章基于水权交易上限模型与水权交易下限模型确定了内蒙古跨盟市的水权交易管制价格,并围绕影响水权交易基础要件、水权交易定价机制及交易价格参与机制提出相关对策建议。

结　语

为缓解我国水资源短缺和分布时空不均等问题，我国政府逐步推广实行水权交易制度。在市场配置资源的导向下，基于水市场为"准市场"的基本特征，面向我国水资源管理的新要求，本书专门探讨水权交易中的核心问题——水权交易价格形成机制与交易价格管制。本书的最后归纳总结主要结论，并阐明后续研究的方向。

一、研究总结

第一，本书在明晰水权交易价格相关概念的基础上，阐述了水权交易价格研究的支撑理论。通过分析影响水权交易价格的基础要件，剖析相关因素对水权交易价格的作用关系。建立了市场导向下基于"水权交易基础价格综合测算模型+水权交易场内价格测算模型+水权交易价格管制模型"的水权交易价格形成机制及价格管制的逻辑框架。

第二，本书构建了市场导向下水权交易价格模型。针对水权交易基础定价，基于转让方在水权交易过程中直接产生的成本，分析水权交易显性成本和隐性成本的影响因素，以决策主体利益最大化为目标，综合利用水权交易全成本基础定价模型和影子价格定价模型，提出满足转让方、受让方和上级政府三者利益诉求的水权交易基础价格综合测算模型。针对水权交易市场定价，在水权交易基础价格测算的基础上，考虑不同的交易情境，研究水权交易差别化定价过程,构建"一对一"情境下的水权交易"基准+协商"市场定价模型和"一对多"情境下的水权交易"基准+拍卖"市场定价模型。

第三,本书构建了水权交易价格管制模型。针对水权交易价格管制,形成了以水资源价值模型为下限模型、改进的 $RPI-X$ 模型为上限模型的水权交易价格综合管制模型,并给出各要素的理论计算方法。为保障价格管制的顺利实施,提出从价格监测管理制度、管制价格调整体系、价格管制保障体系三个方面完善水权交易价格管制制度及保障体系。

第四,本书选取内蒙古巴彦淖尔市与鄂尔多斯市之间的跨盟市水权交易作为案例对象,验证了模型的可行性,获得的结论如下:一是内蒙古跨盟市水权交易基础定价为[1.94,2.14]元/立方米。二是在巴彦淖尔市水务局和阿拉善经济开发区产业发展有限公司"一对一"情境下的"基础+协商"定价4.40元/立方米更接近交易双方的理论均衡价格4.485元/立方米。采用"基础+拍卖"模型对巴彦淖尔市水务局与8个受让工业企业的英式拍卖过程进行分析模拟,结果显示当存在不确定性因素时,独立私有价值下的英式拍卖博弈模型中的均衡点会被打破,且当拍卖轮次逐渐增加、报价持续攀升时,受让方的模糊出价意愿区间会产生波动,其隶属度通常在拍卖初始阶段保持稳定,然后逐渐下降,不断逼近其出价意愿阈值。三是巴彦淖尔的水权交易管制价格下限为1.09元/立方米,管制价格上限为1.24元/立方米,现交易价格为1.03元/立方米,现执行的交易价格低于管制价格上限。

二、研究展望

本书是对水权交易成本测算基础上如何形成水权交易基础定价的一次探索。由于基于成本测算的水权交易基础定价是一个跨区域、跨学科,涉及多个决策主体的复杂问题,受自身学术积累及研究时间的限制,本书构建的水权交易定价方法及价格管制方法有待进一步完善。

第一,随着水市场的逐渐成熟,水权交易范围和规模的扩大,水权交易形式可能增加。因此,笔者在进一步的研究中可考虑分析水权期货交易基础定价、水权指数交易基础定价、基于水银行的水权交易基础定价、水权租赁基础定价等。

第二,当未来水权市场不断成熟,参与主体不断扩大时,水权交易市场将朝着"集市型"演进。因此,可考虑分析"多对多"情境下水权集市型交易价格形成方案。

第三,目前,我国取水权交易和区域水权交易的年限为不超过25年。在较长交易期限下,交易双方的社会经济水平、水资源供需状况和生态环境等因素会发生改变,进而影响水权交易的可持续性。因此,未来研究中应考虑基于交易期限动态调整水权交易价格。

参 考 文 献

［1］曹超、洪尚群、曾广权等:《水价改革与生态补偿》,《云南环境科学》2004 年第 4 期。

［2］曹明德:《论我国水资源有偿使用制度——我国水权和水权流转机制的理论探讨与实践评析》,《中国法学》2004 年第 1 期。

［3］曹文婷:《中国水权交易制度研究》,中国政法大学硕士学位论文,2007 年。

［4］曹亚军:《要素市场扭曲如何影响了资源配置效率:企业加成率分布的视角》,《南开经济研究》2019 年第 6 期。

［5］陈博、周飞、马俊:《关于水价、水权、水资源税费改革协同发力的思考》,《水利发展研究》2024 年第 3 期。

［6］陈虹:《世界水权制度与水交易市场》,《社会科学论坛》2012 年第 1 期。

［7］陈洪转、杨向辉、羊震:《中国水权交易定价决策博弈分析》,《系统工程》2006 年第 4 期。

［8］陈洁、许长新:《我国水权期权交易模式研究》,《中国人口·资源与环境》2006 年第 2 期。

［9］陈洁、郑卓:《基于成本补偿的水权定价模型研究》,《价值工程》2008 年第 12 期。

［10］陈水利、李敬功、王向公:《模糊集理论及其应用》,科学出版社 2005 年版。

［11］崔世博、罗琳、胡诗若等:《跨省江河水量分配的理论基础与定量方法》,《水力发电学报》2021 年第 10 期。

［12］董文虎:《水权概论》,黄河水利出版社 2003 年版。

［13］窦明、王艳艳、李胚:《最严格水资源管理制度下的水权理论框架探析》,《中

国人口·资源与环境》2014年第24期。

[14] 冯尚友:《水资源持续利用与管理导论》,科学出版社2000年版。

[15] 冯文琦、纪昌明:《水资源优化配置中的市场交易博弈模型》,《华中科技大学学报(自然科学版)》2006年第11期。

[16] 伏绍宏、张义佼:《对我国水权交易机制的思考》,《社会科学研究》2017年第5期。

[17] 傅春、胡振鹏:《国内外水权研究的若干进展》,《中国水利》2000年第6期。

[18] 甘泓、秦长海、汪林等:《水资源定价方法与实践研究Ⅰ:水资源价值内涵浅析》,《水利学报》2012年第3期。

[19] 高士军、李铁男:《基于第三方影响的水权交易模式研究》,《水利科学与寒区工程》2022年第2期。

[20] 关涛:《民法中的水权制度》,《烟台大学学报(哲学社会科学版)》2002年第4期。

[21] 郭晖、范景铭、陈向东:《井灌区地下水水权交易机制与保障措施研究》,《人民黄河》2019年第6期。

[22] 郭洁:《水权交易中新的定价方法——实物期权方法》,《中国农村水利水电》2006年第4期。

[23] 国务院发展研究中心—世界银行"中国水治理研究"课题组:《我国水权改革进展与对策建议》,《发展研究》2018年第6期。

[24] 何静、陈锡康:《中国9大流域动态水资源影子价格计算研究》,《水利经济》2005年第1期。

[25] 贺晓英、谷耀鹏:《基于不确定性理论的水期权交易及其定价研究——以引汉济渭工程为例》,《干旱区资源与环境》2020年第7期。

[26] 洪昌红、黄本胜、邱静等:《广东省东江流域水权交易实践——以惠州与广州区域间水权交易为例》,《广东水利水电》2018年第12期。

[27] 胡鞍钢、王亚华:《从东阳—义乌水权交易看我国水分配体制改革》,《中国水利》2001年第6期。

[28] 黄梦婷、李建国、邵志一等:《农民用水户可承受的饮水安全水价定量研究》,《安徽农业科学》2018年第33期。

[29] 黄鑫、黄智峰、张立尖等:《阶梯水价实施对居民用水量时间序列的影响》,《中国人口·资源与环境》2017年第2期。

[30] 姜楠、梁爽、谷树忠:《中国产业间水权交易潜力及制约因素初步分析》,《资源科学》2005年第5期。

[31] 姜文来、王华东:《水资源价值和价格初探》,《水利水电科技进展》1995年第2期。

[32] 姜文来:《水资源价值模型研究》,《资源科学》1998年第1期。

[33] 贾亦真、沈菊琴、王晗等:《兰州市水资源价值模糊评价研究》,《人民黄河》2018年第9期。

[34] 康静萍:《构建马克思主义的现代劳动经济学》,《当代经济研究》2007年第4期。

[35] 黎红梅、易强:《水权交易赋能农民增收的作用机理与推进路径》,《农业现代化研究》2024年第2期。

[36] 李海红、王光谦:《水权交易中的水价估算》,《清华大学学报(自然科学版)》2005年第6期。

[37] 李建琴:《中国转型时期农产品价格管制研究——以蚕茧为例》,浙江大学出版社2006年版。

[38] 李晶、王俊杰、陈金木:《新疆水权改革经验与启示》,《中国水利》2017年第13期。

[39] 李磊:《我国水权交易的新思路——实物期权交易》,《价格理论与实践》2004年第8期。

[40] 李朦、汪妮、解建仓等:《基于模糊物元模型的再生水资源价值评价》,《西北农林科技大学学报(自然科学版)》2016年第1期。

[41] 李胚、窦明、赵培培:《最严格水资源管理需求下的水权交易机制》,《人民黄河》2014年第8期。

[42] 李肃清:《对水权转换价格构成的探讨》,《内蒙古水利》2004年第2期。

[43] 李小庆:《对WTO条件下水资源市场化的探讨》,《山西农业大学学报》2005年第6期。

[44] 李长杰、王先甲、范文涛:《水权交易机制及博弈模型研究》,《系统工程理论与实践》2007年第5期。

[45] 李滢:《基于影子价格的区域水权交易均衡价格模型研究——以内蒙古地区为例》,河海大学硕士学位论文,2020年。

[46] 刘斌:《关于水权的概念辨析》,《中国水利》2003年第1期。

[47] 刘定湘、罗琳、严婷婷:《水资源国家所有权的实现路径及推进对策》,《水资源保护》2019 年第 3 期。

[48] 刘璠、陈慧、陈文磊:《我国跨水权交易的契约框架设计研究》,《农业经济问题》2015 年第 12 期。

[49] 刘峰、段艳、邓艳:《我国水权交易价格形成机制研究》,《中国水利》2014 年第 20 期。

[50] 刘钢、王慧敏、徐立中:《内蒙古黄河流域水权交易制度建设实践》,《中国水利》2018 年第 19 期。

[51] 刘钢、杨柳、石玉波等:《准市场条件下的水权交易双层动态博弈定价机制实证研究》,《中国人口·资源与环境》2017 年第 4 期。

[52] 刘家君:《中国水权制度研究》,武汉大学博士学位论文,2014 年。

[53] 刘书明、唐仕朝:《我国城市供水价格成本分担机制研究》,《价格理论与实践》2018 年第 9 期。

[54] 刘秀丽、陈锡康、张红霞等:《水资源影子价格计算和预测模型研究》,《中国人口·资源与环境》2009 年第 2 期。

[55] 刘秀丽、陈锡康:《生产用水和工业用水影子价格计算模型和应用》,《水利水电科技进展》2003 年第 4 期。

[56] 刘云杰、石玉波、张彬:《我国水权交易发展现状及推进对策分析》,《中国水利》2016 年第 21 期。

[57] 陆满平:《对我国水资源及其价格的分析》,《经济研究参考》1992 年第 Z2 期。

[58] 罗冬梅、陈艳萍、朱瑾:《澳大利亚水权定价机制经验借鉴——基于墨累—达令流域水权交易数据实证分析》,《资源与产业》2021 年第 2 期。

[59] 吕福新:《关于自然资源价格研究的意义和视角》,《经济学家》1991 年第 2 期。

[60] 马改艳、徐学荣:《基于可持续发展的成本水价机制研究》,《长春理工大学学报(社会科学版)》2013 年第 8 期。

[61] 马晓强、韩锦绵:《公用事业改革的补偿与治理:水权交易例证》,《改革》2011 年第 6 期。

[62] 马晓强:《水权与水权的界定——水资源利用的产权经济学分析》,《北京行政学院学报》2002 年第 1 期。

[63]倪津津:《水权交易价格水平管制模型研究》,河海大学硕士学位论文,2019年。

[64]潘淑慧、曾雪珂、姚苊衍:《基于GEP核算的常州市水资源价值研究》,《中国资源综合利用》2023年第12期。

[65]潘闻闻、吴凤平:《水银行制度下水权交易综合定价研究》,《干旱区资源与环境》2012年第8期。

[66]裴丽萍:《可交易水权论》,《法学评论》2007年第4期。

[67]彭新育、罗凌峰:《基于外部性作用的取水权交易匹配模型》,《中国人口·资源与环境》2017年第S1期。

[68]秦泗阳、周忠美、常云昆:《水市场失灵及其防范》,《生态经济》2007年第2期。

[69]秦长海、甘泓、张小娟等:《水资源定价方法与实践研究Ⅱ:海河流域水价探析》,《水利学报》2012年第4期。

[70]任政、陈玲:《综合集成研讨厅在水权交易价格形成中的应用》,《人民黄河》2012年第6期。

[71]沈大军:《郑州市地下水自备井计划用水交易市场设计》,《自然资源学报》2013年第3期。

[72]沈俊源:《不同情境下大宗水权交易差别化定价模型研究》,河海大学博士学位论文,2021年。

[73]沈满洪、张兵兵:《交易费用理论综述》,《浙江大学学报(人文社会科学版)》2013年第2期。

[74]沈满洪:《论水权交易与交易成本》,《人民黄河》2004年第7期。

[75]沈满洪:《水权交易与政府创新——以东阳义乌水权交易案为例》,《管理世界》2005年第6期。

[76]史煜娟:《西北民族地区水权交易制度构建研究——以临夏回族自治州为例》,《西北师大学报(社会科学版)》2019年第2期。

[77]宋兰兰、唐德善、周逢强:《工程水价核算及基于水权的水价调整方法研究》,《水利科技与经济》2007年第4期。

[78]孙建光、韩桂兰:《基于资源环境水价的塔里木河流域农业水价的节水效应》,《中国农村水利水电》2012年第12期。

[79]孙雪峰、石瑞新、孙晓东:《确定灌溉水交易成本价格的田间试验方法》,《河

279

北水利》2017年第10期.

[80] 谭荣:《自然资源产权制度研究:理论与进展》,《中国土地科学》2020年第2期.

[81] 唐润、王慧敏、王海燕:《水权交易市场中的讨价还价问题研究》,《中国人口·资源与环境》2010年第10期.

[82] 唐瑜、宋献方、马英等:《基于优化配置的南水北调受水区水资源价值研究》,《南水北调与水利科技》2018年第1期.

[83] 田贵良、顾少卫、韦丁等:《农业水价综合改革对水权交易价格形成的影响研究》,《价格理论与实践》2017年第2期.

[84] 田贵良、胡豪、景晓栋:《基于演化博弈的水权交易双方行为策略选择及案例仿真》,《中国人口·资源与环境》2023年第4期.

[85] 田贵良、胡雨灿:《基于成本测算的大宗水权交易的差别化定价模型》,《资源科学》2019年第2期.

[86] 田贵良、周慧:《我国水资源市场化配置环境下水权交易监管制度研究》,《价格理论与实践》2016年第7期.

[87] 田贵良:《国家试点省(区)水权改革经验比较与推进对策》,《环境保护》2018年第13期.

[88] 田贵良:《自然资源产权视角的水权交易价格经济学属性再审视》,《人民珠江》2018年第1期.

[89] 佟金萍、秦国栋、王慧敏等:《水资源价格扭曲与效率损失——基于长江经济带的实证分析》,《软科学》2022年第8期.

[90] 涂燕、石宏伟、秦晋栋等:《混合不确定环境下双层多目标区域水资源优化配置研究》,《系统工程理论与实践》2023年第8期.

[91] 万福兵、代小平:《基于改进TF-IDF算法的灌区水权市场运行效果评价》,《中国农村水利水电》2022年第6期.

[92] 汪妮、张建龙、解建仓等:《基于讨价还价模型的水权动态转换价格》,《武汉大学学报(工学版)》2012年第1期.

[93] 汪恕诚:《水权管理与节水社会》,《水利规划设计》2001年第3期.

[94] 王殿茹、邓思远:《阶梯水价:水资源可持续利用的有效路径——以石家庄市为例》,《生态经济》2015年第12期.

[95] 王浩、党连文、汪林等:《关于我国水权制度建设若干问题的思考》,《中国水

利》2006年第1期。

［96］王浩、秦大庸、王建华：《流域水资源规划的系统观与方法论》，《水利学报》2002年第8期。

［97］王蕾、林泓宇、郭晓鸣：《农业水价形成机制的建构与检验——以四川武引灌区为例》，《中国农业资源与区划》2023年第3期。

［98］王庆、王先甲：《基于博弈论的水权交易市场研究》，《水利经济》2006年第1期。

［99］王为人、屠梅曾：《基于回流模型的水权双方叫价拍卖分析》，《水利学报》2006年第1期。

［100］王西琴、张馨月、周嫚等：《基于门限效应的灌溉水价与用水量关系——以河北省地下水灌区为例》，《资源科学》2021年第12期。

［101］王谢勇、施晓蕾、徐晓鹏：《关于水价定价模型构建的研究》，《大连大学学报》2009年第6期。

［102］王亚华、舒全峰、吴佳喆：《水权市场研究述评与中国特色水权市场研究展望》，《中国人口·资源与环境》2017年第6期。

［103］王亚华、田富强：《对黄河水权转换试点实践的评价和展望》，《中国水利》2010年第1期。

［104］王亚华：《中国水资源配置"两手发力"的实现路径——再论"三权分置"水权制度改革》，《水利发展研究》2024年第6期。

［105］韦凤年：《甘肃：探索疏勒河流域水权改革》，《中国水利》2018年第19期。

［106］吴凤平、李滢：《基于买卖双方影子价格的水权交易基础定价模型研究》，《软科学》2019年第8期。

［107］吴凤平、王丰凯、金姗姗：《关于我国水权交易定价研究——基于双层规划模型的分析》，《价格理论与实践》2017年第2期。

［108］吴凤平、于倩雯、沈俊源等：《基于市场导向的水权交易价格形成机制理论框架研究》，《中国人口·资源与环境》2018年第7期。

［109］吴凤平、章渊、田贵良：《自然资源产权制度框架下水资源现代化治理逻辑》，《南京社会科学》2015年第12期。

［110］谢文静、郝成伟、张俊龙等：《自然湿地参与的大沽河流域水权交易模型》，《生态学杂志》2024年第7期。

［111］徐晓鹏、武春友：《资源水价定价模型研究》，《中国水利》2004年第1期。

[112] 徐阳、马永刚、王彦兵等:《宁夏灌溉用水户间用水权交易模式研究与实践》,《水利发展研究》2025 年第 4 期。

[113] 杨彩霞、李冬明、李磊:《基于实物期权理论的水资源价值研究》,《商业研究》2006 年第 18 期。

[114] 杨琴:《对水权交易的几点思考》,《人文杂志》2005 年第 1 期。

[115] 伊璇、金海、胡文俊:《国外水权制度多维度对比分析及启示》,《中国水利》2020 年第 5 期。

[116] 殷会娟、何宏谋、张文鸽:《宁夏水市场构建总体思路探讨》,《中国水利》2016 年第 6 期。

[117] 尹云松、糜仲春、刘亮:《流域内不同地区间水权交易的博弈模型研究》,《水利经济》2004 年第 6 期。

[118] 于良春:《自然垄断与政府规制》,经济科学出版社 2003 年版。

[119] 曾国安:《管制、政府管制与经济管制》,《经济评论》2004 年第 1 期。

[120] 张国珍、刘慧:《流域城市水交易中"保护价格"的计算——以黄河流域兰州段为例》,《资源科学》2010 年第 2 期。

[121] 张建斌、刘清华:《内蒙古沿黄地区水权交易的政府规制研究》,经济科学出版社 2019 年版。

[122] 张建岭:《河南省跨区域水权交易潜力评估及交易模型研究》,郑州大学硕士学位论文,2019 年。

[123] 张凯、朱伟:《新疆地区水价改革对农户种植成本影响分析》,《水资源开发与管理》2024 年第 4 期。

[124] 张郁:《南水北调中水权交易市场的构建》,《水利发展研究》2002 年第 3 期。

[125] 赵连阁:《灌区水价提升的经济、社会和环境效果——基于辽宁省的分析》,《中国农村经济》2006 年第 12 期。

[126] 赵清、刘晓旭、蒋义行:《建设生态水利 推进绿色发展——内蒙古自治区黄河干流沈乌灌域水权试点的经验启示》,《水利经济》2019 年第 4 期。

[127] 赵新宇、郑国强:《劳动力市场扭曲如何影响城市全要素生产率?——基于配置扭曲和价格扭曲双重视角的实证研究》,《经济问题探索》2021 年第 6 期。

[128] 植草益:《微观规制经济学》,中国发展出版社 1992 年版。

[129] 钟玉秀:《对水权交易价格和水市场立法原则的初步认识》,《水利发展研

究》2001年第4期。

［130］周广飞:《水质定价及其有偿使用研究》,中国环境科学研究院硕士学位论文,2006年。

［131］邹积亮:《市场经济条件下的价格管制研究》,经济科学出版社2012年版。

［132］周进梅、吴凤平:《南水北调东线工程水期权交易及其定价模型》,《水资源保护》2014年第5期。

［133］朱敏:《基于成本测算的水权交易基础定价模型研究》,河海大学博士学位论文,2021年。

［134］朱永彬、史雅娟:《中国主要城市水资源价值评价与定价研究》,《资源科学》2018年第5期。

［135］卓越、郑燕:《要素市场扭曲对企业金融资产配置的影响研究》,《湘潭大学学报(哲学社会科学版)》2022年第2期。

［136］Antoci A., Borghesi S., Sodini M.,"Water Resource Use and Competition in an Evolutionary Model", *Water Resources Management*, Vol. 8, No. 31, 2017.

［137］Bauer C.J., "Against the Current:Privatization, Water Markets and the State in Chile", *Natural Resource Management&policy*, Vol. 4, No. 39, 2009.

［138］Bekchanov M., Bhaduri A., Ringler C.,"Potential Gains from Water Rights Trading in the Aral Sea Basin", *Agricultural Water Management*, Vol. 152, 2015.

［139］Bjornlund H., "Formal and Informal Water Markets:Drivers of Sustainable Rural Communities?", *Water Resources Research*, Vol. 9, No. 14, 2014.

［140］Bradley Ian, Catherine Price, "The Economic Regulation of Private Industries by Price Constraints", *Journal of Industrial Economics*, 1988.

［141］Brennan D., Scoccimarro M.,"Issues in Defining Property Rights to Improve Australian Water Markets", *The Australian Journal of Agricultural and Resource Economics*, No. 40, 2002.

［142］Brennan D.,"Water Policy Reform in Australia:Lessons from the Victorian Seasonal Water Market", *Australian Journal of Agricultural and Resource Economics*, Vol. 3, No. 50, 2006.

［143］Brooks R., Harris E.,"Efficiency Gains from Water Markets:Empirical Analysis of Water Move in Australia", *Agricultural Water Management*, Vol. 95, 2008.

［144］Brookshire D.S., Colby B., Ewers M., et al.,"Market Prices for Water in the

Semiarid West of the United States", *Water Resources Research*, Vol. 40, No. 9, 2004.

[145] Brown C., Carriquiry M., "Managing Hydroclimatological Risk to Water Supply with Option Contracts and Reservoir Index Insurance", *Water Resources Research*, Vol. 43, 2004.

[146] Challen R., "Institutions, Transaction Costs and Environmental Policy: Institutional Reform for Water Resources", *Books*, Vol. 45, No. 2, 2000.

[147] Cheung S.N., "The Structure of a Contract and the Theory of a Non-Exclusive Resources", *Journal of Law and Economics*, Vol. 12, No. 4, 2021.

[148] Colby B., Isaaks R., "Water Trading: Innovations, Modeling Prices, Data Concerns", *Journal of Contemporary Water Research & Education*, Vol. 165, No. 1, 1969.

[149] Cui J., Schreider S., "Modelling of Pricing and Market Impacts for Water Options", *Journal of Hydrology*, Vol. 371, No. 1-4, 2018.

[150] Delorit J.D., Parker D.P., Block P.J., "An Agro-Economic Approach to Framing Perennial Farm-Scale Water Resources Demand Management for Water Rights Markets", *Agricultural Water Management*, Vol. 218, 2019.

[151] Deng X., Xu Z., Song X., et al., "Transaction Costs Associated with Agricultural Water Trading in the Heihe River Basin, Northwest China", *Agricultural Water Management*, Vol. 186, 2017.

[152] Easter K.W., Becker N., Tsur Y., "Economic Mechanisms for Managing Water Resources: Pricing, Permits, and Markets", *Water Resources: Environmental Planning, Management and Development*, Mcgraw-Hill, New York, 1997.

[153] Easter K.W., Rosegrant M.W., Dinar A., *Markets for Water: Potential and Performance*, Springer Science & Business Media, 1998.

[154] Fleming E., Villano R., Williamson B., "Structuring Exotic Options Contracts on Water to Improve the Efficiency of Resource Allocation in the Australian Water Market", *Austurial: Research on Agricultural & Applied Economics*, No. 12, 2013.

[155] Gómez R.A., Garrido A., "Formal Risk-Transfer Mechanisms for Allocating Uncertain Water Resources: The Case of Option Contracts", *Water Resources Research*, Vol. 40, 2004, p. 12302.

[156] Grafton R.Q., Landry C., Libecap G.D., et al., "An Integrated Assessment of Water Markets: Australia, Chile, China, South Africa and the Usa", *National Bureau of E-*

conomic Research, 2010.

[157] Guo H., Chen X., Liu J., et al., "Joint Analysis of Water Rights Trading and Water-Saving Management Contracts in China", *International Journal of Water Resources Development*, No. 2, 2019.

[158] Heaney A., Dwyer G., Beare S., et al., "Third - Party Effects of Water Trading and Potential Policy Responses", *Australian Journal of Agricultural and Resource Economics*, Vol. 50, No. 3, 2006.

[159] Hodgson S., *Modern Water Rights: Theory and Practice*, Food and Agriculture Organization of the United Nations, Rome, 2006.

[160] Holler M.J., Li X., *Efficient Public Good Pricing: An Application of Cooperative Game Theory*, University of Hamburg, institute of Economics, Germany, 1996.

[161] Howarth W., "Cost Recoveryfor Water Services and the Polluter Pays Principle", *Era forum*, *Springer-Verlag*, Vol. 10, No. 4, 2009.

[162] Howitt R.E., "EmpiricalAnalysis of Water Market Institutions:The 1991 California Water Market", *Resource&Energy Economics*, Vol. 16, No. 4, 1994.

[163] Howitt R.E., *Spot Prices, Option Prices, and Water Markets: An Analysis of Emerging Markets in California*, Springer, Boston, Ma, Us, 1998.

[164] Jadwiga R., Ziolkowska D., "Shadow Priceof Water for Irrigation—A Case of the High Plains", *Agricultural Water Management*, Vol. 153, 2015.

[165] Jafarian V., Yazdani M., Rahimi M., et al., "Network Analysis of Organizational Stakeholders on Water Resource Management in Garmsar Plain Iran", *Water Resources Research*, Vol. 12,2016.

[166] Jungre J.N., "Permit Meanother Drink: A Proposal for Safeguarding the Water Rights for Federal Lands in the Regulated Riparian East", *Harvard Environmental Law Review*, Vol. 29, 2005.

[167] Kiem A.S., "Droughtand Water Policy in Australia: Challenges for the Future Illustrated By the Issues Associated With Water Trading and Climate Change Adaptation in the Murray-Darling Basin", *Global Environmental Change*, Vol. 23, No. 6.

[168] Kindle A.L., *Freshwater, Law, and Game Theory: Strategies for Navigating the Troubled Waters of a Canada/Us Bulk Water Export Conflict*, University of Toronto, Canada, 2009.

[169] Kloezen W.H., "Water Markets Between Mexican Water User Associations", *Water Policy*, No. 1, 1998.

[170] Laitos J.G., "Water Rights, Clean Water Act Section 404 Permitting, and the Takings Clause", *University of Colorado Law Review*, Vol. 60, 1989.

[171] Liu X.L., Chen X.K., Wang S.Y., "Evaluating and Predicting Shadow Prices of Water Resources in China and Its Nine Major River Basins", *Water Resources Management*, Vol. 23, No. 8, 2019.

[172] Mather D., Russell J.,"*Water Resources Development*", New York: John Wiley & Sons, 1984.

[173] Mercer L.J., Morgan W.D., "The Efficiency of Water Pricing: A Rate of Return Analysis for Municipal Water Departments", *Water Resource Bulletin*, Vol. 22, No. 2, 1986.

[174] Michelsen A.M., Young R.A., "Optioning Agricultural Water Rights for Urban Water Supplies During Drought", *American Journal of Agricultural Economics*, Vol. 75, No. 4, 1993.

[175] Michelsen A.M., Booker J.F., Person P., "Expectations in Water-Right Prices", *International Journal of Water Resources Development*, Vol. 16, No. 2, 2000.

[176] Molinos S.M., Mocholí A.M., Sala-Garrido R., "Estimating the Environmental and Resource Costs of Leakage in Water Distribution Systems: A Shadow Price Approach", *Science of the Total Environment*, Vol. 568, 2016.

[177] Nikolakis W.D., Grafton R.Q., To H., "Indigenous Values and Water Markets: Survey Insights from Northern Australia", *Journal of Hydrology*, Vol. 500, No. 13, 2013.

[178] Pigram J.J., Musgrave W.F., "Transferability of Water Entitlements in Australia", *Regulated Rivers: Research & Management*, Vol. 5, 1990.

[179] Porcher S., "The 'Hidden Costs' of Water Provision: New Evidence from the Relationship Between Contracting-Out and Price in French Water Public Services", *Utilities Policy*, Vol. 48, 2017.

[180] Raina A., Gurung Y., Suwal B., "Equity Impacts of Informal Private Water Markets: Case of Kathmandu Valley", *Water Policy*, Vol. 22, 2018.

[181] Rey D., Calatrava J., Garrido A., "Optimisation of Water Procurement Decisions in an Irrigation District: the Role of Option Contracts", *Australian Journal of Agricultural and Resource Economics*, Vol. 60, No. 1, 2016.

[182] Reznik A., Feinerman E., Finkelshtain I., et al., "The Cost of Covering Costs: A Nationwide Model for Water Pricing", *Water Economics & Policy*, Vol. 2, No. 4, 2017.

[183] Robert R., Hearne K., William E., "The Economic and Financial Gains from Water Markets in Chile", *Agricultural Economics*, Vol. 15, 1997.

[184] Rogers P., Silva D.R., Bhatia R., "Water Isan Economic Good: How to Use Prices to Promote Equity, Efficiency, and Sustainability", *Water Policy*, Vol. 4, No. 1, 2002.

[185] Settre C., Wheeler S.A., "Environmental Water Governance in the Murray-Darling Basin of Australia: The Movement from Regulation and Engineering to Economic-Based instruments", *Handbook of Environmental & Sustainable Finance*, 2016.

[186] Shen X.B., Lin B.Q., "the Shadow Prices and Demand Elasticities of Agricultural Water in China: A Stoned-Based Analysis", *Resources Conservation & Recycling*, Vol. 127, 2017.

[187] Sokile C.S., Koppen B.V., "Local Water Rightsand Local Water User Entities: The Unsung Heroines of Water Resource Management in Tanzania", *Physics and Chemistry of the Earth*, Vol. 29, Nos. 15-18, 2004.

[188] Souza F.F., Lall U., Porto R.L., "Roleof Price and Enforcement in Water Allocation: insights from Game Theory", *Water Resources Research*, Vol. 44, No. 12, 2008.

[189] Stanley R.H., Luiken R.L., "Water Rate Studies and Rate Making Philosophy", *Public Works*, Vol. 113, No. 5,1982.

[190] Tomkins C.D., Weber T.A., "Option Contracting in the California Water Market", *Journal of Regulatory Economics*, Vol. 37, No. 2, 2010.

[191] Unnerstall H., "The Principle of Full Cost Recovery in the Eu - Water Framework Directive - Genesis and Content", *Journal of Environmental Law*, Vol. 19, No. 1,2007.

[192] Villinski M.T., *Valuing Multiple-Exercise Option Contracts: Methodology and Application to Water Markets*, Research on Agricultural & Applied Economics, Austurial, 2004.

[193] Wang Y.B., Liu D., Cao X.C., et al., "Agricultural Water Rights Trading and Virtual Water Export Compensation Coupling Model: A Case Study of an Irrigation District in China", *Agricultural Water Management*, Vol. 180, 2017.

[194] Watters P.A., *Efficient Pricing of Water Transfer Options: Non-Structural Solutions for Reliable Water Supplies*, University of California, Riverside,1995.

[195] Wu X.Y., Wu F.P., Li F., et al., "Dynamic Adjustment Modelof the Water Rights Trading Price Based on Water Resource Scarcity Value Analysis", *International Journal of Environmental Research and Public Health*, Vol. 18, No. 5,2021.

[196] Yaron D., Dinar A., "Optimal Allocation of Farm Irrigation Water During Peak Seasons", *American Journal of Agricultural Economics*, Vol. 64, No. 4, 1982.

[197] Zhang L.H., Jia S.F., Leung C.K., et al, "An Analysis on the Transaction Costs of Water Markets Under Dpa and Upa Auctions", *Water Resources Management*, Vol. 27, No. 2, 2013.

责任编辑：李甜甜
封面设计：胡欣欣

图书在版编目（CIP）数据

我国水权交易价格形成机制及其管制研究 / 吴凤平主编；张丽娜副主编 . -- 北京：人民出版社，2025.6.
ISBN 978－7－01－027220－7

Ⅰ . F426.9

中国国家版本馆 CIP 数据核字第 20251XM626 号

我国水权交易价格形成机制及其管制研究
WOGUO SHUIQUAN JIAOYI JIAGE XINGCHENG JIZHI JIQI GUANZHI YANJIU

吴凤平　主　编
张丽娜　副主编

人 民 出 版 社 出版发行
（100706　北京市东城区隆福寺街99号）

北京建宏印刷有限公司印刷　新华书店经销
2025年6月第1版　2025年6月北京第1次印刷
开本：710毫米×1000毫米 1/16　印张：18.75
字数：257千字

ISBN 978－7－01－027220－7　定价：78.00元

邮购地址 100706　北京市东城区隆福寺街99号
人民东方图书销售中心　电话 （010）65250042　65289539

版权所有·侵权必究
凡购买本社图书，如有印制质量问题，我社负责调换。
服务电话：(010)65250042